我
们
一
起
解
决
问
题

外贸行业人才技能提升丛书

外贸业务全过程
从入门到精通

许丽洁 主编

人民邮电出版社

北 京

图书在版编目（CIP）数据

外贸业务全过程从入门到精通 / 许丽洁主编. -- 北
京 ：人民邮电出版社，2020.11
（外贸行业人才技能提升丛书）
ISBN 978-7-115-55107-8

Ⅰ．①外… Ⅱ．①许… Ⅲ．①对外贸易－业务流程
Ⅳ．①F75

中国版本图书馆CIP数据核字(2020)第201464号

内 容 提 要

目前，随着经济全球化程度的加深，以及贸易全球化的发展，外贸的地位得到了很大的提升，从事外贸行业的人也越来越多。对于外贸从业人员来说，只有了解并掌握外贸业务的操作流程和实务工作，才能提升从业技能，获得长远的发展。

《外贸业务全过程从入门到精通》一书由商务部海外营销专家、具有20多年外贸行业从业经验的资深顾问许丽洁老师主编，书中主要从对外贸易概述、寻找外贸业务客户的渠道、外贸出口业务流程简述、外贸业务风险防范四个部分入手，针对外贸业务操作全过程中所涉及的关键知识点进行了详细的阐述与解析。本书内容扎实，包含大量的流程、图表、案例、提示，读者可以拿来即用。

本书适合外贸从业人员、外贸行业创业者、希望加入外贸行业的就业者，国际贸易、国际经济及涉外专业方向的高校师生，各省、自治区、直辖市跨境电商综合试验区管委会及平台型企业阅读和使用。

◆ 主　　编　许丽洁
　　责任编辑　贾淑艳
　　责任印制　彭志环
◆ 人民邮电出版社出版发行　　北京市丰台区成寿寺路 11 号
　　邮编　100164　电子邮件　315@ptpress.com.cn
　　网址　https://www.ptpress.com.cn
　　涿州市京南印刷厂印刷
◆ 开本：800×1000　1/16
　　印张：16.5　　　　　2020 年 11 月第 1 版
　　字数：250 千字　　　2025 年 11 月河北第 31 次印刷
　　　　　　　　定　价：75.00 元
读者服务热线：(010)81055656　印装质量热线：(010)81055316
反盗版热线：(010)81055315

我国政府非常重视外贸的稳定发展。保障外贸产业链、供应链畅通运转，稳定国际市场份额，是我国发展对外贸易的当务之急。"把发展潜力和动能充分释放出来，需要深化对外开放和国际合作，稳住外贸外资基本盘。要保障外贸产业链、供应链畅通运转，稳定国际市场份额。要用足用好出口退税、出口信用保险等合规的外贸政策工具，保障外贸产业链、供应链畅通运转。"这是时代赋予外贸发展的新使命。

在我国改革开放的过程中，中小外贸企业在稳定经济、增加就业、发展对外贸易、加强技术创新、促进地方经济发展方面发挥了重要的作用。随着 2019 年全球国际贸易经济环境的变化，我国的中小外贸企业也面临着不同于以往的严峻的国际竞争和发展压力。

中小外贸企业若要走出困境，一方面离不开国家与地方政府在政策上的方向性引导与实际帮扶，另一方面更需要自身加强造血功能，在企业发展中，持续优化与改进管理体系，打造企业核心竞争力，以实现企业长远、健康发展的目标。

虽然未来一段时间内我们所面临的外贸形势严峻复杂，但不会改变我国外贸长期向好的趋势，我国中小外贸企业的创新意识和市场拓展能力都很强，我国在全球产业链、供应链中的地位将不会改变。

许丽洁老师主编的这套"外贸行业人才技能提升丛书"是顺应时代需求之作，是外贸从业人员的岗位工作指南，能够帮助外贸行业从业人员夯实基础知识、提升实操技能。这套丛书值得中小外贸企业、高校相关专业师生阅读和使用。

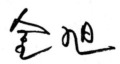

中国国际贸易学会会长
曾任中国驻英国大使馆公使衔商务参赞
商务部美洲大洋洲司前副司长

丛书序

　　2019 年 11 月 28 日，中共中央、国务院发布的《关于推进贸易高质量发展的指导意见》（以下简称《意见》）中提出要加强服务贸易国际合作，打造"中国服务"国家品牌。《意见》要求构建开放、协同、高效的共性技术研发平台，强化制造业创新对贸易的支撑作用；发挥市场机制作用，促进贸易与产业互动，推进产业国际化进程。

　　为了进一步提高贸易便利化水平，简化报检手续、便利企业通关，我国检验检疫部门已经启用全国检验检疫无纸化系统。经审核通过的无纸化报检企业按照不同的无纸化方式进行申报，对于贸易单证（合同、发票、提单、装箱单等），企业原则上采取自存方式；涉及贸易单证外的其他随附单证应上传至系统；检验检疫机构在受理报检、签证放行、检验检疫及监管过程中需要核验纸质随附单证的，企业应提交相关纸质单证。这极大地方便了外贸企业和外贸业务人员开展各项外贸业务，从而提升了行业效能。

　　然而，有些刚刚入行的外贸业务人员对该行业的了解不深，不知道应该如何开展外贸工作。为了继续优化与提升我国国际贸易竞争力，必须提升从业人员的业务能力。

　　基于此，我们组织编写了"外贸行业人才技能提升丛书"，其中包括《外贸业务全过程从入门到精通》《外贸跟单业务从入门到精通》《国际物流与货运代理从入门到精通》《报检与报关业务从入门到精通》《海外参展与营销从入门到精通》五本外贸人员需要的实操手册。

　　本套丛书的特点是内容全面、深入浅出、易于理解，尤其注重实际操作，对所涉业务的操作要求、步骤、方法、注意事项做了详细的介绍，并提供了大量在实际工作中已被证明行之有效的范本，读者可以将其复制下来，略作修改，为己所用，以节省时间和精力。

　　由于编者水平有限，书中难免会有疏漏之处，敬请读者批评指正。

第一章 对外贸易概述

对外贸易亦称"外国贸易"或"进出口贸易",简称"外贸",是指一个国家(地区)与另一个国家(地区)之间的商品、劳务和技术的交换活动。一个企业要开展外贸业务,就必须对外贸的基础知识有一些基本的认识。

第二章 寻找外贸业务客户的渠道

很多准备开辟海外市场的企业,最初会对开辟销售渠道感到无从下手。怎么才能打开销售局面,找到客户呢?事实上,从原来的参加海外展会、联系对外贸易推广公司,到如今的进行电子商务和直接的网络搜索,以及召开各种形式和规模的国外买家采购配对会等,现代企业寻找客户的渠道已经变得越来越多样化了,企业完全可以根据自身的特点选择最适合自己的方式来打开海外市场。

第三章　外贸出口业务流程简述

出口流程就是外贸出口工作人员在出口工作中所进行的一系列活动的有序组合,包括报价、签订外贸合同、信用证的催开与处理、备货、办理商品检验、办理保险、出口报关、制单结汇等活动。

第四章　外贸业务风险防范

在外贸业务的开展过程中，企业可能会遇到各种各样的风险，有些风险甚至防不胜防。因此，企业要注意对各类风险的识别，并采取正确的措施予以防范。当风险发生时，企业要尽量采取合适的措施进行补救，以将损失降到最低。

第一章

对外贸易概述

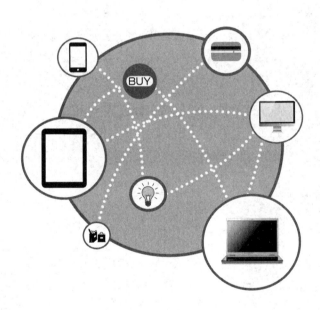

对外贸易亦称"外国贸易"或"进出口贸易"，简称"外贸"，是指一个国家（地区）与另一个国家（地区）之间的商品、劳务和技术的交换活动。一个企业要开展外贸业务，就必须对外贸的基础知识有一些基本的认识。

第一节　对外贸易基础知识

一、对外贸易关系主体

对外贸易经营者是指依法取得对外贸易经营资格并从事对外贸易经营活动的法人、其他组织和个人。对外贸易关系主体是指依法参加对外贸易管理和合作活动，享有对外贸易权利，承担对外贸易义务的当事人。对外贸易关系主体一般可分为生产企业与外贸企业两种。

（一）生产企业

生产企业是指具有生产加工能力，将外购的原材料进行加工而生产出另外一种产品的企业。

（二）外贸企业

外贸企业是指将外购的商品直接进行销售，而不对其进行加工的企业，俗称贸易型企业。

由于两种企业的经营方式及商品的来源等有很大不同，所以其适用的出口退（免）税政策也存在很大区别。

二、对外贸易出口方式

目前我国对外贸易的出口方式主要分为两种：自营出口与委托（代理）出口。

（一）自营出口

自营进出口是指国家相关部委授权生产性企业经营本企业自产产品的出口业务和本企业所需的机械设备、零配件、原辅材料的进口业务，但国家限定公司经营或禁止进出口的商品及技术除外。

自营出口是指企业或个体工商户取得自营出口权后，可以对自产和收购的货物直接办理出口。

（二）委托（代理）出口

委托（代理）出口是指外贸企业受委托单位的委托，代办出口货物销售的一种出口业务。

在受托办理出口业务时，外贸企业会收取一定的代理费，并承担相应的责任，而价格和其他合同条款的最终决定权属于生产企业，进出口盈亏和履约责任最终由生产企业承担。委托出口货物时由委托方办理出口退（免）税申报。

对委托出口的货物，受托方须自货物报关出口之日起至次年 4 月 15 日前，向主管税务机关申请开具《代理出口货物证明》，并将其及时交托给委托方。逾期的，受托方不得开具《代理出口货物证明》。

三、出口货物贸易方式

现行出口货物的贸易方式主要分为一般贸易、加工贸易、补偿贸易、协定贸易、边境贸易、双边贸易、多边贸易、转口贸易和过境贸易。下面主要针对出口贸易实务中常见的两种方式（一般贸易和加工贸易）进行介绍。

（一）一般贸易

一般贸易是指我国境内有进出口经营权的企业单边进口或单边出口的贸易，按一般贸易交易方式进出口的货物即为一般贸易货物。一般贸易货物在进口时可以按一般进出口监管制度办理海关手续，这时它就是一般进出口货物；它也可以享受特定减免税优惠，按特定减免税监管制度办理海关手续，这时它就是特定减免税货物；它也可以经海关批准保税，按保税监管制度办理海关手续，这时它就是保税货物。

（二）加工贸易

1.什么是加工贸易

加工贸易是指一国通过不同的方式，利用本国的生产能力和技术，将进口原料、材料或零件加工成成品后再出口，从而获得以外汇体现的附加价值。加工贸易是以加工为特征的再出口业务。按照所承接的业务特点不同，常见的加工贸易方式包括进料加工、来料加工、装配业务和协作生产，具体如表1-1所示。

表1-1 加工贸易说明

序号	类别	具体说明
1	进料加工	进料加工又叫以进养出，是指用外汇购入国外的原料、辅料，利用本国的技术、设备和劳动力，将原材料加工成成品后，销往国外市场。在这类业务中，本国的经营企业以买主的身份与国外相关企业签订购买原材料的合同，又以卖主的身份签订成品的出口合同。两个合同体现为两笔交易，都是以所有权转移为特征的货物买卖。在进行进料加工贸易时要注意，所加工的成品在国际市场上要有销路；否则，进口原料外汇很难平衡。从这一点看，进料加工要承担价格风险和成品的销售风险
2	来料加工	来料加工通常是指由国外另一方提供原料、辅料和包装材料，加工一方按照双方商定的质量、规格、款式将来料加工为成品并交给对方，自己收取加工费。其中有的是全部由对方提供来料，有的是一部分由对方提供来料、一部分由加工方使用本国原料的辅料。此外，有时对方只提出式样、规格等要求，而由加工方使用当地的原料、辅料进行加工生产，这种做法常被称为"来样加工"
3	装配业务	装配业务是指由一方提供装配所需要的设备、技术和有关元件、零件，由另一方装配为成品后交货。来料加工和来料装配业务包括两个贸易进程：一是进口原料，二是产品出口。但这两个贸易进程是同一笔贸易的两个方面，而不是两笔贸易。原料的提供者和产品的接受者是同一家企业，交易双方不存在买卖关系，而是委托加工关系，加工一方赚取的是劳务费，因此这类贸易属于劳务贸易范畴
4	协作生产	协作生产是指由一方提供部分配件或主要部件，而由另一方利用本国生产的其他配件组装成产品并出口。组装成的产品的商标可由双方协商确定，既可用加工方的，也可用对方的；所供配件的价款可在货款中扣除；协作生产的产品一般规定由对方销售全部或一部分，也可规定由第三方销售

2. 开展加工贸易的业务流程

（1）加工贸易货物备案。

加工贸易货物是指加工贸易项下的进口料件、加工成品及加工过程中产生的边角料、残次品、副产品等。

加工企业应当向其所在地的海关办理加工贸易货物备案手续。办理备案手续所需单证如下。

① 经营单位申请报告。

② 外经贸主管部门提供的《批准证》，属于进料加工的需要加盖税务部门的印章。

③ 对外签订的进出口合同。

④ 经营单位基本账户开立证明。

⑤ 加工企业所在地的经贸部门出具的《加工生产能力证明》。

⑥ 委托加工应提供经营单位与加工企业签订的符合《中华人民共和国合同法》的委托加工合同（协议）。

⑦ 开展异地加工贸易的，须提供经营单位所在地的海关出具的关封，内含"异地加工申请表"，一式两份。

⑧ 首次开展加工贸易的，须提供经营单位和加工企业的《营业执照》《税务登记证》复印件及《海关登记通知书》。

⑨ 经营单位的介绍信或委托书。

⑩ 加工工艺说明。

⑪ 如需异地口岸进出口报关，须填写"异地报关申请表"。

⑫ 海关需要的其他资料。

（1）海关对首次开展加工贸易的企业实行验厂制度；对单证齐全、验厂合格的企业，海关在规定的工作日内核发《登记手册》。

（2）办理加工贸易合同备案属 AA 类企业的，免设台账；属 A 类企业的，须设台账，实行"空转"；属 B 类企业的，须设台账，一般商品实行"空转"，限制类商品实行"实转"；属 C 类企业的，须设台账，一律实行"实转"；D 类企业不得开展加工贸易业务。对非同一分类的经营单位与加工企业，海关按就低不就高的原则管理。对提供的进口辅料品种在规定范围内，且金额在 5 000 美元以下的外商，免办手册，不纳入台账管理。

（2）进口料件。

进口料件是指加工贸易企业在进行加工贸易经营活动时，从国外进口的免交关税、增值税的料件。该料件受国家海关监管，须按规定在生产成成品后复出口，同时进行报核。如因合理原因不能按计划复出口，而须转内销的，在当地海关进行补税手续后方可转内销。

企业的进口加工贸易货物可以从境外或海关特殊监管区域、保税仓库进口，也可以通过深加工结转方式转入。经营企业应当持加工贸易手册、加工贸易进口货物专用报关单等有关单证办理加工贸易货物进口报关手续。

（3）加工贸易货物出口。

经营企业的出口加工贸易货物可以向境外或海关特殊监管区域、出口监管仓库出口，也可以通过深加工结转方式转出。经营企业应当持加工贸易手册、加工贸易出口货物专用报关单等有关单证办理加工贸易货物出口报关手续。

（4）加工贸易货物核销。

加工贸易货物核销是指经营企业在加工复出口，或者办理内销等海关手续后，凭规定的单证向海关申请解除监管，海关经核查确认属实且符合有关法律、行政法规、规章的规定后，予以办理解除监管手续的行为。

经营企业应当在规定的期限内将进口料件加工复出口，并自加工贸易手册项下最后一批成品出口或加工贸易手册到期之日起30日内向海关报核。

3. 深加工结转

深加工结转是指加工贸易企业将保税进口料件加工成半成品并将其转至另一加工贸易企业进一步加工后复出口的经营活动。对转出企业而言，深加工结转视同出口，应办理出口报关手续，若是以外汇结算的，海关可以签发收汇报关单证明联；对转入企业而言，深加工结转视同进口，应办理进口报关手续，若是与转出企业以外汇结算的，海关可以签发付汇报关单证明联。

由于保税进口料件加工成半成品不离境，故在实践中又被称为"间接出口"；又由于产品在两个加工贸易企业之间进行转移，所以俗称"转厂"。在税收实践中，深加工结转业务实行增值税免税政策。

四、对外贸易成交术语

对外贸易成交术语又叫"价格术语""价格条款"，是在国际贸易长期实践中逐渐形成的，用来确定买卖标的物的价格，买卖双方各自承担的费用、风险、责任范围的专门术语。它是一种重要的国际惯例。进出口货物需要跨国界运输，从而产生了国内贸易所没有的复杂情况，并引起特有的风险、责任和费用。

◇在什么地点交货？是在工厂交货还是在装运港交货，或者目的港交货？

◇谁负责租船、定舱及办理托运手续？

◇货物在运输途中会遇到各种各样的风险，从而受到损失，这种风险由谁承担？如需要投保，由谁负责投保并支付保险费用？

◇各国政府对外贸业务都有管制措施，如许可证制度、外汇管制制度、关税制度，谁负责办证交税？

上述问题当然可以通过双方逐项磋商、签订合同来解决，但由于国际贸易的复杂性，单靠合同难以将所有的问题考虑周全，容易产生纰漏，导致国际贸易纠纷。因此，外贸企业要利用国际贸易术语，简化当事人的贸易谈判缔约过程，确定买卖双方的权利与义务。

2019年，国际商会（ICC）正式公布了2020年版的《国际贸易术语解释通则》。这是现行《国际贸易术语解释通则》自2010年生效以来进行的第一次修订。新修订的《国际贸易术语解释通则》于2020年1月1日起生效。

（一）国际贸易术语的主要内容

2010年版《国际贸易术语解释通则》将11个术语分成了两组。

第一组为适用于任何单运输方式或多种运输方式的术语七种：

（1）EXW（EX Works）工厂交货；

（2）FCA（Free Carrier）货交承运人；

（3）CPT（Carriage Paid to）运费付至目的地；

（4）CIP（Carriage and Insurance Paid to）运费、保险费付至目的地；

（5）DAT（Delivered at Terminal）运输端交货（2020版通更改为DPU）；

（6）DAP（Delivered at Place）目的地交货；

（7）DDP（Delivered Duty Paid）完税后交货。

第二组为适用于海运和内河水运的术语：

（1）FAS（Free Alongside Ship）船边交货；

（2）FOB（Free on Board）船上交货；

（3）CFR（Cost and Freight）成本加运费；

（4）CIF（Cost Insurance and Freight）成本、保险加运费。

（二）2020年版通则相较于2010年版通则的主要变化

2020年版《国际贸易术语解释通则》于2019年9月正式发布，2020年1月1日全球正式生效。

作为指导并保障全球贸易有序进行的通用准则，2020 年版在 2010 年版的基础上进一步明确了国际贸易体系下买卖双方的责任，其生效后对贸易实务、国际结算和贸易融资实务等方面都将产生重要的影响。

新版《国际贸易术语解释通则》中大部分的规定较之前的版本并未有实质性变化。

在此次修订中，国际商会旨在通过对各个贸易术语项下规则的介绍性和解释性说明，以及对排版和术语排列顺序的改变，使各个术语的内容更加清晰、明确，进而鼓励使用者根据其所从事的贸易采用最合适的贸易术语，尤其是避免在非海运贸易中使用海运术语。

据 ICC 官方推送的消息，新版本较之 2010 年版的部分变化如下。

（1）在新版本的 FCA 术语下就提单问题引入了新的附加机制。根据该新引入的附加机制，买方和卖方同意买方指定的承运人在装货后将向卖方签发已装船提单，然后再由卖方向买方交单（可能通过银行）。

旧版的 FCA 术语中存在的一个主要问题是该术语的效力在货物装船前就已经随货交承运人而截止，这就导致卖方无法获得已装船提单。所以要修改。

（2）2020 年版《国际贸易术语解释通则》调整了 CIF（成本、保险加运费）及 CIP（运费和保险费）术语的不同保险范围。

CIF 和 CIP 术语中的最低保险范围的规定也有所不同。

CIF 术语继续要求卖方购买符合《协会货物保险条款》（C）条款要求的货物保险。

但是，在适用 CIP 术语的贸易中，最低保险范围已经提高到《协会货物保险条款》（A）条款的要求（即"一切险"，不包括除外责任）。

（3）2020 年版《国际贸易术语解释通则》包括了 FCA（货交承运人）、DAP（目的地交货）、DPU（送输端交货）、DDP（完税后交货）术语下可用自有运输工具安排拖车的规定。

当采用 FCA、DAP、DPU 和 DPP 术语进行贸易时，买卖双方可以使用自有运输工具，而不再像旧版那样规定使用第三方承运人进行运输。

（4）取消 DAT 改为 DPU。

这是为了反映作为目的地的交货地点可以是任何地方而不仅仅是终点。

（5）2020 年版《国际贸易术语解释通则》包括运输义务和成本中与安全相关的要求。

每个国际贸易术语项下都明确规定了与安全有关的义务的分配规则，也载明了为履行该义务产生的费用的承担方式。

例如，FOB 术语项下的 A4 部分载明，"卖方必须遵守任何与运输安全有关的要求，直至交付"。

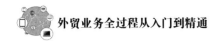

（三）对外贸易中常见的价格术语

对外贸易中常见的价格术语（也就是成交方式）主要有 FOB 术语、CFR 术语和 CIF 术语（见表 1-2）。

表 1-2　对外贸易中常见的价格术语

序号	名称	具体说明
1	FOB 术语	FOB，英文为 "Free on Board"，即"船上交货"（……指定装运港），也称"离岸价"。按 FOB 方式成交，卖方在指定的装运港把货物送过船舷后交付，在货物送过船舷后，买方须承担货物的全部费用、风险、灭失或损坏，另外要求卖方办理货物的出口结关手续
2	CFR 术语	CFR，英文为 "Cost and Freight"，即"成本加运费"（……指定目的港）。它是指卖方必须支付把货物运至指定目的港所需要的开支和运费，但从货物交至船上甲板后，货物的风险、灭失或损坏，以及发生事故后造成的额外开支，在货物越过指定港的船舷后，就由买方负担，另外要求卖方办理货物的出口结关手续
3	CIF 术语	CIF，英文为 "Cost，Insurance and Freight"，即"成本、保险加运费"（……指定目的港），也称"到岸价"。按 CIF 成交，货价的构成因素中包括从装运港至约定目的港的通常运费和约定的保险费。因此，卖方除承担与 CFR 术语相同的义务外，还要办理货运保险，交付保险费

上述三种对外贸易中常见的价格术语的关系为：

FOB＝CIF－运费－保险费

FOB＝CFR－运费

五、对外贸易结算方式

对外贸易结算方式分为汇付、托收和信用证。

（一）汇付

汇付又称汇款，是付款人通过银行，使用各种结算工具将货款汇交收款人的一种结算方式。汇付又包括三种方式，具体如表 1-3 所示。

表 1-3　汇付方式

序号	方式	具体说明
1	电汇	电汇是汇出行应汇款人的申请，拍发加押电报或电传给在另一国家的分行或代理行（即汇入行），解付一定金额给收款人的一种汇款方式。电汇方式的优点在于速度快，收款人可以迅速收到货款。随着现代通信技术的发展，银行与银行之间使用电传直接通信，快速准确。电汇是目前使用较多的一种汇款方式，但其费用较高
2	信汇	信汇是汇出行应汇款人的申请，用航空信函的形式，指示出口国汇入行解付一定金额的款项给收款人的汇款方式。信汇方式的优点是费用较低廉，但收款人收到汇款的时间较迟
3	票汇	票汇是指汇出行应汇款人的申请，代汇款人开立以其分行或代理行为解付行的银行即期汇票，支付一定金额给收款人的汇款方式。票汇与电汇、信汇的不同之处在于，票汇的汇入行无须通知收款人取款，而由收款人持汇票登门取款；这种汇票（除有限制流通的规定外）经收款人背书，可以转让流通，而电汇、信汇的收款人则不能将收款权转让

（二）托收

托收是出口商开立汇票，委托银行代收款项，向国外进口商收取货款或劳务款项的一种结算方式。常用的托收方式有付款交单和承兑交单，具体如表 1-4 所示。

表 1-4　托收方式

序号	方式	具体说明
1	付款交单	即出口商将汇票连同货运单据交给银行托收时，指示银行只有在进口商付清货款时，才能交出货运单据
2	承兑交单	即买方承兑汇票后即可以提取货物，待汇票到期时再付货款

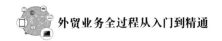

（三）信用证

信用证是指银行根据进口商（买方）的请求，开给出口商（卖方）的一种保证承担支付货款责任的书面证明。银行根据买方的申请书，向卖方开付保证付款的信用证，即只要卖方提交符合信用证要求的证据，银行就保证付款。

第二节　开展外贸业务的工作流程

工作流程是指工作事项的活动流向顺序。工作流程包括实际工作过程中的工作环节、步骤和程序。要想全面了解工作流程，就要利用工作流程图。工作流程图可以帮助管理者了解实际工作活动，消除工作过程中多余的工作环节、合并同类活动，使工作流程更为经济、合理和简便，从而提高工作效率。

一、外贸业务总体运作流程

一项外贸业务或者说一个订单，从接单开始到收汇退税为止，要做的事情太多，包括报价、订货、确定付款方式、备货、包装、报检、报关、装船、提单、交单、结汇，其涉及的部门也非常广，以下以接单、备货出货和制单收款三个阶段为例来说明每个阶段的工作流程。

（一）接单

接单的工作流程如图 1-1 所示。

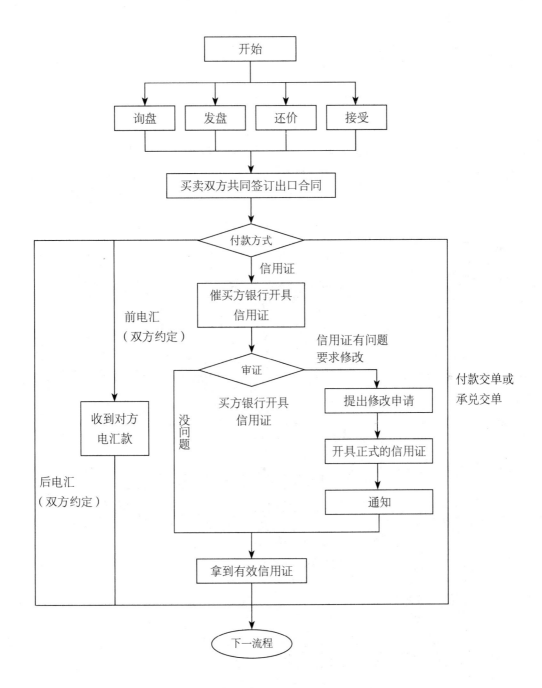

图 1-1 接单的工作流程

（二）备货出货

备货出货的工作流程如图 1-2 所示。

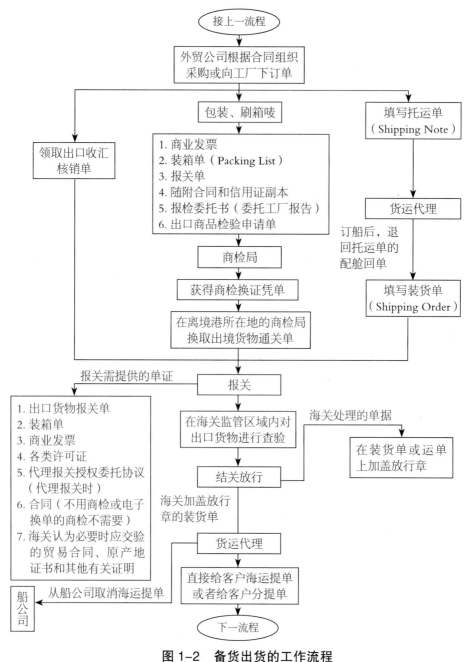

图 1-2　备货出货的工作流程

（三）制单收款

制单收款的工作流程如图 1-3 所示。

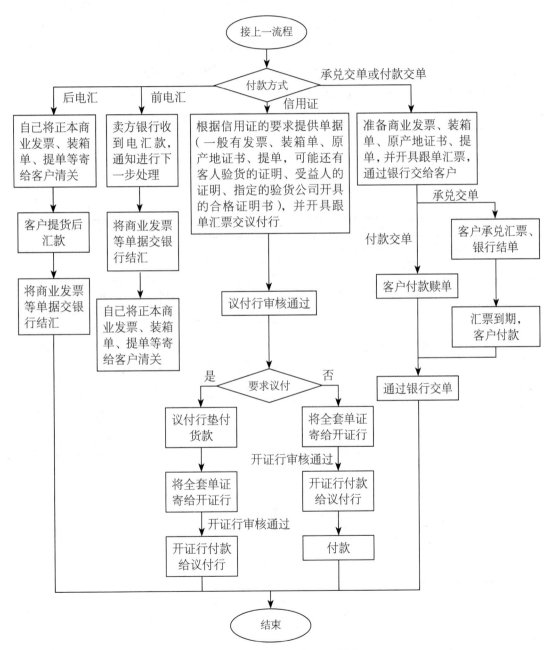

图 1-3 制单收款的工作流程

二、外贸部业务流程

从接到订单后到出货，外贸部与生产、财务或外购厂家之间也有一些业务要处理。下面介绍的一些业务流程，来自一个既有自己的工厂，同时也会外购一些产品来出口的外向型企业，希望有助于外贸新手对外贸部业务流程形成一个大概的了解。但不同的企业有不同的做法，外贸业务人员在进入企业后，要用心了解，而不要完全照搬此处的流程。

下面根据订单情况的不同来进行介绍。

（一）一般订单业务流程

一般订单业务流程如图1-4所示。

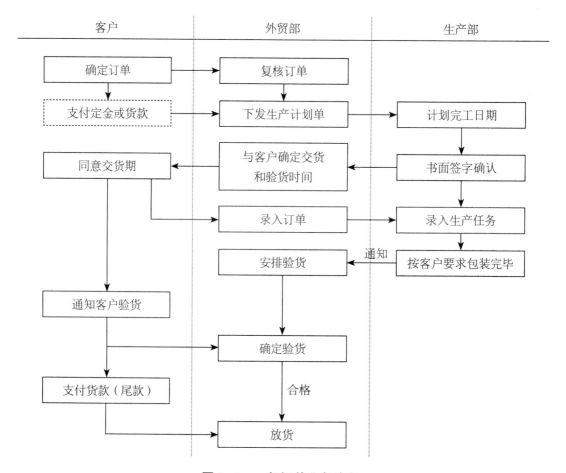

图1-4　一般订单业务流程

（二）新品订单业务处理流程

新品订单业务处理流程如图 1-5 所示。

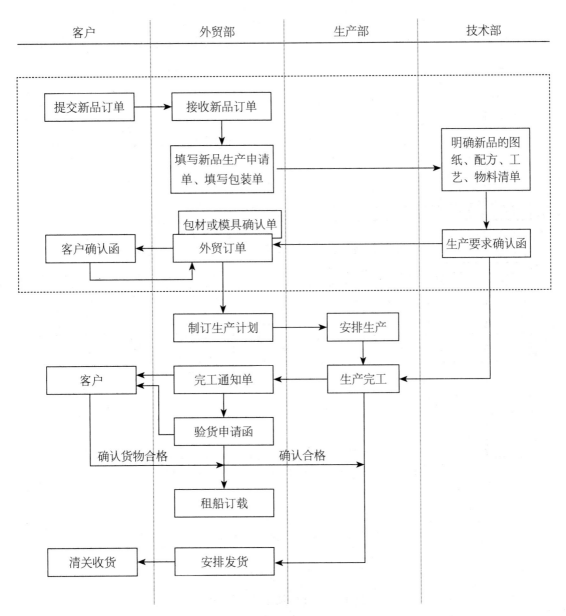

图 1-5 新品订单业务处理流程

（三）进料加工业务流程

进料加工业务流程如图 1-6 所示。

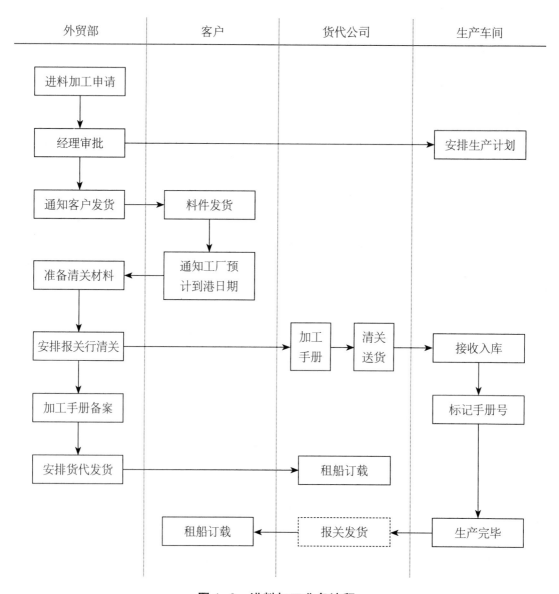

图 1-6　进料加工业务流程

（四）外购订单业务流程

外购订单业务流程如图 1-7 所示。

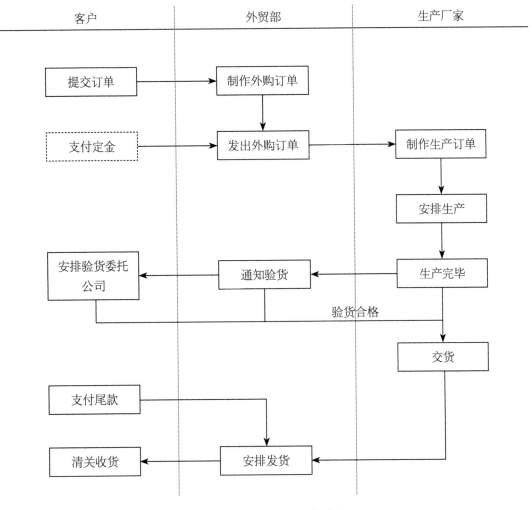

图 1-7 外购订单业务流程

（五）退货 / 返修业务处理流程

退货 / 返修业务处理流程如图 1-8 所示。

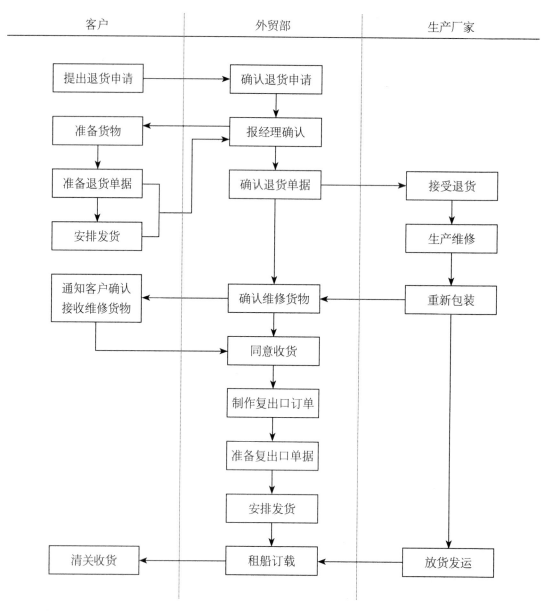

图 1-8 退货/返修业务处理流程

第二章

寻找外贸业务客户的渠道

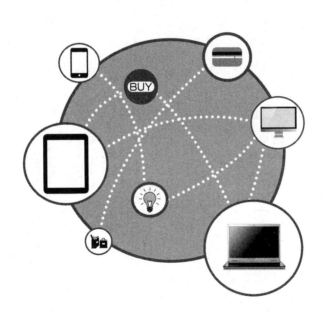

很多准备开辟海外市场的企业，最初会对开辟销售渠道感到无从下手。怎么才能打开销售局面，找到客户呢？事实上，从原来的参加海外展会、联系对外贸易推广公司，到如今的进行电子商务和直接的网络搜索，以及召开各种形式和规模的国外买家采购配对会等，现代企业寻找客户的渠道已经变得越来越多样化了，企业完全可以根据自身的特点选择最适合自己的方式来打开海外市场。

第一节　通过展会拓展外贸业务

通常情况下，参加展会成为很多企业前期拓展市场的首选。无论是国内展会还是国外展会，都为企业提供了与买家直接面对面沟通的平台，企业可以通过展会了解第一手的市场和客户需求信息，同时可以通过频繁亮相让买家熟识其产品及品牌。由此看来，参加展会的方式虽然相对来说比较传统，但却不失为短期内融入海外市场和进行前期推广的有效方式。

一、为什么要选择展会拓展业务

在现代的贸易交流中，展会已被商界公认为"最杰出的市场"之一。在展会中，来自各方面的专业商家、买家等相聚一堂，企业参与其中不仅能促成生意合作，还能调研市场，获得行业新信息及新的启发，同时也能够客观地检验企业参展的产品。参加展会是一种高效的开拓业务的营销方式。

（一）低成本接触合作客户

从投入产出比及成交时间成本的角度考虑，企业要接触到专业、合适的客户，参加展会是最有效的方式。

（二）客户专业度高、潜在订单量大、合作期较长

对于在展会上接触的合格客户，参展企业的后续工作量较小。根据展会调查公司的调查，在展会上接触到一个合格的客户后，商家平均只需要给对方打 0.8 通电话就可以做成买卖。相比之下，平时的典型业务销售方式却需要 3.7 通电话才能完成。根据麦格劳·希尔调查基金的另一项研究，在客户因参加展会而向参展企业下的所有订单中，54% 的订单不需要个人再跟进拜访。

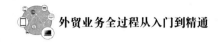

（三）发现潜在客户

展会调查公司的研究表明，以一家参展企业摊位上的平均访问量为基数，只有12%的人在展会前12个月内接到该企业销售人员的电话，其余88%均为新的潜在客户，而且展会还能为参展企业带来高层次的访问者。对于参展企业的产品或服务来说，展会上会有49%的访问者正计划购买其产品或服务。

（四）提高竞争力

展会为参展企业向同行业的竞争对手展示自己提供了机会。通过训练有素的展台职员、积极的展前和展中的促销、引人入胜的展台设计及严谨的展台跟进，参展企业的竞争力将得到极大的提高。而且，展会的参观者还会利用这个机会比较各家参展企业。因此，这是一个让参展企业公开展示产品功能的机会。

（五）节省时间

在展会期间，参展企业接触到的潜在客户比销售人员三个月里能接触到的人数还要多。面对面地会见潜在客户是快速建立海外客户关系的有效手段。

（六）易建立信任且融洽的客户关系

客户关系是许多企业的热门话题。展会是与现存客户建立信任且融洽的关系的好地方。参展企业可以在参会期间用各种方式与客户加强沟通、增进业务关系，如热情的招待、一对一的晚餐等。

（七）手把手教客户试用产品

在日常销售活动中，销售人员携带产品在现场为客户演示的机会不多，而展会可以成为参展企业为潜在客户演示、展示产品的最佳场所，实现手把手地教客户试用产品。

（八）提供研究海外市场竞争形势的机会

展会现场为企业提供了研究海外市场竞争形势的机会。这种机会的作用是无法估量的，它不仅可以帮助企业发现竞争对手展示的产品、市场营销战略、价格等方面的重要信息，还可以帮助企业通过观察和倾听了解很多平时无法得到的信息。

（九）进行产品和服务市场调查

展会为参展企业提供了一个进行市场调查的好机会。如果参展企业正在考虑推出一款新产品或一种新服务，那么参展企业可以在展会上对参观者进行调查（如让参观者填写企业制作的调查表），了解他们对产品或服务的价格、功能、赔偿及基本质量等方面的要求。

二、国际性展会分类

（一）从展览的内容划分，可分为综合类展会与专业类展会

综合类展会展出的项目范围较广，涉及人类进步与文明的各个方面，包括产品生产、自然地理、人文历史等诸项内容，世界博览会就是最典型的例子。专业类展会往往只涉及某一产业或主题的展品展出，具有较强的专业性。从实践分析来看，专业类展会主要集中在贸易类范畴，如德国汉诺威展会，国际半导体设备、材料、制造和服务展会，中国（北京）涂料展览会皆属于此类。

（二）从性质划分，可分为贸易类展会与非贸易类展会

绝大多数的展会属于贸易类展会，即参展企业与参观者主要为商人的展会，其展览系制造业、商业等行业举办的。参展企业参加贸易类展会的目的在于推销产品、开拓市场、树立企业和产品的良好形象。参观者参加此类展会的目的亦在于寻求商机、获取符合其要求的技术或产品，以便与参展企业通力合作，赚取利润。贸易类展会的期限较短，一般为3天至5天，而知识产权纠纷亦主要集中在该类展会上。因此，如何在极短的时间内快速处理各种知识产权纠纷是执法部门面临的最棘手的问题。

从实践分析来看，贸易类展会既可能是综合类展会，也可能是专业类展会。前者如广交会、华交会等，该类展会的展出产品繁多，并不限于某一产品领域；后者在上文已有论述，此处不再赘述。与贸易类展会不同，非贸易类展会的参观者往往并非商人。比如消费类展会，参观者基本是一般产品的最终用户，参展企业参加展会的目的则主要是直接对展品进行销售。同时，非贸易类展会是对社会公众开放的展会，而贸易类展会则主要对工商业相关人员开放。

（三）从时间上划分，可分为长期展会与短期展会

长期展会的期限可以为三个月、半年甚至更长时间，而短期展会的期限一般不超过半个

月。在发达国家，专业类展会的期限往往为 3 天。一般而言，各国企业参加的展会主要为专业类展会，我国企业也不例外。

世界主要国家和地区的展会

一、德国的主要展会

德国的主要展会

序号	城市	展会名称
1	科隆	科隆国际家用电器交易会，科隆五金产品博览会，科隆国际食品饮料技术展览会，科隆国际牙科技术展览会，科隆国际服装机械展览会，科隆家具生产及木工技术展览会，科隆国际体育用品、露营用品及花园家具展览会，科隆国际少年儿童用品展览会，科隆国际自行车展览会，科隆国际食品展览会，科隆国际休闲、体育及泳池设备展览会，科隆世界摄影技术展览会
2	杜塞尔多夫	杜塞尔多夫国际服装博览会，杜塞尔多夫国际零售业展，杜塞尔多夫国际鞋类展览会，杜塞尔多夫国际医院、诊所专业展览会，杜塞尔多夫国际残疾人康复技术展览会，杜塞尔多夫国际酒店、烹饪、餐饮展览会，杜塞尔多夫国际印刷及纸张业展览会
3	法兰克福	法兰克福国际汽车展览会，法兰克福国际图书博览会，法兰克福国际化工技术、环境保护和生物工程技术博览会，法兰克福国际卫生洁具及供暖技术展览会
4	汉诺威	汉诺威国际办公自动化、信息及通信技术博览会，汉诺威国际工业博览会，汉诺威世界金属加工博览会，汉诺威国际汽车展览会，汉诺威国际信息及通信技术博览会
5	纽伦堡	纽伦堡国际玩具博览会，纽伦堡国际宠物用品展览会，纽伦堡国际狩猎和体育装备、户外用品及配件展览会
6	慕尼黑	慕尼黑国际电子生产设备贸易展览会、慕尼黑国际体育用品和运动服展览会
7	莱比锡	莱比锡国际图书展览会、莱比锡国际汽车展览会、莱比锡国际环保技术服务专业展览会

（续表）

序号	城市	展会名称
8	柏林	柏林国际轨道交通技术展览会
9	其他	汉堡国际船艇展览会，德国埃森国际健美、健身及休闲博览会

二、美国的主要展会

美国的主要展会

序号	城市	展会名称
1	拉斯维加斯	拉斯维加斯国际石材展览会、拉斯维加斯国际服装服饰博览会、拉斯维加斯国际宠物用具展览会、拉斯维加斯国际鞋业展览会、拉斯维加斯包装工业展览会、拉斯维加斯食品加工展览会、拉斯维加斯国际地面装饰材料博览会、拉斯维加斯国际消费电子产品展览会、拉斯维加斯国际灯饰展览会、美国拉斯维加斯汽配展览会、拉斯维加斯国际建筑博览会、拉斯维加斯国际服装博览会
2	纽约	纽约国际玩具博览会，纽约国际美容及保健产品展览会，纽约面料、辅料接单展
3	其他	美国国际玻璃、门窗展览会，美国国际纸制品及办公用品世界博览会，美国国际旅行物品、皮革及附件博览会，美国国际家用纺织品采购会，美国春季体育用品展览会，美国国际五金制品及花园用品展览会，美国芝加哥国际家庭用品博览会

三、法国的主要展会

法国的主要展会有马赛国际博览会，里昂国际博览会，波尔多国际展览会，国际食品工业展览会，国际农业展览会，国际建筑及公共工程展览会，国际汽车工业展览会，国际玩具展览会，国际皮革展览会，法国巴黎国际服装及纺织品贸易展览会，法国巴黎国际餐饮、酒店设备展览会，法国巴黎国际建筑门窗、遮阳、屋顶、防护、装饰博览会。

四、英国的主要展会

英国的主要展会有皇家展览会，爱丁堡国际航空展览会，国际建筑展览会，国际食品饮料展览会，英国国际玩具与爱好博览会，英国家具展览会，国际装运及储存展览会，国际塑料及橡胶展览会，国际医药及化妆品制造展览会，英国国际汽车展览会，英国世界水果蔬菜

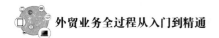

展览会，英国塑料、橡胶工业展览会，英国国际工业分包展览会，英国伯明翰国际花园工具及五金工具与休闲用品展览会。

五、意大利的主要展会

意大利的主要展会有米兰服装展，米兰摩托车展览会，米兰国际供暖、制冷、空调、阀门及卫生洁具、浴室设备博览会，加芬国际鞋展，欧洲国际能源电力、电网展览会（米兰）。

六、日本的主要展会

日本的主要展会有日本国际消费品博览会、东京国际礼品博览会、日本东京国际文具和办公用品展览会、日本（大阪）中国纺织成衣展览会、日本国际家用及室内纺织品展览会、日本国际电子元器件展览会、日本DIY用品及五金工具展览会。

七、中东地区的主要展会

中东地区的主要展会有中东（迪拜）玩具博览会，阿联酋迪拜国际汽车零部件展览会，中东（迪拜）国际安保用品展览会，中东国际家用电器博览会，中东（迪拜）专业舞台灯光、音响及乐器制品展览会，中东（迪拜）石油、天然气、石油化工及其技术设备服务展览会（OGS），中东迪拜美容美发博览会，中东（迪拜）国际服装、纺织、鞋类及皮革制品博览会，中东国际电力、灯具、新能源博览会，中东（阿布扎比）国际美容美发博览会。

外贸企业若准备到国外参加相关行业的展览会，必须经由国家批准的有出展权的主办单位来组织。这样的主办单位有200多家，包括贸促会系统（地方分会与行业分会）、各地经贸委、大型外贸工贸总公司、大型商会等。外贸企业一般可通过这些主办单位的全年组展计划了解可出国参加哪些展会，并选择合适的单位报名、缴纳相关参展费用参加展会。

三、如何选择展会

全球每年举办的各类国际贸易展会有上万个之多，其不同的主办者及其不同的操控能力，使不同的展会呈现出不同的品质与水平。因此，外贸企业在选择展会时要慎重，应遵循以下几个要点。

（一）了解展会的内容

需要重点了解的展会内容如表2-1所示。

表 2-1 展会的内容

序号	内容类别	内容要点
1	展会的背景及行业口碑	如果该展会已举办过几届,那么就要关注其历届的办展规模、参展商人数及到访的专业观众人数,以及各届历史成交情况。如果该展会是新开发项目,则应注意其主办者的专业度与背景,预估是否有能力办好该展会;是否主办过其他展会及其品质与水平如何,举办此类展会的运作手段是否已趋成熟
2	主办者和承办者的资质与水平	展会能否成功举办并取得良好成果,取决于主办者及承办者在各个环节上的工作细节和配合。参展企业可以通过与展会主办者和承办者的反复接触,观察和了解其在操作中的表现,以判断其资质和水平,以及是否有能力举办高成效的展会
3	宣传推广方式	展会的宣传广告占据了展会举办成本中很大的比例。一个展会最终能取得多大的效益,往往取决于展会宣传和推广的力度与成效。参展企业在决定是否参展前,应全面了解展会的宣传力度与计划,如主办者是如何进行展会宣传的、其宣传对象是谁、在宣传上的投入是多少、参展者和参观者的反馈如何
4	展会订位情况	明确展会需提前多久开始预订展位,是否接受非专业人士参观,其参观券如何申请,了解展位面积设置、展位分布、展位标准的配置情况
5	展会场地实际情况	明确展馆的高度及宽度限制,地板单位面积的重量限制,是否有音量、灯光及表演活动等方面的限制,参展企业可否自行进行特殊装修、布置展位

(二)关注业内同行的看法

企业应了解同行业其他企业和其他参展企业对该展会的看法及曾遇到的问题,包括服务、展位布置、问题处理、客户观展情况等;同时,也要向展会所在地或邻近地区的销售代理商了解其对该展会的看法。

(三)选择销售代理商

如果企业在展会所在地或邻近地区没有销售代理商,则要考虑选择销售代理商。

（四）选择恰当的时机

企业应根据自身的国际市场战略规划及其产品的销售季节，结合相关展会的举办时间和地域来选择适合自身需求的展会去参展。

（五）选择合适的地点和时间

企业通过参加展会拓展新市场可达到事半功倍的效果：一则可以了解行业信息，二则可考察当地的市场需求和潜力，三则可通过参展期间与当地代理经销商进行广泛接触，物色合适的合作伙伴。因此，展会的举办地点与时间是否有利于企业的市场拓展计划，无疑是选择展会时最重要的判断因素。

（六）分析研究结果

在对展会做了以上分析之后，接下来就要做出决定，即确定是否参展、展位的大小及装修风格、展位是标准装修还是找专业公司设计与装修，以及寻找并确定相关的设计与施工公司等。

四、参加展会前要准备的基础工作

外贸企业一旦决定参加某一个展会，就需要尽快进行筹备。外贸企业不妨从以下几个方面入手。

（一）展品选择

在展会中，展品是参展企业能直接给参观者留下深刻印象的最重要因素。据不完全统计，在参观者的记忆影响因素中，展品的吸引力可占到39％的比重，因此，参展企业应给予特别的重视。展品的选择要坚持图 2-1 所示的三项原则。

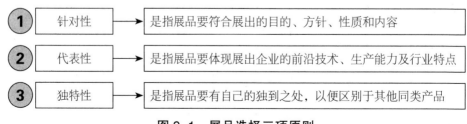

图 2-1　展品选择三项原则

（二）展示方法

在展会的展示环节,往往需要借助其他材料或设备来展示展品功能,强调及渲染展品特色。企业应考虑到展品与现场观众的互动性,让参观者在现场积极参与,并准备一些小包装样品免费派发。这些都是为了引起参观者的兴趣,激发其购买欲。

（三）展台设计

从表面上看,展台的设计应注重美观,同时要能充分反映出参展企业的形象与产品特色,以吸引参观者的注意。进行展台设计时,参展企业应注意以下事项:

（1）展台的设计要与企业市场推广规划的主题一致;

（2）展台的设计是为了衬托展品,不可喧宾夺主;

（3）展台的设计需考虑参展企业的公众形象,不可过于标新立异;

（4）设计展台时,不要忽略产品展示、商务洽谈和休息等基本功能。

（四）人员配备

人员配备是参展成功与否的关键所在。展台的人员配备可从以下四个方面考虑:

（1）按展会的性质选派合适类型或相关部门的人员;

（2）根据展位面积和工作量的大小决定人员数量;

（3）注重人员的基本素质与技能的培养与选拔;

（4）注重人员对专业知识及产品性能的了解,如专业知识、产品性能、演示方法等。展台人员要结合参展商品的特点进行灵活展示。如果是大众消费品,就应着力树立品牌形象,体现亲和力;如果是新产品,就应大力宣传其与众不同之处;如果商品具有独创性,就应强调其在技术上的突破。

（五）多方宣传以吸引客户前来

在展会上若能顾客盈门当然求之不得,但有时难免会出现门庭冷落的情况。这就要求参展者除了被动地等客户来,还要有意识地请客户来。企业在参加展会前后,应采用各种办法进行宣传,以吸引更多的客户在展会期间或之后拜访企业的展位或关注企业。具体方法如下。

1.发送展前邀请

展前邀请是指在展会开始前,企业通过网络公布或发放正式邀请函等方式通知新老客户;也可通过广告、杂志及其他媒体等方式发出邀请,该项工作应当在展会开始前三个月内完成。

展前邀请的方式适用于企业的目标客户和潜在客户。

当企业想邀请某个特殊群体（如主要客户及那些有希望成为本企业客户的公司）时，可以采取发送个人邀请函的方式。如果是由企业高层管理人员发出这些邀请函，那么就更具影响力。

展会组织委员会有时会提供贵宾卡或打折的门票，甚至是免费门票，这些资料可随邀请函一同寄给客户。在展会开始前，企业也可致电潜在客户，确定其参观展位的时间，以便做好相应的接待准备。

如果客户接受企业的邀请，那么企业应该尽快确定对方的信息：客户的行程、参展代表的姓名、有无前期合作、具体操作的业务人员、历次的报价清单、合作中存在的问题及企业希望向客户推荐的新产品信息等。企业应将以上信息整理成文件，出席展会的业务员必须对此有大致的了解，以便在展会现场更好地接洽客户。

对未做出反应的客户，负责该客户的业务员应在出发前两周或一周的时候发送邮件，通知客户本企业的具体行程安排，以及在此期间出现销售方面情况的应急处理等内容。这样做旨在体现企业对客户的尊重，同时也再一次提醒客户展会的时间（有些客户本身可能出席展会，但未必会通知企业。两次通知提醒应当能加深客户对企业的展位号等情况的印象）。

2. 广告宣传

做广告是企业宣传工作中非常重要的一个方式，目的是让人们知道该企业参展了。企业的宣传预算和展销目标决定了广告效应，广告目标则取决于展销目标。展前、展中做广告的媒体如下所示。

（1）展前做广告的媒体：企业网站、展会官网、网络媒体、相关协会媒体、户外广告牌、当地媒体等。

（2）展中做广告的媒体：参展企业目录上的广告、展会每日出版物、城市广告牌、出租车广告位、气球、宾馆广告牌、宾馆闭路电视、机场广告牌、电视、电子信息板、户外广告牌、展厅的电子信息板等。

3. 运用公共关系

运用公共关系是参展企业宣传自己的重要方法之一。这种方法成本低、效果好，可以成功地为企业招来大批询问者，同时也可以提高企业的销售额，因此要好好运用。具体操作如表2-2所示。

表 2-2　公共关系运用表

序号	类别	具体说明
1	展会前	（1）请展会管理人员列出一份全面的媒体表，上面包括各媒体的名称、地址和联系方式等。参展企业可以运用这个列表联系媒体代表，了解需要提供什么样的信息以便提高企业的知名度 （2）询问展会管理人员在展会上是如何安排媒体的，弄清楚是哪家出版单位计划出版有关展会信息的册子及其发行日期 （3）有些商业刊物提前几个月就会开始行动，所以参展企业要准备好新闻材料。这些刊物的编辑只会对那些及时的、有价值的信息感兴趣，如行业动向、统计数字、新技术或新产品信息
2	展会中	（1）准备一些相关材料以备媒体人员经过时可以向其提供。参展企业要确保企业的展台前一直有媒体发言人在场，即使是在午餐时间。展台前的媒体发言人应随时准备用易于理解的非专业方式解释企业产品的功能、特点及重要性 （2）询问展会管理人员何时安排演示会、讨论会或现场观摩会。参展企业应找一名口才好的员工来进行演示，其需要能够清楚而连贯地阐述企业所涉及行业的话题 （3）在展会期间，参展企业应提供一些免费的资料或是小物品，让参观者到企业的展位领取，比如有关自己行业的特别报道、产品清单等
3	展会后	若有可能，参展企业应在展会后的新闻发布会上发布企业最新动向、相关展会的统计数字、有价值的重要信息或展会上的订单等

4. 随时不忘宣传

参展企业应在新闻室、休息室、接待处、培训方案、旗帜、视听设备、展示用的计算机、购物袋、交通工具、餐巾及水杯等场合或物品上添加具有宣传性质的广告语，相关物品要提前准备好。

5. 使用网络

现在许多展会的组织者会通过网络向参观者提供参加虚拟展会的机会。参观者可以通过网络预览虚拟的展会，看看想到哪里去、想参观哪个展位，然后再进行实地参观。这样可以为参观者节省不少的时间和精力。

参展企业利用好这种宣传工具，可以迅速提升客户数量。另外，参展企业可以把虚拟展会链接到企业的网站上，使参展企业有更多的机会出售自己的产品或服务。

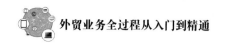

（四）准备赠品

鼓励参观者来参观展会的一个办法就是提供赠品。赠品要设计得有特色，要能够促进宣传，以提高企业的知名度。设计一件有特色的赠品需要思考和创新，需要充分考虑客户的需求：什么样的赠品能够帮助客户把工作做得更好、哪些与本企业的产品或服务有关。

参展企业应准备不同的赠品送给不同的参观者，如为想了解本企业状况的参观者提供一份企业概况介绍。参展企业可以通过两种方式来提供赠品：一种作为参与现场演示、演讲或比赛的奖品及纪念品；另一种作为一种特殊物品，以感谢那些重要的到访者。

五、展会上如何营销推广

（一）展位上的接待

在参加展会前，参展企业要充分了解展会上的操作步骤。

1. 吸引来宾

参展企业应欢迎并感谢参观企业展位的客户，用微笑、眼神交流及握手等方式营造一种融洽的气氛，以给对方留下美好的印象；用一些问题，如"谁、什么、哪里、什么时候、为什么、如何"等开头，然后再转到企业的产品或服务的特点，以及给对方带来的若干好处等。

2. 评估来宾

这一步主要评估参观者是否真的对参展企业的产品有兴趣。如果参观者对参展企业的产品或服务有兴趣，那么参展企业就应继续了解他们是怎样做出决定的（是谁影响他们来购买企业的产品的）、他们的购买时间和预算等信息。参展企业应注意运用"二八定律"——用80%的时间倾听参观者说话，用20%的时间谈话，以便发现潜在客户的需求，从而更好地向客户提出自己的方案。

3. 展示产品

通过前两步获得的信息，参展企业就可以针对客户的问题提出解决方案，并向客户演示新生产线或其不了解的新技术。

对商品展会的调查显示，现场演示是使人们记住产品的第三大重要因素（继展位规模和产品受欢迎程度之后）。诸如舞台化的产品展示、剧场式演出、多人游戏、舞蹈、视频影片、演唱等多种形式的现场表演都可以吸引大量的观众到企业的展台前。展销成功的关键就是应用这些有利的促销方式来使企业的展销更加完善，让客户主动了解企业及其产品。那么，如何在展会上获得成功呢？参展企业可以参照以下几个方法。

（1）要清晰明了地选择恰当的演示方式以达成参展目标。

（2）换位思考：如果自己是参观者，会期望参展企业给自己留下哪些深刻的印象。

（3）举办系列的宣传活动吸引到访的潜在客户。

（4）从观众那里收集与产品有关的信息。

4. 接待结束

参展企业在和客户谈话时，应将有关信息记录在"客户信息卡"上，以便展会后采取行动；回答客户的所有问题，并做出相应承诺；将企业销售代表的电话号码留给客户，或者送给他们一份价格表；最后要握手道别，感谢他们的光临，如果准备了小礼品，可以一并送给客户；送走客户后，应整理好"客户信息卡"，准备接待下一位客户。

（二）主动到老客户展台前拜访

到老客户的展台前拜访时，一般是谁的客户就让谁去。一定要事先约好时间，因为客户都很忙，展会上的每一分钟都很宝贵。

1. 事先准备

拜访前一定要做好谈话内容的准备工作，将谈话内容一条一条写出来，以便在与客户交流时做到心中有底，防止遗漏问题。会场场面一般会比较忙乱，客户会不时被一些事情打扰打断，此时如果有这样一个交流提纲，就能保证交谈有序进行。

谈什么呢？首先要清楚你去的目的是什么，将其列出来。每次和客户见面的机会对企业来说都是非常重要的机会，因为面对面的交流能准确地判断客户的心理。通常拜访的目的包括以下几点。

（1）对合作的总结。

（2）维护客户关系，表示对客户的尊重。

（3）交流彼此的一些技术、合作的信息及理念。

（4）了解过去合作中存在的一些问题，明确客户对质量和服务各方面有什么新的要求。

（5）推荐新产品。

（6）邀请对方到自己的展台上来参观。这一点很重要，这样能够增加人气；但是如果展位旁边是很强的竞争对手，就一定要慎重。所以，在熟悉客户的同时也要熟悉竞争对手。

（7）提供一些企业的变化和改进方面的信息。

（8）了解客户对企业的建议。

（9）欢迎客户再次亲临企业参观和指导，因为洽谈交易最好在自己的企业进行，这样成

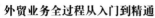

功率会更高。

（10）可以向客户介绍一些业内的朋友，比如供应商，这样大家可以互通有无，关系自然也就更加紧密。

2. 主动出击

外贸业务员一定要非常积极热情，具有良好的心态，不怕被拒绝，有自信，懂专业，常微笑。

（1）拜访的时间。提前与客户做好沟通与确认，不贸然到访，特别是欧美客户，最好的拜访时间是 10 点前，因为这时候是客户最不忙的时候。除了参展企业以外，其他人都是晚一小时进场的，这就给拜访客户提供了很好的机会。

对于最重要的客户，要在第一天的 10 点之前去拜访，这样万一没见到他，还有后面的时间可以再联系。

（2）带齐所有资料，包括谈话资料、产品介绍、生产线的图片、企业环境图片等。另外要多备几份产品目录，因为可能不停地遇到新老客户，此时都可以送其产品目录，向其发出邀请。

（3）找对人。要找产品经理，因为产品经理是负责开发新的产品的。如果你去了很多次产品经理都不理你，可以考虑找其老板沟通，若老板认可了，他自然会向你引见产品经理。另外，不能当着认识的产品经理的面和其老板谈，否则他会不舒服，对以后的合作会有影响，毕竟以后的业务是他在跟进，而不是老板。

有一个资深外贸业务员遇到过这样一个客户：已经联系两年了，一直都没有什么消息，之前在国内的展会上也见过，但总是匆匆见一面，客户对自己的企业没多大的印象。该业务员想了很久也不知道是什么原因，于是在一次海外参展的时候，该业务员第一天就去了客户的展台，但去了很多次产品经理都没有空。第三天一早他就坐在客户的展会上等，刚开始一个人也没有，过了 10 分钟，来了个老人。业务员说明了自己的来意，告诉他自己已经来了 17 次，但是他们的生意太好了，而产品经理一直都没停下来过，很辛苦，当时看着他太忙了，所以没好打断他，所以一直没机会谈。然后该业务员问道："请问我可以要一张您的名片吗？"对方给了他一张名片，原来这人是该公司的总裁。该业务员请求这位总裁给他 10 分钟的时间，当时展位上也没其他人，所以那位总裁答应了。由于该业务员的产品资料和企业介绍都准备得很详细，所以沟通十分成功。第二天下午，总裁亲自带

（续）

> 着产品经理来到了该业务员的展位。当然，最后这个公司成了他的一个客户，他和该公司的产品经理的关系也非常好。

（三）出席展会的业务员应注意的事项

出席展会的业务员应注意以下几点。

（1）出席展会的业务员必须掌握产品的性能、功用、特点和最大卖点。

（2）技术信息。业务员必须对产品的技术信息有一定的了解，但不要求每个业务员都必须精通。遇到难以回答的问题，最佳的答案是"对不起"，然后直截了当地告诉客户，这些问题属于技术人员管理的范畴，可以在回企业以后给予答复。这样比不懂装懂或在无意识中给了客户错误的信息要好。

（3）仪容和着装。在企业有条件并有充分准备的情况下，尽量为业务员提供统一的着装。女士以深色套装、高跟鞋、适度的淡妆为宜；男士穿深色西服并打领带。

（4）标准表情。西方的基本礼节是保持微笑，以及在交谈时注视对方的眼睛。尽管这一点每一个外贸人都已经熟知，但真正能做好的并不多。请切记，展会是展示企业形象的重要时机，业务员的良好素养能给客户留下深刻的印象。

（5）接待等级。合格的业务员应当在客户将目光停留在本企业产品第三秒时开始其接待服务。对这一类客户，可以报以微笑，这样无论对方是否对产品感兴趣都不会令业务员本身感到尴尬，同时也能锻炼业务员的亲和力。但当客户停下来索取资料或提出问题时，业务员的真正接待任务便开始了。合格的业务员应当能在短时间内判断出客户感兴趣的产品，以及购买的基本诚意。这些信息可以通过问答或从客户的名片和资料中获取。接待的等级是指当一个客户与你交谈时，"仅站在门口交谈""请到展位内参观""坐下来交谈"分别代表三个不同的程式和客户等级。由于展会现场人员众多，接待时间有限，而且个人交谈时出于礼节不能中断交谈去接待另一位客户，所以需要"坐下来交谈"的客户，应至少是业务员认为较有开发价值的客户。

（6）谈判技巧。在短暂的谈判过程中，业务员的任务除了向客户介绍产品、发放资料外，还要尽可能多地了解对方的"底细"。业务员应用提问的方式获取客户信息，对擅长交谈的客户也可用"倾听"取代说教式的推销。在现场与客户交谈的内容必须详细记录，最简单的方法是准备一个笔记本、订书机，将听到的信息记录下来后在信息旁边钉上客户的名片，并写明日期和客户编号。

（7）报价。展会中有相当一部分客户其实是抱着比较价格的态度来的。一般情况下，大企业或国外的参展企业从不会轻易给客户报价，对此客户也是能够理解的。所以，当业务员根据自己的判断得出该客户没有什么开发价值时，可以直接告诉他"No Price，Because in Exhibition"（因为是展会，所以没有报价），然后对他说如果对某件产品感兴趣可以在展会后用邮件询价。

（8）其他加印象分的小手段。

① 合影留念。对于谈得比较好的客户可以要求合影留念，并在展会结束后将照片用邮件发给客户。拍摄的关键是尽可能拍到企业的产品或 Logo 等显著标志，这样客户将来一看到该照片，便能想起这个企业。

② 小礼物。参展企业可以准备一些印有企业 Logo 和名字的，或者有中国特色的小礼物，比如中国结等。当然最好适用于国外展会，此外必须注意各国的不同风俗。

③ 随身携带格式正规的报价单和合同，如果遇到当场下单的客户就可以立即签单。

④ 叫得出老客户的名字，包括从前在展会上遇到过、有过沟通但从未下过单的客户。这类客户极有可能对企业的产品感兴趣，但因为某些原因（如价格或已经有过同类合作者等因素）而没有成为真正的客户。

（9）注意参展时忌讳的一些事项。

业务员在参加展会时要注意的忌讳事项如表2-3所示。

表2-3　参加展会的忌讳事项

序号	忌讳事项	具体说明
1	坐着	展会期间工作人员坐在展位上给人的印象是：你不想被人打扰。在展会期间，除了与客户洽谈商务外，应坚持站立参展。因为展会期间坐在展位上，会给买家与专业观众留下"不想被人打扰"的印象。买家与专业观众产生这种印象后，就会感觉你对潜在客户不够重视与热情，从而影响他们对企业产品及相关服务的选择
2	看书	业务员在展会期间不应看书或报刊，应充分把握机会引起对方对企业与产品的注意，吸引买家与专业观众停下来对企业与产品进行咨询，并精神饱满地回答有关问题，提升他们的信心。展品通常只有 2～3 秒引人注意的时间，如果业务员在看书或报刊而不是介绍产品，就会错过使路过的客户关注产品的时机

（续表）

序号	忌讳事项	具体说明
3	在展会上吃喝	展会上应杜绝随意吃喝的现象，因为这种事不关己的表现会使所有的潜在客户对参展企业产生极差的印象，继而影响他们对参展企业的企业文化、管理水平、员工素质、产品质量的评估，导致对企业与产品的不信任
4	打电话	在参展期间，业务员要注意打电话的方式与时间。不恰当的电话，每一分钟都会相应减少与潜在客户交流的时间，从而直接影响企业在展会上的业务目标。在展会上，即便只能找到一个好的潜在客户，也是一种成功。而不恰当地打电话，往往会使你与客户失之交臂。每多打一分钟电话，就会与潜在客户少交谈一分钟
5	见人就发资料	展会上不要见人就发资料。宣传资料也不便宜，更何况企业并不愿意将成本很高的宣传资料白白流失在人海中。怎样才能将价值不菲的信息送到真正需要的潜在客户手上呢？邮寄便是一个较好的方法。在展会上，你可告诉潜在客户，无意让他带太多的宣传资料，加重他的行程负担，并承诺在展会后会按客户要求的方式将资料寄给他。这样做参展企业可以一举多得：既表明参展企业的专业性，同时也可以在展会后继续跟进客户，加深其印象
6	与其他展位的人闲谈	潜在客户看到业务员在和别人说话，一般不会前来打扰。因此，业务员应尽量少与参展同伴或邻近展位的人闲谈，应时刻关注路过的潜在客户
7	以貌取人	客户大多会按自己的意愿随意穿着，如牛仔裤、运动衫等；业务员不要因为客户穿着随意就怠慢
8	聚群	如果业务员与两个以上参展伙伴或其他非潜在客户聚在一起，会让一些参观者产生"那是一个小团体，我还是不要过去打扰了"的想法。因此，业务员应在展位上营造一种温馨、开放、吸引人的氛围
9	怠慢潜在客户	关注与发现每一个潜在客户是企业参展的重要目标。业务员应竭力避免怠慢潜在客户的行为，哪怕是几秒钟。显而易见，谁都不喜欢被怠慢的感觉。若工作正忙，不妨先与客户打个招呼或让他加入你们的交谈。若正在与参展伙伴或隔壁展位的人交谈，这时应立即停止交谈

六、展会期间如何做好竞争防护

商品展会在为卖家和买家提供面对面交流沟通的机会的同时，也给竞争对手提供了一个进行商业情报打探的机会。试想，还有什么机会可以大大方方地走进竞争对手的展位，与他

39

们随便交谈，同时还可能得到关于其产品介绍的传单呢？如果幸运，竞争对手的展位上一个未经世事的新手还会热情地介绍你想知道的一切，如关于企业、产品、服务的信息等。

因此，企业应该注意这类形式的竞争。若稍加注意，就会发现这些人不但比普通人知道得要多，而且喜欢盘问细节，然后迅速离开。这时候，参展企业的业务员应多问问题，少说话，减少泄露一些在专利方面有价值的信息的机会。如果有人问一些有嫌疑的问题，参展企业的业务员可以这样回答："你的问题很有意思，不过你能否告诉我了解这个问题对你有什么好处吗？"业务员要习惯用问问题的方式来回答问题。

外贸企业需了解竞争对手的内容如表 2-4 所示。

表 2-4　需要了解竞争对手的主要内容

序号	信息的种类	获取对方信息的主要问题
1	主要信息	（1）哪些是企业直接或间接的竞争对手，包括现在市场上的运营商、潜在的市场参与者、替代产品的制造商及替代服务的提供商 （2）哪些竞争对手会对企业构成威胁 （3）竞争对手之间存在哪些主要差别 （4）这些竞争对手的位置如何 （5）竞争对手进入市场有多长时间，在市场上的声誉如何 （6）竞争对手的市场占有率如何 （7）竞争对手进行商业合作的原则是什么，现实中它们是怎么做的 （8）竞争对手在上一年有什么重大收获，这些收获又会带给其怎样的竞争优势
2	寻找产品或服务信息	（1）竞争对手的产品或服务在市场上的深度和广度如何 （2）竞争对手的产品或服务有什么特色 （3）竞争对手在对新产品或服务的介绍方面表现如何 （4）竞争对手在传送订单方面做得怎么样 （5）竞争对手在生产或购买策略方面有什么样的变化 （6）竞争对手在生产中采用了哪些新原料，是否有成本方面的优势 （7）竞争对手是如何进行成本节余的 （8）谁是竞争对手的原料供应商 （9）竞争对手的产品储存和维护的便利性怎么样 （10）竞争对手在产品质量和服务方面有哪些优势及不足
3	收集销售和营销策略	（1）竞争对手的销售和营销策略如何 （2）竞争对手的销售力量是通过地域化市场还是终端客户组织起来的 （3）谁是竞争对手最大、最重要的客户

（续表）

序号	信息的种类	获取对方信息的主要问题
3	收集销售和营销策略	（4）哪些客户属于竞争对手而不属于本企业，竞争对手为什么这样成功 （5）哪些客户对竞争对手最不满意，原因何在 （6）为什么客户会转向竞争对手的产品或服务 （7）竞争对手开发了哪些新的产品销售渠道 （8）除了产品展会之外，竞争对手还采取了哪些方法来推销自己的产品或服务 （9）竞争对手现在推出了哪些产品或服务项目 （10）竞争对手的营销更注重哪些方面 （11）竞争对手的价格策略如何，是商业运作、不盈利、政府调控还是对外贸易 （12）竞争对手有没有推出其他价格政策，如信用卡制度、打折、促销或委托销售等
4	收集客户信息	（1）客户认为竞争对手的哪些产品或服务最有价值 （2）客户为什么对现在的服务提供商很满意 （3）怎样才能使客户转向其他卖家 （4）客户主要抱怨什么 （5）客户认为哪些企业会领先市场 （6）客户的哪些要求还没得到满足 （7）决定客户购买的主要因素是什么 （8）行业的变化对客户有什么样的影响

相关链接

展会中的知识产权保护——欧洲的实践和经验

在经济全球化快速发展的新形势下，特别是随着中国经济的高速发展，越来越多的中国企业走向境外展会，展会已成为中国企业向世界树立形象、推广品牌、展示实力的窗口。但由于缺乏对欧盟及其成员关于展会知识产权保护的了解，近年来，中国企业在参展中不断遇到有关知识产权的纠纷。

一、欧盟法律框架的协调

欧盟知识产权执法法律框架的协调有两大渊源——世界贸易组织（WTO）的《与贸易有

关的知识产权协议》（TRIPS 协议）和《关于知识产权实施的 2004/48/EC 号指令》（《欧盟执法指令》）。

1. TRIPS 协议

1994 年 4 月 15 日，WTO 在其制定的 TRIPS 协议中提供了知识产权保护的相关标准，它给 WTO 成员的知识产权保护工作提供了参考依据。

TRIPS 协议协调了世界范围内的最佳法律实践，提供了一般国际法规则框架及相互承认、保护和执行知识产权的基本原则。

TRIPS 协议特别关注了知识产权执法的相关问题，强调不但要从立法层面进行保证，而且需要关注法律的适用性和实际实施。

TRIPS 协议（第 40~50 条）规定了知识产权实施的一般义务、民事和行政程序及救济与临时措施，还提供了关于采取边境措施的特别建议（第 51~60 条），并建议对恶意侵犯商标和著作权的行为进行刑事制裁（第 61 条）。

2. 欧盟执法指令

为了保证 TRIPS 协议在所有欧盟成员的民事司法领域的实施，欧盟颁布了《关于知识产权实施的 2004/48/EC 号指令》。

该指令将刑事问题与民事问题做了区分，主要目的是为执法措施提供一个统一的方法。在总结各国（地区）优秀实践经验方面，该指令也值得称赞。具体内容如下。

（1）证据收集方法。

该指令第 7 条（保全证据的措施）规定，欧盟成员应当保证，即使在对案件进行审理的法律程序开始之前，当权利人已经提供能支持其权利请求的合理证据时，主管司法当局依权利人申请应当命令采取及时有效的临时措施保全与所指控侵权相关的证据，并对上述资料负有保密义务。

此类手段可以包括没收侵权产品，并且在适当的情况下可以没收生产和（或）配送侵权产品的材料、设备及相关文件。如果有必要，可以在不通知另一方的情况下采取这些措施，尤其是当延迟执法可能会给权利所有人带来不可挽回的损失，或者存在证据被毁掉的风险时。

（2）初步禁令及扣押令。

该指令第 9 条（临时及预防措施）规定，欧盟成员应该保证当申请人提出要求时，司法机关可以做到以下几点。

a. 向被指控的侵权人发布禁止令，阻止任何即将发生的侵权行为，或暂时禁止被指控的侵权行为继续下去。如果侵权行为不停止，则按照国家法律再次罚款，或者使这种继续下去的侵权行为受制于某种对权利所有人做出的赔偿保证。临时禁令也可以是针对中介机构的，如果中介机构向第三方提供了某种服务，并且第三方正在利用这种服务侵犯某种知识产权，也可以要求发放临时禁令。由中介机构提供服务，并且此类服务被第三方用于侵犯版权或相关权利的规定，在欧盟指令2001/29/EC中有明确的规定。

b. 为了防止怀疑侵犯了某种知识产权的产品进入商业领域或在商业渠道中流通，命令没收或上缴侵权产品。

在法国、德国、英国等国家，要求发放禁令是没有任何限制的，即使是在展会期间也可以取得禁令。而在另外一些国家情况则不尽相同，如意大利，禁令只能在展会之前取得。

二、欧盟的保护机制

展会促使知识产权保护协调体系的建立成为一个亟待解决的问题。展会的组织者和参展企业已经意识到对知识产权相关问题进行具体管理的必要性。

参阅由国际展览业协会（UFI）在2008年2月编写的《展会知识产权的保护建议》，建议中明确提出展会组织者对以下行为做出保证。

（1）在展会开始之前，组织者应该通过如下方式为参展企业提供关于知识产权保护的资料：与登记/参展表一起发出的特别手册、组织方的网站、参展企业手册或展会的通用条款。这些资料应该包含对参展企业提出的建议。

a. 参展企业应该在贸易展会开始前保护并注册商标、专利或外观设计，以取得有效的权利（展会可能破坏新颖性）并能够利用所有形式的法律保护，不论是平时还是在展会期间。

b. 为此，强烈建议向专利和商标专业律师咨询关于专利的注册方案、要求、手续及保护方面的相关知识，并获得相关建议。

c. 展会组织者的知识产权负责人的具体联系方式，当地/国家知识产权组织、海关当局和专利及商标律师的联系方式均应该提供给参展企业。

d. 在展会之前，如果参展企业认为另外一个参展企业会侵犯其权利，就应该向海关当局提出申请，海关可以因此阻止涉嫌侵权的商品的交付，对货物进行调查、采样并销毁侵权假冒品。

e. 参展企业应该随身携带其专利权或商标权注册的初始文件或授权副本，以防止展会期间可能出现的侵权行为。这种文件也包括任何已经做出的针对某个参加展会的侵犯专利权产品的判决。

（2）另外，为了帮助参展企业解决在展会期间出现的知识产权投诉或侵权行为，组织者应该提供当地愿意为希望通过法律程序起诉某个被指控的侵权者的参展企业提供代理服务的律师名单。

（3）展会组织者在展会期间应该提供现场专家或电话在线专家（知识产权律师、海关当局）服务，以便在展会期间向那些受知识产权侵权影响的个人提供法律建议、识别假冒品。

（4）展会组织者应该能够提供中立的仲裁、仲裁员或法官服务，以帮助确定在展会期间是否有违反知识产权的行为或帮助解决与知识产权有关的纠纷。

（5）展会组织者应该提供翻译，以便在外国参展企业发生产权纠纷时帮助其进行沟通。

（6）如果适当并且可能，展会组织者应该提供现场办公室、特殊服务点或接待处来应对在整个展会期间可能出现的任何知识产权要求或投诉。

（7）为了保护参展企业的产品在展会期间不被假冒，或者保护参展企业的知识产权在展会期间不被侵犯，鼓励参展商提供他们的产品或服务受知识产权保护的证明。

法国、德国、西班牙等欧盟成员，不禁止也不特别支持在展会上进行知识产权执法。其他一些欧盟成员（如意大利）考虑到要保持博览会的"避风港"地位，在展会期间不会授权进行民事执法，如没收展品。只有在非常极端的情况下刑事机构才会干预，而刑事机构是唯一有权没收侵权商品的机构。

三、展会前准备：保护知识产权的方法要点

（1）与展会组织者进行联系，了解他们是否对参展企业的知识产权侵权行为提供监管服务，以及这一工作机制如何运作。

（2）确保在展会举办国家拥有合法、有效的，并且已经注册的知识产权。

（3）确保企业拥有的知识产权没有与一项先行注册了的知识产权相冲突，即确保企业拥有的知识产权不侵犯他人的知识产权。为做到这一点，企业可以利用免费数据库做一些检索。

（4）携带能够证明企业知识产权有效性的证书或文件。

（5）携带其他可以证明企业知识产权也曾受到侵害的文件（例如，法院针对竞争者的判决，以及对其他竞争者或侵权者的书面警告文件）。

（6）聘请一名知识产权方面的律师，以防止任何争议的产生。

（7）建议参展企业明确指出其参展产品或服务受知识产权法保护。

（8）参展企业得知竞争者将在展会上展出参展企业享有知识产权的仿冒品后，应与海关当局联系，以阻止被控侵权产品入境。

（9）由于专利的复杂性，应将专利可能涉及的现有技术交由该领域的专家进行研究。

（10）确保不要忽略复杂产品任何一方面。例如，在高科技产品中，如果你不拥有高科技产品的内部零部件的知识产权，那么必须确保这些内部零部件的生产已经得到相关知识产权人的使用授权（对于商标等，上述问题同样必须加以考虑）。

（11）时刻考虑著作权和不公平竞争事宜。

（12）如有疑问，应与专业律所的知识产权顾问联系，就东道国的适用法律事先进行咨询。

建议避免疏忽，从而导致货物因被控侵权而扣押，或展位被关闭。在许多情况下，展位会被立即关闭，参展企业的名字及被关闭的理由都将向社会公开，毫无疑问这会对企业的盈利和信誉产生消极影响。

七、如何参加海外展会

参加海外展会比在国内参加展会复杂得多，外贸企业应更加用心对待。

（一）早做准备

一般的策划工作应该在展会开始前 12 ~ 18 个月准备，因为场地是按"先来先分配"的原则安排的，所以企业至少要提前 12 个月预订场地。

外贸企业若对某展会有意向，就应及早对其进行调查，以取得第一手信息。一旦决定参展，外贸企业就要和展会组织者开展紧密的合作，以防任何突发状况发生。

　　　　参展人员应至少提前两天到达目的地以调整时差。若外贸企业需要单独设置展厅、处理后勤事务，那么参展人员将会非常疲劳。因此，参展人员要留出充足的时间，好好休息，调整自己的状态。

（二）拟订合理预算

外贸企业应拟订一份切合实际的参展预算。国外展会的费用根据展会地点、汇率和时令的不同会有较大差距。除了考虑展出经费、运输费用、宣传花费及工作人员的工资外，参展企业还要考虑进口关税和相关的出口规则。同时，为应付展会中的意外事件及因汇率变动而带来的额外花费和其他小费支出，参展企业应增加 25% 的预算，以保证展会活动的顺利进行。

（三）规划展位 / 展厅

在大多数展会上，展位就是摊位。这些展位最小的大约有 10 平方米，一般三面封闭，壁上刷石灰粉，布置比较简单。但布置精细的展厅在欧洲一些大型展会上十分流行，这类展厅往往面积较大，而且有可能包括会议室、休息室、厨房和酒吧（用来招待客户），其中会备有小甜品和软饮料。因此，在策划时，参展企业要把会议室和休息室也考虑在内。

常见的最佳展会位置

1. 入口或入口两侧

处于这种位置的展位开门见山，比较容易吸引刚入场的、精力充沛的客户留意并驻足。

2. 出口处

（1）该位置的显眼程度与入口处相当，但因为观众经过此处时多少都会有些倦怠或已经谈妥了业务，所以人气指数会较入口处稍逊一筹。

（2）出口处也有其优势，那些没有找到称心目标的客户会抱着最后的期望，对这一带的展位进行认真的考察。因此，处于该位置的企业和客户最终谈成业务的成功率会比较高。

3. 主要人行干道的两头或十字干道的中心四角处

这些位置也是人流集中的地方。但当参加展会的人数较多时，展位离主干道或者十字路口有一点距离会更合适，这样能避免因为来往人流熙攘而给客户停留沟通带来不便的情况。如果情况相反，则应尽力在路口显眼处布置展位。

4. 展览问讯处、新闻中心及各类基础服务设施（如餐厅、便利店、洗手间）附近

由于人们需要了解相关信息或需要相应的服务，因此这些区域的人员也会相对较多。

5. 知名企业的展位周围

知名企业一般都是大家关注的热点和计划内目标，在其周围布置展位也是不错的选择。

6. 上届展会位置

如果上届展会中某些展位所处位置较好或展示效果较好，那么在下届展会中应该尽量选择相同或接近位置的展位，以便老客户、老朋友的来访和洽谈。

1. 建造展厅

建造展厅的方案如表2-5所示。

表2-5　建造展厅的方案

序号	方案类别	具体说明
1	国内设计建造后，运输到展会	采用这种方案时，企业会因距离上的优势而对展厅的设计与建造进行监控。但要注意与当地文化产生冲突的风险，比如选择了不合适的颜色或布局、标记翻译不当等；还可能会遇到电气设备不足和电话线路不好等服务链接方面的问题
2	国内设计，国外建造	这种方案方便企业监控设计过程，并且能够降低运费，但难以保证建造工程的质量，而且不利于与建造者之间的有效交流。同时，企业还需要处理潜在的汇率变动和通货膨胀对建造费用的影响
3	国外设计，国外建造	（1）这种方案无论在设计、标记还是图案方面，都能更好地迎合所在国的文化和偏好。同时，这种方案缩短了设计规划与投入施工之间的时间，进一步减少了运输费用，降低了损耗 （2）这种方案很难保证设计和建造工作的质量，并且很有可能会因为语言障碍等问题而产生沟通不畅的问题。同样，选择这种方案时，企业要做好相关准备，以应付汇率变动和通货膨胀带来的价格起伏
4	在展厅租赁现成场地（在展会所在国），自己设计图案和标记	（1）选择这种方案时，企业不用担心设计和建造的问题，并且可以听取先前租赁者的意见，根据当地的情况选择合适的图案和标记。这种方案因为设计细节很少，语言的障碍也就无关紧要了 （2）这种方案的缺点是企业不能发挥自己的想象力，而且如果展厅布置不精细，会损坏企业的整体形象

相关链接

小展位应如何布置

如果企业的展位面积比较小，那么该怎么设计和布置，让其也能传递企业的专业性呢？俗话说："知己知彼，百战不殆。"在小展位的布置工作中，企业应从了解自身的情况和需求开始。

一、了解企业的参展计划

1.这次展位布置是一次性的吗

如果一年只能参展一次，那么布置展位的预算是多少？是计划一切从简，还是预算充足？

企业期待的展位形象是怎样的?

2. 参展次数

如果企业每年参展比较频繁，那么就需要考虑展位方案的重复使用。这样做一则可以避免浪费，二则在每次参展的时候企业的形象都会保持统一，也节约了参展准备时间。

3. 如果一年有几次展会，那么展位的面积、开口方向是否大概一致

有的展位是 3m×3m 单开，有的展位是 3m×6m 双开，是否有方案实现不同展位布置的互相转换，以免因重复投资而造成浪费。

以上三个问题了解清楚了，在方案的选择上也就有了一个明确的方向。

二、了解参展的目的

企业参展的目的可以细分为产品推广、品牌推广和寻找经销商三类。明确了参展的目的，也就明确了展位布置的重点。

（1）如果以产品推广为目的，尤其是计划展出新品，那么在布置展位的时候，应尽量将新品如明星般烘托，减少其他产品的出现，甚至不出现其他产品。

（2）如果以品牌推广为目的，那么展位的设计在平面上应以企业的名称、Logo 为设计重点，要不遗余力地用醒目的字体、有冲击力的色彩或画面来宣传品牌，突出企业个性。

（3）如果是寻找经销商，则要在展位显眼的位置突出"寻找经销商"等字样，以免因为前期设计和计划的疏忽导致展会现场流失目标客户。

三、选择合适的"硬装"

"硬装"指参展企业用什么样的方式来陈列产品、如何固定画面、选择什么样的画面材料等。企业需要考虑以下几个问题。

（1）样品陈列方式是平放还是悬挂，是落地还是水平陈列?

（2）有没有储藏空间以保持展位整洁?

（3）企业的目录使用什么方式派送?

（4）如何最大限度地使用展位以节约成本?

（5）画面的材料选择有何讲究? 每种材料的效果如何?

（6）具体有哪些布展方式? 分别有什么特点?

（7）某个展位方案是否能重复使用? 若能，能实现在几个不同展位的使用?

（8）有什么方式方便企业携带（保证重量轻、体积小、拆装方便）?

对于小型展位来说，如果是企业自己布置，那么布展方式的便捷性是非常重要的，千万要避免看着好看但装不起来的情况。

四、选择正确的"软装"

在展位设计里，"软装"主要是指画面的设计。可别小看了画面设计，一个犯了若干种展位画面设计错误的平面设计，会让展位的效果大打折扣。企业在审核展位布置的平面设计时，需要把握以下几点原则。

（1）重点内容的字体要足够大，位置要足够高，保持在人平视的范围内（140 ~ 150 厘米）。这样，目标客户在经过展位的时候才不会忽略展位。

（2）单个文字最小不能低于 1.5 厘米，以免出现将文字排满画面的常见错误，导致画面缺乏设计效果，减少对客户的吸引力。

（3）图片要尽量清晰，尺寸要尽量大。现在是读图时代，一张精美的产品图片能立即吸引目标客户的注意力。

（4）色彩要尽量鲜明、统一（最好与企业的 Logo、网站、宣传手册等保持统一）。为了让展位引人注目，尽量避免使用大部分展位常用的色彩，比如蓝色。

五、了解"禁止"条款，避免损失和犯错

在展会中，对展位的布置通常会有些"禁止"条款，每个展会主办方的要求也不尽相同，因此在布展前必须找主办方确认或者仔细阅读《参展商手册》。否则，到了布展现场，会因为违反规定产生麻烦，甚至被强行撤展。国外展会的相关条款更加严格，比如不能在围板上钉钉子、不能用胶水粘贴、必须有防火证明等。

---

2. 运送展品到展地

做好展品运输的准备工作也很重要。大多数国际展会都有一个官方指定的货运代理人，该代理人熟知相关细节，如开具发票、申请出口许可证、了解相关申报工作、发放货物清单、处理保险事宜、准备包装清单和所有必需文件等。对于需要运输的设备，一般不按照正常的标准缴纳关税，除非在展会后仍留在展会举办地。

3. 办理海关手续

办理海关手续是海外参展必须面对的难题之一，企业按正确的步骤办理海关签证文件是非常关键的。

4. 善待工人

美国、英国、法国和意大利等国家都有强大的工会组织。企业要了解并遵守与工会工人合作的规则，尊重每一位工人；与承包商合作时，一定要请翻译陪同，以便传达指令；相关人员需至少提前一周到达展地，以处理有关事务。

（四）殷勤待客

企业要在展会上或休息室内提供食品，以便在与来宾交谈时享用。

企业可设计一种与企业或产品形象相符的特色菜谱。例如，企业可以安排相关人员提供食物，也可以请来宾吃自助餐。提供自助餐时，企业要注意交易会上的一些特殊要求，如在德国的一些交易会上，根据国家"绿色环保"政策的要求，食品要盛在真正的瓷制器皿中，而不能使用塑料制品或包装纸。

相关链接

保持对主办方文化的敏感性

进行国际贸易要懂得文化差异，明确什么是该做的，什么是不该做的，避免犯一些不必要的错误。在做国际贸易之前，企业应牢记以下指导方针。

1. 使用每个人都明白的基本词汇

很多国际性商业交往都可能需要英语，但若使用一些难以翻译的词汇，如俚语、口语、习语、术语、时髦字眼、行话、公文、首字母缩略词和隐喻等，就会出现麻烦。因此，在交流中，无论是书面语还是口语，使用能让每个人都明白的基本的简单词汇，无疑是更为有效的方法。

2. 留心隐含意义

在不同的国家中，不同的颜色与数字都有其特定的内涵（见下表）。若企业的产品或包装使用了不恰当的颜色，销售额就会大打折扣。因此，企业在准备展会时，应避免出现此类会造成重大损失的低级错误。

留心隐含意义

序号	类别	具体说明
1	颜色	在有些国家，绿色是一种不祥的颜色，在有些国家黑色、白色、黄色甚至与死亡相关
2	数字	亚洲许多国家忌讳"4"，认为"4"代表了"死亡"。因此，企业应避免使用数字"4"，甚至不要把商品4个一组装在一起。与此相反，"8"则是人们心中的幸运数
3	动物	使用动物的标志时要注意。例如，在印度等国家中，牛是神圣的象征，千万不要在任何商业广告中对其进行描绘
4	女性	许多国家的女性会有一些禁忌，因此要注意描绘女性的方法

3. 时刻牢记：行胜于言

每种文化都有其独有的特征，如何恰当地进行眼神交流、握手，什么是得体的言行举止及空间距离等，不同的文化存在着很大差异，了解如何同参展的外国友人进行问候与交流是很重要的。切记，你是以该国客户的身份在此举办交易会的，应该学会入乡随俗。

4. 见面问候

在国外，人们互称对方的头衔而非直呼其名。欧洲人习惯在见面和离别时握手，而握手这种常规的行为在不同的国家有着不同的方式。例如，德国人习惯有力地握手，而法国人在握手时不会太用力且时间短暂，美国人则有力且上下摇动。

与来自法国、西班牙、意大利、葡萄牙和其他一些地中海国家的人们进行问候时，一般要亲吻对方的双颊。跟亚洲人进行交流时，要避免身体接触。

5. 肢体语言

在不同的文化中，相同的手势有很大的意义差别。例如，许多民族把竖拇指看成不礼貌的动作。亚洲很多民族都认为用食指指人、物是非常不礼貌的动作。美国人用来表示再见的手势，在东南亚人看来却是示意某人过来。尽管美国人把微笑作为友好的象征，可在其他文化中，微笑还有不同的意思。

6. 使用名片

名片在许多国家有着非常重要的作用，它是显示地位与身份的一个真实凭证。实际上，如果外贸业务员没有名片，别人就不太可能认真对待你，尤其是在亚洲国家。在有人呈递其名片时，外贸业务员对其名片要表现出与对其身份同样的尊重，这一点非常重要。倘若处理不当，可能会让对方认为是对自己的侮辱。外贸业务员务必仔细了解他人递给你的名片，勿在上面做备忘录，尤其是在来访者面前；不要折叠或随便把他人名片塞入口袋；离开时应把名片随身带走。企业应为参展代表提供双语名片。在英语并未得到广泛使用的国家，要准备背面印有当地语言的名片。

许多国家都有赠送名片的特殊礼节。例如，在日本，人们在交换名片时会很郑重，如双手奉上并向对方鞠躬，彼此双手接过名片，认真浏览，并在谈话中有所应用。

7. 承认不同的交流风格

在交流过程中，有些文化比其他文化更直接、更坦率。有些语言文化是低语境文化，这就意味着它们的词语具有特定的意义，理解时不需要依靠当时的语境，或对语境的依赖性较小；与之相反，有些高语境语言，在很大程度上依赖于谈话的语境来确定词义。因此，开门见山容易被认为是不雅的，甚至是无礼的。

拥有不同文化背景的人在交流时，由于文化差异，可能会很迷惑，甚至受挫、急躁。在一些国家，如法国，"不"经常意味着"也许"，"也许"意味着"不"。亚洲人很少说"不"，特别是日本人，他们有其独特的方式避免说"不"，他们可能会使用微妙的暗示，如"这有点儿难"或"我会考虑的"。在很多时候，为了避免说"不"，韩国人会给你一个他们认为你想听到的答案，如一句"是的"或点一下头，表示"也许""我知道了"或"是的，我听见你说的了"。

谈话的主题应避免涉及金钱、宗教和私人问题。关于体育、旅行、历史和文化的主题都很合适。另外，各国的幽默方式不同，在翻译过程中会经常造成误解，因此尽量不要开玩笑，尤其是涉及种族问题的玩笑。

8. 要有耐心

在国外做生意需要耐心。许多外国商人需要时间浏览大型的展销图片，完全了解整个运作过程，他们希望从容地与企业建立合作关系。同时，外国商人要确定企业是否真诚，是否能够信守承诺。他们需要一种安全感，需要知道参展企业是否是一个可以信任而且机制健全的企业，并且愿意在他们的国家兑现承诺。因此，展会后立即与其深入接触，是建立海外买卖关系、为企业带来更多订单的好方式。

附：海外参展计划时间表

海外参展计划时间表

以下是一位资深的国外参展者所积累的专业经验，仅供参考。

一、一年前

1. 从展会的规模、时间、地点、专业程度、目标市场等各方面，综合专家意见，制订全年的海外参展计划。

2. 与展会主办单位或代理公司进行联系，取得初步资料。

3. 选定场地（一般而言，首次参加国际大展会时，较难取得最佳位置）。

4. 了解付款形式，考虑汇率波动，制订财务计划。

二、九个月前

1. 设计展位结构。

2. 取得展会管理公司的设计批准。

3. 选择并准备参展产品。

4. 与国外潜在客户及现有客户联络。

（续）

5. 制作展览宣传册。

三、六个月前

1. 以广告或邮件等方式进行推广活动。

2. 制订旅行计划。

3. 支付展会场地租赁及其他服务的预付款。

4. 复查企业的参展说明书、传单、新闻稿等。

5. 安排展会期间的翻译人员。

6. 向服务承包商及展会组织单位定购广告促销。

四、三个月前

1. 继续追踪产品推广活动。

2. 最后确定参展样品，并准备大量代表本企业产品的质量及特色的样品，贴上企业标签，用于赠送索取样品的客商。

3. 对于展位结构设计，做最后的决定。

4. 计划访客回应处理程序。

5. 训练参展员工。

6. 排定展会期间的约谈。

7. 安排展会现场或场外的招待会。

8. 购买外汇。

五、四天前

1. 将运货文件、展览说明书及传单等额外影印本放入公事包。

2. 搭乘飞机至目的地。

六、三天前

1. 抵达饭店登记。

2. 视察展厅及场地。

3. 咨询运输商，确定所有运送物品是否抵达。

4. 指示运输承包商将物品运送至会场。

5. 联络所有现场服务承包商，确定一切准备就绪。

6. 与展会组织代表联络，告知通信方法。

7. 访问当地客户。

（续）

七、两天前

1. 确定所有物品运送完成。

2. 查看所订设备及所有用品的可得性及功能。

3. 布置展位。

4. 对于所有活动节目，做最后的决定。

八、一天前

1. 对展位架构、设备及用品进行最后的检查。

2. 将促销用品发送至分配中心。

3. 与企业参展员工、翻译人员等进行展会前的最后简报。

九、展览期间

1. 尽早到达会场。

2. 于展会第一天即将新闻稿送到会场的记者通信厅。

3. 实地观察后尽早预约明年场地。

4. 详细记录每一个到访客户的情况及要求，不要凭事后记忆。

5. 对于没有把握的产品需求，不要当场允诺，应及时汇报总部做出合理答复，一旦应承，必须按质按期完成，以取得客户合作的信心。

6. 每日与员工进行交流，形成参展情况简报。

7. 每日将潜在商机及客户资料送回公司，以便及时进行处理并回应。

十、展览结束

1. 监督展位的拆除。

2. 处理商机。

3. 寄出感谢卡。

八、展会期间客户信息的及时分类

（一）参展之前的准备

在参展之前，外贸业务员可自己事先设计一张客户信息卡（见表2-6），并根据需要复制多份。在客户将名片留在展位后，外贸业务员可在空闲的时间迅速将其信息填入客户信息卡；

展会结束后，外贸业务员需认真整理客户信息卡。

表 2-6 客户信息卡

展会名称：	展出日期：
客户姓名：	
头衔：	
公司：	
地址：	
国家： 城市： 邮编：	
客户感兴趣的产品型号及价格与需求数目是：□目标价格 □数量 □其他要求	
需解决 / 仍存在的问题：	
客户手中的产品 / 享用的服务：	
采购过程：	
预计采购时间：□立即 □一个月 □两个月 □三个月 □六个月 □其他	
意见 / 备注：	
客户接待代表：	

（二）留下客户的联系方式

外贸业务员发现那些对产品感兴趣的客户后，应抓住机会请对方坐下来进行深入交流，给他完整的资料并设法留下其联系方式及相关资料。怎么留下客户的联系方式呢？要有技巧，例如，请其留下名片或填写调查问卷，然后赠送一些小礼品。

（三）将客户分类

在展会中，外贸业务员可根据谈判中所得的结论把客户分为 A、B、C、D 四个等级。对于等级的标准，不同的企业有不同的分类方法。一般可如下划分。

A：当场下单订购的客户、对新产品感兴趣的老客户或企业一直在努力开发的客户。

B：目标客户，国际知名企业或采购商，有意向合作的客户。

C：认为有合作可能的客户。

D：获取过企业资料的客户。

九、展会后对客户的跟进

参展仅是与客户建立关系的第一步。展会结束后，外贸业务员要趁热打铁，做好跟进工作。

（一）跟进要主动

展会结束后，外贸业务员还要主动与客户联络。因为客户通常都很忙，而且一场展会下来，客户会去很多同行的展位，索要很多样品，展会后也会收到很多同行的邮件。因此，客户一般不会主动联系你。这时候你就应该主动出击，给客户提供完整的资料和价格，然后跟进，以赢得客户的信任。做业务一定要主动，比如客户一个眼色，你就要做出相应的反应；客户问了价格，你要将详细的参数、尺寸、包装材料等信息一并提供给他；客户要说明书，你要连设计稿和文字一起都给他参考。如此，客户将会对你形成很好的印象。

（二）跟进要快

在展会上，客户认识的供应商太多，他根本就记不住那么多家，所以展会后的跟进工作实在太重要了。外贸业务员应尽快把在展会上与客户交谈的内容写成总结并发给客户，让客户核对自己的记录是否有些地方需要补充，以免遗漏，下了订单的催正式订单，没下订单的引导下样品单或者订单，总之要快。

业务员不要觉得自己催客户很多次客户会烦，这是你应该做的工作，而且你的邮件客户户也未必能看到。即使客户回复你说不要再发邮件给他了，你也要问清楚为什么。

如果发邮件不行就不要再发邮件了，直接打电话，而且打了电话也要想办法跟进，因为不只你一个人打电话，商场是场没有硝烟的战场，其他同行也在打电话跟进。

在给客户的联络邮件中，应注意以下问题。

（1）邮件内容不要过长，客户的时间很宝贵，一般看完一封邮件的时间不会超过 5 秒，特别是以英语为母语的国家的客户。

（2）邮件不能没有主题，而类似"我们需要合作"这样的主题也不会引起客户的注意。

（3）不要长篇大论地介绍你的企业。

（4）不要炫耀你的英文水平。

（5）不要问一些毫无意义的问题。

（三）四类展会客户的跟进及邮件模板

接待客户时，业务员应根据客户的兴趣程度，将客户分成机会客户、感兴趣客户、了解信息的客户、"路人"客户。对于不同的客户，业务员应在展会后采取不同的策略进行跟进。

1. 机会客户

这一类客户具有合作意向，他们还没有确定要购买，只是决定了购买什么规格、数量的问题。对于这类客户，业务员在跟进的时候要把客户的注意力放在规格的选择上，追问客户的需求细节，通过关注具体的细节，吸引客户的注意，推动客户产生购买意愿。

只要客户一直跟你联系，你就会与客户越来越熟悉。客户给你的信息越多，同样的信息，他再给其他人解释一遍的成本就越高。如果感觉你比较可靠，值得信任，他们跟别人再解释一遍的意愿就会降低。

在竞争方面，要重点解决"你为何要跟我买"的问题。价格是一个重要的方面，如果价格比对手高，要主动说明为何高，好在什么地方。但价格和质量都不是最关键的地方。客户觉得你是否值得信赖是最关键的。因为无论是老板，还是职业采购人员，都不想冒太大的风险。以下为跟进机会客户时的邮件模板，仅供参考。

Dear Peter,

It is very nice to talk with you on Canton Fair.

As per your request, I am sending you the detailed specification for ××× model. FYI, we use high-quality imported material with zero lead for this model. It is very popular in European market, as consumers are more demanding for green products.

（从细节入手，给客户提供充足的信息，同时暗示你的东西是好的，为何价格会比较高。即便不直说，客户也清楚了。）

Can you tell me how many pieces do you need for this model? And what is your requirement for the package?

（通过提问，将客户的注意力放在能够向前推进的细节上。只要客户一点一点地给你提供构成一个完整订单的详细信息，你就在往订单一步步迈进。）

Best regards,

Kate

对于机会客户，业务员要针对客户的需求，认真分析，认真编写邮件。这类客户数量很少，只有总客户数量的 10% ~ 20%，却值得你花 80% ~ 90% 的时间予以跟进。因为你的订单可能多数是从这类客户中获得的。

2. 感兴趣客户

感兴趣客户是指对你的产品很感兴趣但还没有下定决心要购买的客户。这类客户为何没有下定决心购买呢？或者是因为他们需要进一步了解市场，或者目前有个不错的合作对象但不甚满意，同时要结束合作关系，又担心新供应商有风险。

对于这类客户，业务员的工作重点是要推动他们做决定，而不是强调为何他们要同自己合作，因为他们还没有做好决定。做了决定，他们才会考虑同谁合作的问题。这类客户又分为以下两类。

（1）需要调研市场型。

这类客户对于市场不了解，对于产品能否畅销有顾虑，因此业务员可以通过介绍一些成功的案例，帮客户树立信心，同时要有耐心和展示自信，甚至给客户一个特殊的政策，让客户去试销。以下为跟进这类客户时的邮件模板，仅供参考。

Dear Peter,

It is a great pleasure to talk with you on Canton Fair, and know your interests in our × × × products.

After the fair, I collected a few more information on our sales, which might be helpful for you. FYI, for this model, our sales in × × × country（需要同客户接近的市场）is × × ×. Our customers said that the market specially like the × × × feature of × × ×(products).

I am very confident that you can sell × × × very well in your market. Anything I can do to help you to research or test the market, please just tell me.

Best regards,

Kate

（2）对现有供应商不死心。

对于这类客户，业务员的重点是挖掘客户现有供应商的弱点，让客户意识到一个不好的供应商对他的生意的危害之大。注意，千万别直接攻击竞争对手，这样做客户不会喜欢。攻击竞争对手产品的弱点，而不是竞争对手本身。例如，你知道竞争对手产品的质量不稳定，但你不要说 × × 公司产品的质量不稳定，而是要问"你的供应商产品的质量稳定吗？如果质量不稳定，会给你带来什么后果呢？"

当然，有的客户会告诉你现有的供应商有问题，更多的客户不会告诉你，他们觉得告诉你了，会在谈判的时候处于不利地位。当客户不告诉你的时候，你就要自己揣摩，旁敲侧击了。以下为跟进这类客户时的邮件模板，仅供参考。

Dear Peter,

Thanks a lot for visiting us during the Canton Fair.

Behind every successful distributor, there is a capable & reliable supplier.

As a capable & reliable producing supplier for ×××, ×××（知名大客户），we hope to be the one that stand behind, and give you firm support.

Can you give us a chance?

Best regards,

Kate

3. 了解信息的客户

这类客户往往对于某个产品还不甚了解，只是随便问问，了解一下信息。当客户直接问价格时，有的业务员会误认为问价格的客户一定兴趣很大。其实，有相当部分的客户问价只是为了随口了解一下，他们甚至还没有到认真考虑销售这个产品的程度，更不用说跟你合作了。

对于这类客户，业务员可以把他们放在一个小组里，然后发出一封模板邮件来进行跟。具体如下所示。

Dear Peter,

Very pleased to talk with you on Canton Fair.

To let you have more information about our product ×××, I attach our brochure for your reference.

Very briefly, this products target high-end market with better distribution profit margin. Consumers love it for its features:

(1) ......

(2) ......

(3) ......

If you have high-end customers, this is a very good opportunity worthy to investigate further.

Best regards,

Kate

对于这类客户，业务员应将重点放在帮助他们了解产品的来龙去脉、产品的卖点、市场机会等，以触动客户去深入调研这个产品，下决心购买。

4."路人"客户

有些客户并非经营同类产品，销售渠道也没有，只是出于好奇到你的展位上交换了名片，甚至是过来推销的。对于这类客户，不需要在他们身上花精力。

第二节　通过B2B网站拓展海外业务

要拓展国际市场，外贸企业一定要在国际上一些大型的电子商务平台上注册，以发布产品和供求信息。这既是一个推广产品的过程，又是一个推广企业网站的过程。

B2B（Business to Business）是指进行电子商务交易的供需双方都是商家，使用互联网技术或各种商务网络、网站完成商务交易的过程。电子商务是现代B2B市场中的一种主要的表现形式。

一、如何选择最优 B2B 网站

（一）八大主流外贸 B2B 网站

1. 环球资源网

企业加入环球资源网的年费为 10 万～20 万元。该网站主要靠线下展会、杂志、光盘宣传吸引企业加入，其中最有优势的企业是电子类和礼品类行业的企业。同时，该网站对买家的审核很严格，在成交的订单中，大单较多；该网站的客户以大企业为主，小企业应谨慎选择。

2. 阿里巴巴

阿里巴巴于 2020 年 4 月 7 日宣布，时隔 11 年再次启动扶助中小企业的特别行动——

"春雷计划"，阿里巴巴希望通过其数字化能力，帮助中小企业不仅渡过眼前的"危"，更要找到面向未来的"机"。

"阿里巴巴春雷计划 2020"出台了 5 大方面 16 项扶助措施，其中的两项措施是外贸升级线上突围、助力外贸开拓内销。

为帮助外贸企业转型升级、线上突围，阿里巴巴依托速卖通、Lazada、天猫海外等平台，实现海外线上"云拓客"；利用阿里巴巴国际站帮助线下外贸企业搭建线上展馆；联合各地打造具有地方特色的数字化商贸市场和数字化产业带。

为帮助外贸企业迅速开拓内销市场，阿里巴巴中国内贸平台开设数字化"外贸专区"；帮助没有线上经营经验的外贸企业直接成为天猫超市、淘宝心选供货商；对已入驻天猫的外贸制造业企业，减免 3 个月的店铺服务费；为中小外贸企业开通入驻淘宝企业店绿色通道，并提供相应支持。

3. 中国制造网

中国制造网的域名有特色、上口、好记，给国外客户留下了深刻的印象。该网站的广告投放力度并不大，在国内外主要靠口碑相传，搜索引擎优化排名也不错。

4. 伊西威威

伊西威威是一个按效果付费的 B2B 网站。如果以收取年费来盈利的 B2B 网站为第一代B2B 网站，那么实行按效果付费的盈利模式的 B2B 网站就可以称为第二代 B2B 网站。供应商在使用伊西威威时，决定付费的前提在于供应商通过伊西威威网站收到有效询盘，供应商在收到买家的大量询盘后，可以根据询盘的内容来自主判断是否为有效询盘。伊西威威只对供应商自主筛选后的有效询盘收费。目前这个网站推广力度很大，值得关注。

5. Tradekey

如果仅以询盘的角度来判断，Tradekey 的效果还算不错，它依靠网站的搜索引擎优化买家，用许多产品的关键词在搜索引擎中搜索，三页内经常可以看到 Tradekey 的身影。该网站现在已经取消免费会员，其银牌会员的年费是 369 美元，该价格不算贵且目前上面供应商的数量还不多。Tradekey 的金牌会员很少，这就说明银牌会员已经能满足一般企业的需要，该网站上的竞争还没达到白热化的状态。不过从询盘的成交比率和成交金额上看，很多国内会员各有说法。

6. eBay

不要认为 eBay 是针对个人的拍卖网站，事实上，eBay 上除了 C2C 交易以外，B2C 和B2B 交易也相当活跃。eBay 的每个分类里都有一个批发专区，可以刊登批发信息，而且 eBay中的不少采购量大得惊人。通过 eBay 首页底部的全球网站导航，企业可以进入 26 个国家或地区页面刊登批发信息。

7. iOffer

这是一个美国的交易网站，严格说不能归为 B2B 网站，但有批发业务。该网站中的批发交易很活跃，通常都是小单。iOffer 是一个基于谈判的交易系统，买家可以在线提问、与卖家协商并最终成交，同时可以在线付款。该网站中的所有交易记录和协商过程都记录在网站上，这样方便买家对商品价格和卖家信用进行评估。想注册成为 iOffer 的卖家，需要使用国际信用卡，iOffer 根据成交金额收取交易费。

8. DHgate

这是一个新兴的外贸 B2B 网站，主要面向中小企业。在该网站中，卖家注册完全免费，可以任意刊登产品信息，国外买家选购商品后先用 PayPal 付款给 DHgate 公司，DHgate 通知中国供应商发货，买家收到货后检查没有问题，通知 DHgate 放款给中国供应商，大大降低了国际采购商受欺诈的风险。在交易中，DHgate 公司向买家收取 10% 的交易费。这是一个很有前景的网站，不妨一试。

总之，想在 B2B 平台上谈成业务，企业还是要用心经营，哪怕只运用一个平台，只要将其发挥到极致，也会有较好的效果。

（二）选择 B2B 网站的方法

企业可以通过表 2-7 所示的方法迅速找到所需要的 B2B 网站。

表 2-7　选择 B2B 网站的方法

序号	方法类别	具体说明
1	看知名度	各种媒体、各大网址导航站上重复出现的都是一些知名度比较高的外贸 B2B 网站
2	查询买家数量	企业在 B2B 网站上可以查询买家刊登的询盘。用所在行业的关键词查看网站上买家询盘数量和发布的时间，对比一下其他网站，就会对一个网站有一个基本的评估，知道自己的产品是不是适合在这个网站上销售
3	查看论坛讨论情况	国内有几个外贸业务员聚集的论坛，上面会经常讨论和 B2B 网站相关的内容，评价各个网站的优缺点，如"贸易人""福步论坛""合众外贸论坛"等都是很好的外贸论坛
4	到搜索引擎上搜索	如果企业是做"TV"（电视）业务的，试着用"Wholesale TV"作为关键词到搜索引擎上搜索一下，一般第一个外贸 B2B 网站效果就应该还不错

（续表）

序号	方法类别	具体说明
5	B2B 网站有饱和效应	在选择某个网站前，企业应先在网站中查查自己产品所在行业的关键词，看是不是有很多会员和相关产品。如果网站上的供应商过多，又不能保证自己排在前面，那么这样的网站就没有效果
6	二八法则	网上流传着很多如"1 000 个 B2B 站"的帖子，看上去，如果到这1 000 个网站中都去发布广告，你就"天下无敌"了，但大部分网站对你来说都是无效的，不如抓住几个主流的 B2B 网站，集中精力去经营

二、运用 B2B 网站推广业务的步骤

（一）注册

企业在基本了解 B2B 网站的访问量和免费会员的权限后，接下来就是注册。企业注册要准备的相关资料一般包括以下几项。

（1）企业介绍（成立时间、年产量、年销售额、出口额、员工数量、企业负责人等）。

（2）产品概述。

（3）单个主推产品的详细描述。

（4）企业地址、电话、传真、邮箱、网站。

（二）发布产品信息

企业在 B2B 网站上完成注册，并准备好产品描述材料、技术资料、认证信息、价格、图片等后，就可以发布产品信息了。

产品信息的内容与发布要求如表 2-8 所示。

表 2-8 产品信息的内容与发布要求

序号	内容	发布要求
1	产品名称	产品名称是供应产品的核心。表述清晰且包含产品关键信息的标题能够让用户更容易地了解产品，从而引起采购商更多的兴趣。企业要想发布高质量的信息，就必须做到以下几个方面 （1）一个信息标题只描述一种产品，不要将多个产品放在同一个标题中 （2）信息标题包含与产品相关的关键字 （3）信息标题中增加与产品相关的描述性词语，丰富标题内容，突出产品卖点

（续表）

序号	内容	发布要求
2	产品目录	产品目录要选择正确。企业在发布产品时，要按照类目结构、产品用途选择产品所对应的类目，归类错误将导致企业的产品不能在相应的产品目录中显示
3	自定义产品类别	产品不应该与产品类别名称相脱离，例如，不可将"曝气器"产品放到"蜂窝填料"这个类别下。完整、正确的自定义类别能够让采购商在第一时间更全面地了解产品，同时有助于搜索引擎抓取类别页面
4	产品图片	上传产品清晰的实拍大图，帮助买家第一时间直观地了解产品细节。上传的产品图片会显示在供应信息的搜索结果列表中，也会显示在该条信息的详情页面上 （1）上传图片的大小不能超过 100kB （2）图片文件名不要包含标点符号，也不要过长，图片必须是 Jpg、Jpeg、Gif 格式 （3）点击上传图片按钮后，网站提供自动加水印的功能 （4）如果对目前图片的效果不满意或需要转换图片格式，可使用其他专业的图片处理工具处理后再上传
5	产品简介	产品简介是产品详细介绍的浓缩及摘要，产品简介添加得好能获得更好的搜索引擎排名
6	产品详细介绍	（1）产品的详细介绍包括产品细节图、性能、材料、参数表、型号、用途、包装、使用说明、售后服务等方面，图文并茂，能够突出企业产品的优势和特点。它是采购商进行下单交易决策的重要组成部分 （2）产品详细介绍可能存在不同的介绍方式及侧重点，如着重填写全面的产品介绍，参数表格，技术文档，售前、售后服务，退换货问题等。建议上传部分产品细节图、产品参数表格、包装、后期服务、运输及企业加工能力等的说明

不同的网站可以免费发布的产品数量也不一样，企业需要根据网站的具体情况选重点、分主次。需要注意的是，只要网站有上传图片这样的功能，企业就要充分利用，以便给企业加分。

（三）搜索了解网站的信息

先搜索了解网站信息有明显的好处，企业可以很快知道会员和非会员的权限，以及免费和交费的区别。在搜索时，企业可能马上可以看到一长串的供求信息；也有可能被告知无权搜索。前者是企业最想要的结果，可以据此收集宝贵的客户信息。对于被告知无权搜索，可能有两个结果：必须注册才可搜索或交费才可以搜索。

　　每个网站的搜索页面都不同，一般都在首页，也有些是在 Offerboard（商情板）页面或Bizopportunity（商业机会）页面。由于各个网站的风格不同，如果在首页没有找到搜索页面，就多点击几个页面，搜索页面通常最多就在二级页面上。

> 　　利用搜索得到的信息可以知道这个网站的访问量和信息量。企业的目标不仅是寻找信息量大的网站，最重要的是这些信息要适合企业的产品。有些网站每天都有成千上万条求购信息，让人看了心花怒放，但是键入企业的产品搜索求购信息后可能发现，当天、一周内、一个月内甚至半年内，搜索出的结果都是 0。

（四）发布信息

发布信息也就是发布商情。

1.注意掌握更新的周期

很多网站都有发布信息的功能，企业在发布信息时要注意掌握更新的周期，具体可以参考图 2-2 所示的几个因素。

　　图 2-2　发布信息要考虑的因素

企业可以根据图 2-2 中的要素来判断并记录网站关于发布信息的更新时间和更新周期。

2. 关键词的设定

关键词就是客户在搜索供货商时需要键入的产品名称或其他信息，当这些信息与企业设定的关键词一致或包含企业的关键词时，企业发布的信息就会出现在搜索结果里。关键词的设定，最好和发布信息的主题一致。同时，应该写产品名称而不是型号，除非企业产品的知名度相当高。

对于关键词的设定，B2B 网站一般允许最少设定 1 个。在设定时，企业应按由小到大的顺序排列，如花式纱线、纱线、纺织品……因为从搜索的习惯来看，一般人都是从具体到宽泛的顺序。

（五）搜索和收集买家的资料

这里所说的搜索和网站搜索有所不同。网站搜索属于试探性搜索，而这里所说的搜索是需要记录详细信息的。在搜索过程中，企业应注意几个因素：第一个是关键词，与信息发布一样，搜索的范围也应该从小到大，这样既能提高匹配性，也能节省时间；第二个是选择搜索的类别，企业要找的是买家；第三个是时间，企业应从最新的信息开始收集。

在搜索过程中，如果关于买家的信息有限，也可以搜索卖家。卖家列表中的公司是企业的竞争对手，也可能成为企业的客户，毕竟，自主加工（OEM）业务非常普遍。

（六）联系客户

搜索工作告一段落之后，就进入联系客户阶段。有些 B2B 网站可以搜索到客户的详细信息，如电子信箱、传真、电话、网站，对这些信息，企业一定要做好记录，并主动联系客户。而有的 B2B 网站不公布客户的联系信息，只能通过网站的平台来发送邮件。有的 B2B 网站会把询价信息都存在企业的账户里，企业必须登录才可以看到。为了避免错过客户的询价，企业最好看清楚网站的说明，做好记录，并定时打开网站的收件箱。

如果觉得某客户的询价有价值，而在某 B2B 网站没有权限看到这个客户的相关信息，则相关人员可以在搜索引擎上查找这个客户的信息，或者在其他 B2B 网站上查找这个客户的信息。

三、运用 B2B 网站推广的技巧

运用 B2B 网站是有技巧可循的，具体内容如表 2-9 所示。

表 2-9　B2B 网站运用技巧

序号	技巧类别	具体说明
1	关键词	在发布产品的时候，B2B 网站大多会提供一个让客户自己添加关键词的地方，因此企业要选择精准的关键词
2	发布和更新信息的时间	企业应依据 B2B 网站所针对的区域人群，并结合所要发布的产品信息，自己去研究发布和更新信息的时间。如果信息发布得太早，会被后来的信息挤下去，这样企业的产品信息被查询到的机会就少了很多，所以企业应在该网站工作人员上班不久后在该平台上发布和更新产品信息
3	排名优化	搜索排名靠前的产品自然容易被发现，进行排名优化的最简单的办法是不变更已经发布的商品信息，而是进行重新发布，也可以为产品内容页加入精准的关键词
4	站内广告投放	通常所有 B2B 网站的首页和次级栏目页都有广告位出租
5	内容编写	高质量的图片能吸引买家的注意，详细的产品说明更能让客户熟悉企业的产品
6	工具的使用	很多 B2B 网站的功能都很相似，如发布企业介绍、产品介绍、贸易机会等，因此有很多复制、粘贴的重复性操作。这里推荐大家使用 AI RoboForm 工具，它可以存储第一次填写的内容，遇到同类的表单，只要点一下鼠标就能将上次填写的内容一次填完，非常方便
7	回复要及时	企业应明确目标市场的客户大概什么时候在线，并在那个时段经常登录 B2B 网站，当收到询盘时，要第一时间回复，这样通常会带来比较高的成交率

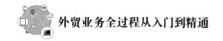

四、避免 B2B 网站推广误区

企业在运用 B2B 网站进行产品推广时，需要尽量避免以下误区。

（一）过度依赖 B2B 网站，推广手法单一

很多外贸业务员整天在各 B2B 网站"转悠"，发布供应信息，搜索买家信息，寻找新的 B2B 网站。实际上，真正有诚意的询价单只来自少数网站，更多的是那些代理公司打探价格而已。据调查，在国外并不是所有买家都习惯去供求平台寻找供应商。美国、欧洲国家的一些客户动手能力强，更倾向于通过搜索引擎或类似 eBay 这样的平台自己去寻找卖家。因此，国内企业如果一味地将自己"绑"在某些 B2B 网站上，将错失很多机会。

（二）重视信息发布内容，忽视网站自身建设

依赖 B2B 网站进行产品推广的企业往往把信息重点放在平台而不是自身网站建设上，经常变换信息发布的主题和内容，却很少更新或添加网站内容页面。实际上，网站是一个独立的营销实体，而在平台上发布的信息或免费空间只有依托该平台才能起作用。忽视网站自身建设而把主要精力放在 B2B 网站上是策略性失误。

（三）高估搜索引擎提交和信息发布工具的作用

搜索引擎提交和信息发布工具泛滥是早期免费发布信息时代的产物，但今天一次性提交诸多供求平台和搜索引擎目录对很多外贸业务员来说仍然充满极大的诱惑力。然而，真正效果明显的大型网站都排斥来自自动提交软件发布的信息。诸如此类的提交工具只能作为辅助性手段，不可依赖、指望它带来客户。

（四）过于频繁地发布供求信息

有的企业每天都向各平台提交同一个供求信息，搞信息轰炸，使发布的信息有兜售之嫌。其实，每周发布 1～2 次即可，发布时应用不同的产品名称，不断变换信息发布的主题，撰写有针对性的内容。在热门平台上，即使信息发布不久就被隐藏到"下一页"也不用担心，实际上买家会通过搜索框直接搜索要买的产品，所以信息发布的主题和内容含有产品名称比频繁发布更加重要。

（五）B2B 网站的地域性认识问题

一些外贸企业在开拓重点区域市场时，会特意寻找目标国家的 B2B 网站，这个思路表面上看起来不错，但从进口商的角度来看，它们寻找供应商时，更多地会去供应商所在国家的 B2B 网站或在线黄页上寻找。因此，企业在选择外贸平台时，没有必要过分强调平台所在国家，人气始终是第一考虑因素，一个人气旺盛的外贸平台会将全球各地的商家都聚到一起。所以有的 B2B 网站会故意淡化自身的区域色彩，以强化国际形象。

第三节　通过邮件营销拓展外贸业务

邮件是外贸行业中十分重要的一种沟通方式。目前，外贸电子商务模式主要包括外贸 B2B 模式、自建网站对外、B2C 跨国在线零售代销模式等，而不管是哪种模式，在对外贸易过程中，外贸企业都应该主动使用对方熟悉的沟通方式。其中，欧美客户更习惯使用电子邮件商谈业务、寻找合作机会、确认合作事宜等。而利用邮件进行的营销就叫邮件营销。

一、邮件营销的特色与优势分析

邮件营销（E-mail Marketing）是外贸业务中常用的网上营销手段。在海外营销中，客户之间有 80% 是通过 E-mail 发送商务信函来进行沟通和交流的。国内要拓展外贸业务的外贸企业，必然要通过 E-mail 来进行自己的海外营销活动。

邮件营销就是把文本、超文本标记语言（HTML）或多媒体信息发送到目标用户的电子邮箱，以达到营销目的。

（一）邮件营销的优势

邮件营销具有图 2-3 所示的优势。

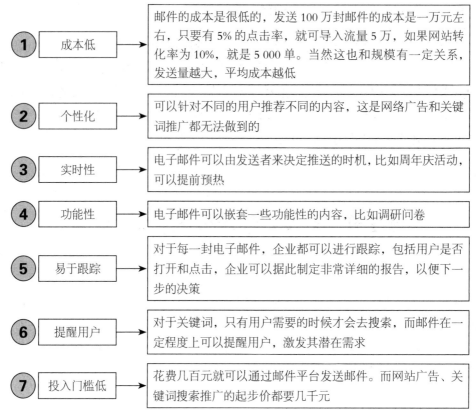

① **成本低** → 邮件的成本是很低的，发送100万封邮件的成本是一万元左右，只要有5%的点击率，就可导入流量5万，如果网站转化率为10%，就是5 000单。当然这也和规模有一定关系，发送量越大，平均成本越低

② **个性化** → 可以针对不同的用户推荐不同的内容，这是网络广告和关键词推广都无法做到的

③ **实时性** → 电子邮件可以由发送者来决定推送的时机，比如周年庆活动，可以提前预热

④ **功能性** → 电子邮件可以嵌套一些功能性的内容，比如调研问卷

⑤ **易于跟踪** → 对于每一封电子邮件，企业都可以进行跟踪，包括用户是否打开和点击，企业可以据此制定非常详细的报告，以便下一步的决策

⑥ **提醒用户** → 对于关键词，只有用户需要的时候才会去搜索，而邮件在一定程度上可以提醒用户，激发其潜在需求

⑦ **投入门槛低** → 花费几百元就可以通过邮件平台发送邮件。而网站广告、关键词搜索推广的起步价都要几千元

图 2-3　邮件营销的优势

（二）邮件营销的劣势

邮件营销的劣势如下。

（1）无法推广至不知道自己网站的用户。如果发送给没有注册的用户，就是垃圾邮件。

（2）需要一定的文案和技术工作：电子邮件的制作工作不像关键词的制作那么简单，也不像发布一条网站广告那么容易。如果是自己建立发送平台，还需要不低的技术门槛和IP、服务器资源等。

（3）发送频率较高的电子邮件，会给客户造成困扰，给客户留下不好的印象，甚至会招致投诉。

二、成功进行邮件营销的策略

（一）制定发送方案

当企业确定海外的目标顾客群以后，外贸业务员要与专业人员一起确定目标市场，找出潜在客户，并根据客户的预期和需要确定邮件发送的频率。企业在制定邮件营销策略时，首先要确定此次邮件营销的目的，然后对目标客户做进一步细分，选择性地向目标客户发送邮件。

（二）发送邮件、收集反馈信息、及时回复

发送邮件时，可以选定群发邮件，也可针对某些顾客进行单独发送。另外，要认真收集整理顾客的反馈信息，对于顾客提出的问题要及时做出回复。执行完邮件发送任务之后，对邮件营销指标的监测也是一项非常重要的工作。其中，邮件营销指标主要包括开启率、退信率、回复率、点击率、转换率等。当然，对数据进行收集和分析也十分关键，以为下次的邮件营销工作提供参考。

（三）主动提供邮件服务

企业提供给客户的邮件服务应该包括两个方面：一是主动向客户提供企业的最新信息；二是获得客户需求的反馈，将其整合到设计、生产、销售的系统中去。邮件服务的类型应该根据每次邮件营销的目的而有所不同。

三、寻找客户邮箱的方法

（一）多语言网络营销

多语言网络营销是企业在互联网上利用多种语言，面向不同区域、不同语言国家，开展形象宣传、产品推广和客户沟通的现代市场营销方式。多语言网络营销可以有效覆盖本地区所有英文国家和区域，也能够帮助企业进入非英语国家市场，面对众多使用本地语言的互联网用户，开展直接的市场营销。由于环球市场国家和区域的多样性，国际贸易主要的通用语言有英语、汉语、法语、德语、韩语、日语、俄语、西班牙语、阿拉伯语等。多语言网络推广是成本最低、最快速度进入国际市场的营销手段，与其他获取客户的方式相比，有着明显

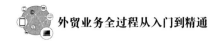

的优越性。

外贸企业可以请优秀的多语言外贸营销整合服务公司建设多语种网站。

建设多语种网站可以为外贸企业实现图 2-4 所示的三个目的。

目的一 ▷ **让采购商在家门口就可以找到企业**

> 为满足不同国家和地区的客户的语言习惯和查询方式，外贸企业可以提供多语种营销网站，有针对性地在国际买家的家门口进行推广，开辟外贸市场

目的二 ▷ **让采购商看懂**

> 采购的前提是信赖企业及其产品，而很多外贸企业的外语网页问题很多，如产品的专有名词翻译不准确（经常是张冠李戴，让人找不到真正想找的产品），按中文直译过来的内容根本不适合外国人的思考模式，外国采购商看不懂，也不知道为什么这么说

目的三 ▷ **让采购商看好**

> 在采购商已经看到并对企业产生信赖的基础上，如何让其看好企业和企业的产品并成为企业的客户呢？关键是把企业的产品说明一同展示给采购商，这样就容易被采购商看好了。了解产品的详细信息是采购产品的基本前提。同时，具有多个语种的营销网站必然会提升企业的品牌形象，加深企业在采购商那里的印象

图 2-4　建设多语种网站为外贸企业实现的目的

（二）B2B 网站

普通 B2B 网站上的客户虽然不被重视，但还是有必要关注的，企业可以查看网站一个月之内发布的相关信息，以寻找供求信息及客户公司的名称，然后到搜索引擎里面搜索客户公司的网址和邮箱。

（三）黄页

企业可以到欧洲黄页网站上寻找客户的邮箱地址，这样做虽然费时费事，但可以降低退信率。有的客户网站没有邮箱地址，只有一个反馈表格。企业可以用下面的方法找到客户的

有效邮箱：以 www.×××.com 为例，在搜索引擎中输入"×× 邮箱"进行搜索，就可以看到很多链接，不用打开，将邮箱地址粘贴过来即可。

（四）公司后缀搜索

把每个外国公司的后缀名放到搜索引擎的搜索栏中，然后加上产品名称搜索，比如搜索"Co.Ltd rubber sheet"，就会出现很多公司的网址，然后通过网址找到邮箱。

四、如何写好并发送外贸邮件

（一）外贸邮件的撰写要求

外贸邮件的撰写要求包括以下几点。

1. 邮件要规范

撰写外贸邮件最好使用统一的格式，最好有企业的商标，主要产品的图片、类别等，还可以利用外贸管理软件自动设置、修改后再使用。

2. 格式正确、统一，邮件主题合理，拼写无误

所有发给客户的邮件应该采用统一的格式。外贸管理软件可以帮助设置相应的格式与主题。

（1）邮件主题最好有企业名称等，比如企业名称为"EXPORT"、行业为"PLASTIC"，这封邮件的内容是给一款产品报价，那么主题可以写"Export Plastic/quotation of item A"。这样做的好处是，既方便客户查阅，又方便自己以后查找发给客户的信息。来往邮件很多的客户，往往要花很多时间去查找以前的报价以及其他资料，但是若通过主题查找就很方便，会节省很多时间。

（2）邮件正文两端对齐：对于段落很多的邮件，正文两端对齐会显得很整洁。

（3）第一封邮件的落款最好写上"Mr."或"Ms."，职位写"SALES MANAGER"（销售经理）等。不管你是不是经理都没关系，发件人的职位高会让客户觉得企业尊重他。

（4）落款要有企业标识及详细的联系资料。

3. 版面要整洁

在微软公司出品的邮件管理程序（Microsoft Outlook Express，OE）里面将撰写邮件的字体、字号（10～12 号比较好）都设置好，不要一会儿大字一会儿小字；也不要过于花哨，特别是不要全篇都是大写字母，这会增加阅读的难度，让人反感。对于一些需要特别提醒客户

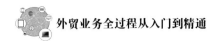

注意的地方，可以用大写、加粗、特殊颜色等突出显示。

4. 拼写无误

在每封邮件发出之前都应该利用拼写检查工具检查是否拼写无误。

5. 表述准确

邮件要能够准确表达企业的观点，不要让客户产生任何歧义，尽量避免使用有歧义的单词或短语，尽量避免使用俚语等。

6. 内容要详细

邮件应给客户提供非常详细的资料，回答其提出的问题，并将没有问到的问题也整理出来。有时候，外贸业务员提出的问题会让客户觉得其很细心、很可靠且非常专业。当然，详细并不是说将所有问题都和盘托出，应该学会在适当的时候谈适当的事情。

7. 有条理

邮件内容要能够让客户清楚地看明白，谈完一件事再谈另外一件，混在一起会让人产生混乱感。在很多时候，邮件的内容要用"1、2、3、4"等标出来，这样客户就能清楚地知道外贸业务员要说或问什么。

8. 内容呈现方式多样化

邮件的内容呈现方式可以多样化，比如配合图示说明、照片说明等。很多事情往往用语言很难说清楚，但借助一张图纸或一幅照片，就会一目了然。

（二）避免发送电子邮件的操作盲区

许多外贸企业在寻找有效客户、向目标外贸客户发送电子邮件等一系列的推广过程中，会面临很多操作盲区，主要如下。

1. 未经收件人许可而发送的电子邮件叫作垃圾邮件

在任何情况下，都不要给未经许可的邮箱地址发送电子邮件。这是一种浪费时间及成本的事情，而且这样做的后果轻则被直接删除邮件，重则遭投诉，导致网站被封。

2. 使用免费邮箱进行电子邮件营销工作

企业不应该将雅虎邮箱等免费邮箱作为发送邮箱，因为这种邮箱通常注册即能获得，在客户看来过于随意，并且安全性不高。外贸业务员最好使用企业专有的企业邮箱来运作电子邮件营销，这样做一是能给人以信服的感觉，让别人觉得"这个企业是真实存在的"；二是能提高安全性，在你来我往的邮件中难免涉及客户的保密信息，而这些信息的安全性在免费邮箱里是无法得到保障的。

3. 电子邮件里没有自我介绍和对客人的称呼

虽然大众赞同电子邮件内容应简洁明了，但是过于简洁以至于对收件人的称呼都被省略的邮件往往会被认为是群发垃圾邮件，从而遭到收件人的反感，因为人都会有希望被重视的心理，如果邮件里包含对客户的称呼，那么他们一定会更乐于打开你的推广邮件。而在所发出去的推广邮件里，外贸业务员一定要表明自己的身份，不能用一些欺骗性的称呼代替外贸业务员的真实身份。

4. 电子邮件缺乏个性化信息

即使企业的邮件列表都是经过许可的，企业的邮件营销行为也有可能会因为目标不明确而收效甚微。既然已经有了目标客户的电子邮件地址，接下来需要做的就是分析目标客户的喜好，细分目标客户群，通过优化电子邮件内容以定制更符合客户需求的电子邮件。

5. 电子邮件内容缺失或过于复杂

企业发出的电子邮件应该内容完整、重点突出。为避免出错而无法打开邮件，最好通过文本的格式添加所想表达的信息，在初次发送的邮件里不要夹带任何链接和附件，因为很少有人愿意花费时间和风险下载陌生人发来的附件。另外，企业在每次发出电子邮件之前，务必先测试以确保邮件内容完全可以打开，以免错失商机。

五、如何减少海外邮件退信率

发出的邮件几乎全被退回，是附件有问题还是网址、关键词错误？其实，减少邮件退信率是有技巧可循的，主要包括提高用户邮件地址资料的准确性、了解邮件列表退信原因并采取相应对策、对邮件列表进行有效管理等。

（1）尽量避免错误的邮件地址。在加入邮件列表时，重复输入邮件地址，就像注册时确认密码一样。

（2）改进数据登记方法。这一点主要适用于通过电话人工记录用户邮件地址的情形，应对工作人员进行必要的训练。

（3）发送确认信息。企业应在用户确认后再将其邮件地址加入列表。

（4）鼓励用户更新邮件地址。对于退回的邮件地址，当用户回到网站时，提醒其确认正确的邮件地址，或者对于错误的邮件地址做出修改，请求用户给予更新。

（5）让注册用户方便地更换邮件地址。用户改变邮件地址是很正常的，在改变之后让用户方便地更新自己的注册信息，才会获得更多的信息。

（6）保持列表信息准确。对于邮件列表地址进行分析判断，清除用户名或域名格式无效的邮件。

（7）利用针对邮件地址改变保持联系的专业服务。

（8）尽可能修复失效的邮件地址。当用户的邮件地址失效时，如果在用户的注册资料中有地址等其他联系方式，不妨用其他联系方式与用户取得联系，请其更新邮件地址。

六、邮件营销常见问题

（一）我回复了客户，为什么客户不理我

出现"我回复了客户，为什么客户不理我"这种问题的原因及解决措施如表 2-10 所示。

表 2-10 "我回复了客户，为什么客户不理我"的原因及解决措施

序号	原因类别	原因解析	解决措施
1	邮件中有病毒	如果客户收到的邮件中带有病毒并被客户的杀毒软件所查出，那么客户会查看邮件，还是直接删除邮件呢？答案是显然的	定时定点对计算机进行彻底查毒，保证自己所发邮件不带任何病毒及木马程序
2	买家没有收到邮件	现在有很多国内的厂家、外贸企业用的邮箱地址仍然是免费的邮箱，甚至是数字邮箱。这类邮箱地址很容易被国外客户的邮件服务器辨别为垃圾邮件，还没等到客户收到你的回盘信息，客户的服务器已经将所发送的邮件直接退回或删除了，客户自然不会回复	最好使用企业邮箱，即使用自己企业名称为后缀的邮箱。这个邮箱通常是有自己的顶级域名后赠送的，所以要先有自己的顶级域名
3	发送的时间有时差	（1）除了亚洲一部分国家及大洋洲地区国家，绝大部分国家和我国是有时差的。企业即使马上回复了客户，客户也会在其上班的时间才能看到邮件 （2）客户所发的询盘，肯定不会只有一个人回复，而是有许多的供应商争相回复，这样，最早回复的邮件按照邮箱排列的顺序被沉到了最底层	（1）了解客户当地的时差及上班时间，在客户的上班时间发送邮件 （2）按照客户的上班时间，在线与客户联系

（续表）

序号	原因类别	原因解析	解决措施
4	客户休假及发邮件的密度	（1）除了及时与客户联系外，还要了解客户所在地的法定节假日或休息时间。许多国家的客户是很遵守作息时间的，一旦休息或放假，是不会处理公务的，因此了解客户的放假时间也是很重要的 （2）发送邮件的密度也非常重要，如果密度过高，每天至少三封，这样很有可能被客户认为是骚扰或者垃圾邮箱而将你加入黑名单	（1）最适宜的邮件密度为：第1天、第2天、第6天、第13天、第28天、每隔1个月 （2）发送的内容千万不要一样，标题也要经常变换
5	是否有附件	很多外贸业务员在报价时喜欢把企业的报价单或图片直接以附件的形式添加在邮件中，殊不知这样做有可能会被客户忽略或删除，因为一方面Word或Excel文档容易携带病毒，另一方面点击附件会花费一定的时间，特别是在网速很慢的情况下	如果报价产品的数量不是很多，可以直接写在正文中，图片也可以直接粘贴在正文中，这样既节省客户打开附件的时间，又一目了然
6	没有打动客户的合作之心	外贸业务员在交流过程中非常被动，往往忙着回答客户的问题，着急满足客户对报价单的需求，但对客户真实的、潜在的需求与意图并不了解，所以当报价单一发给客户就石沉大海、杳无音信	学习向客户提问，倾听客户的心声，了解客户对供应商规模、国际认证、产品的规格、具体功能及产品改进点等的要求，引导客户的需求。在交流过程中，外贸业务员不仅要用自己的专业度取得客户的初步认可，同时对客户的专业度也要有了深入了解，这样在对客户进行产品推荐和报价时才更具有针对性，更容易将合作继续推进下去

（二）有些客户联系了几次就没有音信了

出现"有些客户联系了几次就没有音信了"这种问题的原因及解决措施如表2-11所示。

表 2-11　　"有些客户联系了几次就没有音信了"的原因及解决措施

序号	原因类别	原因解析	解决措施
1	客户不信任	也许这些客户曾经受到不道德商人的诈骗,导致他们在和外贸业务员沟通的时候,如果感觉不对劲儿,就不会轻易联系了	在开始与客户联系的时候,把企业的海关备案登记表扫描件发给客户,让客户相信本企业是正规的企业
2	市场周期	了解产品的市场周期,明确此产品的淡季和旺季。掌握产品的淡旺季,能帮业务员掌握和客户取得联系的时机	
3	与其他供应商相比无明显优势与吸引力	如果发现客户是潜在客户,一定要慎重报价。客户会收到很多询盘,如果企业的价格比其他供应商的价格高出太多,那么客户根本就不会考虑	
4	邮件表达不清楚	这个主要是针对新的外贸业务员来说的,邮件不是写小说或抒情文,最主要的是简单、明白,要让客户能看懂表达的意思	

(三)反馈有好多,可没有我想要的大客户

大客户不是常有的,能遇到真正的大客户的机会并不多,大客户都是自己在长期的业务往来中建立和培养起来的。客户在培养工厂,同样,工厂也在培养客户,大客户通常都需要相对较高的产品认证及工厂环境。如果企业没有相关的条件,就很可能被大客户拒绝。但也不要迷信大客户,对大客户的大订单要慎重处理。

(四)和客户一直都有邮件联系,但是客户就是不下单

遇到这种问题,如果是个专业客户,就有可能是正在和其他供应商合作。外贸业务员要想尽一切办法找到客户的直接联系方式,不能仅用邮件联系,还要使用电话及其他即时通信手段。

第四节　运用企业网站拓展外贸业务

外贸企业的网站建设并不是单纯地将线下外贸搬到了互联网上,更是对传统外贸营销管

理模式的深刻变革，它正在给外贸企业带来巨大的改变。建设外贸网站能够使生产企业直接面对国外进口商和直接用户，从而自动建立起一个利用信息技术和网络系统的虚拟网上电子外贸公司，产销在网上直接进行，拓展外贸的空间和场所，缩短外贸的距离和时间，简化外贸的程序。

一、企业建设外贸网站的好处

与传统贸易相比，企业建设外贸网站的好处主要有以下几点。

（一）提高传统商品交易的透明度，降低买卖双方的交易成本

对传统商品而言，比如煤炭、钢铁、矿砂等产品，原来的交易方式是供货商与消费者直接交易，缺乏透明度，而现在的外贸网站会公开客户资料，买卖双方通过网络直接接触，减少了交易环节，只要支付较低的网络通信和管理费用就可以存储、交换和处理信息，节省了资金，降低了成本。

（二）电子商务提高了工作效率

现有网络技术实现了商业用户间标准格式文件（如合同、提单、发票等）的即时传送和交换。买卖双方足不出户就可以在网上直接办理订购、谈判、签约、报关、报检、租船定舱、缴税、支付结算等各项外贸业务手续，大大缩短了交易时间，使整个交易非常快捷、方便。

（三）外贸网站建设有利于提升企业竞争地位

外贸企业申请注册域名，在互联网上建立自己的网站，通过网页介绍产品、劳务和宣传企业形象，有利于扩大企业的知名度，结识更多的客户，开拓海外市场和提高国际竞争力。此外，电子商务无时间、空间的限制，企业能够给用户提供全天候的产品信息咨询服务，有助于及时、准确地掌握市场动态，与同客户进行密切联系，增加贸易机会，从而大大提升企业的市场竞争地位。

二、外贸营销网站建设的重点

外贸营销网站建设的重点表现在以下几个方面。

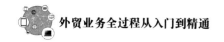

（一）让网站具有营销功能，有利于客户转化及发送询盘

企业营销网站与形象网站是完全不同的两个概念。形象网站是企业的一张名片，体现的是企业的形象；而营销网站则完全不同，它是以销售为最终目的的。因此，具有营销功能、有利于客户转化及发送询盘，才是企业建设外贸网站的真正需求。

（二）让网站符合企业的应用习惯

在企业网站的后台，企业可以轻松地添加产品资料、企业资质文件、产品技术文档、客户评价及其他各类可以增强潜在客户信任感的内容。系统在针对行业特性的同时应考虑到灵活性，可以根据实际情况调整栏目内容、修改栏目名称、选择某些栏目在前台显示，还可以通过独特的后台统计分析系统，全面掌控及了解推广的情况，并根据自己的情况进一步调整推广的策略及方向，同时对客户进行长期、有效的维护及营销。

（三）让网站符合搜索引擎优化要求

企业应利用搜索引擎的收录规则，用搜索引擎优化技术优化搜索排名。从网站的建设方面来看，企业应从三个方面去着手优化搜索排名，包括网站结构（好比人的外貌）、网站内容（好比人的学识和才干）、网站链接（好比人在外部的社会人际关系）。

（四）让找到企业网站的人看得懂网站的内容

很多外贸企业的外语版网页问题很多，按中文直译的内容根本不适合外国人的思考模式。同时，每个国家都有自己的语言，不是每个外国人都懂英语，同样每个国家也有自己本土的人气搜索引擎。因此，企业要尽可能多地使用不同语种网站来为企业开拓国际市场，打造企业产品的国际品牌。你会多少种语言，你就能占领多大的市场。

（五）注重获得访问者的信任及引导其发起行动

企业应通过流程优化和视觉习惯研究，引导访问者进入具有咨询及发送询盘的页面，促使潜在客户尽快询盘。企业营销网站的结构、内容除了要符合搜索引擎优化及产品展示要求之外，还应该注重获得访问者的信任，让国外采购商感觉到其访问的是一家有实力、重信誉的企业的网站，只有这样才能引导其发起行动。

三、优秀外贸网站的要求

优秀的外贸网站必须满足国外客户、企业内部管理和搜索引擎的要求，如图 2-5 所示。

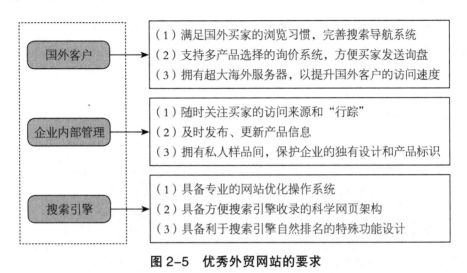

国外客户	（1）满足国外买家的浏览习惯，完善搜索导航系统
	（2）支持多产品选择的询价系统，方便买家发送询盘
	（3）拥有超大海外服务器，以提升国外客户的访问速度
企业内部管理	（1）随时关注买家的访问来源和"行踪"
	（2）及时发布、更新产品信息
	（3）拥有私人样品间，保护企业的独有设计和产品标识
搜索引擎	（1）具备专业的网站优化操作系统
	（2）具备方便搜索引擎收录的科学网页架构
	（3）具备利于搜索引擎自然排名的特殊功能设计

图 2-5　优秀外贸网站的要求

相关链接

外贸网站常见问题

国内许多外贸企业所建立的外贸网站，往往存在以下几个问题。

（1）网站站内产品搜索工具不符合国外用户的浏览习惯。

（2）网站设计不专业，做工粗糙，存在很多英文语法错误。

（3）网页存在大量图片和动画，以致客户无法打开或浏览速度极慢。

（4）网站上的留言反馈、在线咨询、电邮咨询成为摆设，用户问了半天，没有得到回复。

（5）网站内容很少，无更新，缺乏潜在客户的持续访问。

（6）没有做外贸网站推广优化，在海外系列搜索引擎上排名靠后，客户很难找到。

（7）网站优化作弊，被搜索引擎封禁，从而在搜索引擎上找不到该网站。

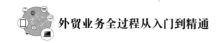

四、企业外贸网站建设需考虑的因素

（一）国外用户的习惯

企业外贸网站面对的浏览群体是国外客户，因而外贸企业的英文网站设计应符合国外用户的浏览习惯，使其容易找到自己想要的资讯。同时，企业要考虑国外当地用户的习惯，考虑当地知名的网站和黄页等采购商常用的工具。

（二）专业可信的美观设计

外贸企业要走出 Flash 和 JS 的误区，最好是多参考一下世界五百强企业的网站，要以大气、简约为美，简约而不简单；网页设计要考虑到各种浏览器的兼容性，当然 IE 还是使用者最多的。清晰的结构和站内搜索系统，能够让客户更容易找到自己需要的信息。

（三）不可忽视的统计分析

企业应在外贸网站中设置访问统计系统，因为如果不知道自己网站有没有浏览者、浏览者是如何找到自己的、浏览者是哪个国家的等信息，对于一个企业的网站来说是可悲的，因为它根本没有发挥一个平台的作用。

（四）网站的访问速度

在建立英文站时，企业应选用 GoDaddy 申请域名、用 ixWebHosting 购买空间、用 IXWebHosting 设立中文网站，这样方便海外客户搜寻。

如果使用 ASP 或 PHP 的企业网站，那么，最好也使用 Appache 中的 Cache 缓存技术和 Gzip 压缩输出技术来提高速度；尽量不要用 Flash，对大的图片要进行切片处理。

（五）坚持进行搜索引擎优化

搜索引擎优化（search dngine optimization，SEO）不是陌生的话题，要有好的搜索排名，就必须坚持 SEO。要有较高质量的搜索引擎优化水平，就必须保证：所有页面都有独立的 META 及 TITLE 元标签，META 标签的作用是向搜索引擎解释你的网页是有关哪方面信息的，是专门给搜索者看的；TITLE 则是网页的标题，即浏览器最上面的描述。

五、建立企业网站的步骤

外贸企业大多数不具备独立建网的条件，比如没有连接互联网专线或主机托管、缺乏专业计算机人员进行网站的建设和维护、没有成熟的电子营销策略等。因此，如何找到一家有实力的服务商进行网站的咨询、策划、建设、维护和营销是相当重要的。

（一）申请域名

从技术的角度说，域名是互联网中一个用于解决地址对应关系的方法，由于域名通过互联网在全球范围内进行广泛的普及与传播，从而成了带有广泛文化及社会意义的概念。域名被誉为"企业的网上商标""互联网上的门牌号"。许多企业在选择域名时，往往希望用和自己企业商标一致的域名。域名如同商标一样，在注册之后拥有专有权，是受法律保护的知识产权。域名的注册遵循的是先来先注册的原则，因此企业应及早注册和保护域名。

（二）空间租用

企业注册域名后，就表示拥有了开启网络世界大门的钥匙，然而在网络空间中，企业还要有自己的网上地盘。企业要把信息发布出去，需要将信息制成一幅幅主页，向网络提供商租用一块磁盘空间，将制好的主页放到上面去，这个租用的空间也叫虚拟主机。

（三）网页设计

一个设计得非常好的网页会对企业起到极佳的宣传效果，也在一定程度上代表了企业的形象，能为企业带来更多的商机。因此，越来越多的企业都在着手创建能体现自己特色、宣传效果极佳的网页。目前大多企业网站信息量少而且很少更新，基本上只把介绍企业的资料堆在上面，就像电子公文包或印刷品的翻版，体现不出电子媒体的特点。

（四）网站推广

无论网站内容如何丰富，页面设计如何精美，访问量不高也不行。那么，如何让更多的人知道并访问企业网站，也就是如何宣传自己网站上的产品呢？企业应该理出一套网站的推广方案，并计划性地规划整合各推广方法。一方面是自己宣传网站，如通过媒体，在名片、信纸、信封、印刷品、产品等上嵌入网址；另一方面是通过互联网进行宣传，如搜索引擎、友情链接、网络广告、邮件宣传等。

（五）网站管理维护

为使企业在网络上的形象保持最佳，网站管理维护、内容更新非常重要。管理维护不仅指网络链接畅通、服务器正常运行，更包括网站创意、内容延伸、访客服务等。它反映了企业网站的活力、对访客的重视程度及对电子商贸的态度。设立电子信箱、建立网站的访问统计分析报告、网上形象策划都是企业需考虑的问题。

相关链接

在外贸网站建设中，用于产品描述的实用英文术语

在外贸网站建设中，用于产品描述的实用英文术语如下表所示。

类别	英文术语	
产品工艺介绍	制作精巧 skillful manufacture 工艺精良 sophisticated technology 最新工艺 latest technology 加工精细 finely processed 设计精巧 deft design 造型新颖 modern design 造型优美 beautiful design 设计合理 professional design	造型富丽华贵 luxuriant in design 结构合理 rational construction 款式新颖 attractive design 款式齐全 various styles 式样优雅 elegant shape 花色入时 fashionable patterns 任君选择 for your selection
产品质量介绍	品质优良 excellent quality（high quality） 质量上乘 superior quality 质量稳定 stable quality 质量可靠 reliable quality 品种繁多 wide varieties 规格齐全 complete in specifications 保质保量 quality and quantity assured 信誉可靠 reliable reputation 闻名世界 world-wide renown 久负盛名 to have a long standing reputation 誉满中外 to enjoy high reputation at home and abroad	性能可靠 dependable performance 操作简便 easy and simple to handle 使用方便 easy to use 经久耐用 durable in use 以质优而闻名 well-known for its fine quality 数量之首 the king of quantity 质量最佳 the queen of quality 历史悠久 to have a long history 畅销全球 selling well all over the world 深受欢迎 to win warm praise from customers
产品色泽介绍	五彩缤纷 colorful 色彩艳丽 beautiful in colors 色泽光润 color brilliancy 色泽素雅 delicate colors	瑰丽多彩 pretty and colorful 洁白透明 pure white and translucence 洁白纯正 pure whiteness

（续表）

类别	英文术语	
协定用语	协定 agreement 议定书 protocol 贸易协定 trade agreement 贸易与支付协定 trade and payment agreement 政府间贸易协定 inter-governmental trade agreement 民间贸易协定 non-governmental trade agreement	双边协定 bilateral agreement 多边协定 multilateral agreement 支付协定 payment agreement 口头协定 verbal agreement 书面协定 written agreement 君子协定 gentlemen's agreement
合同用语	销售合同 sales contract 格式合同 model contract 意向协议书 agreement of intent 意向书 letter of intent 空白格式 blank form 授权书 power of attorney 换文 exchange of letter 备忘录 memorandum 合同条款 contract terms 免责条款 escape clause 原文 original text 译文 version 措辞 wording 正本 original 副本 copy 附录 attachment 附件 appendix 会签 to counter-sign 违反合同 breach of contract	修改合同 amendment of contract 撤销合同 cancellation of contract 合同的续订 renewal of contract 合同的解释 interpretation of contract 合同到期 expiration of contract 起草合同 to draft a contract 做出合同 to work out a contract 谈妥合同 to fix up a contract 签订合同 to sign a contract 缔结合同 to conclude a contract 草签合同 to in itial a contract 废除合同 to annul a contract 执行合同 to perform a contract 严格遵守合同条款 to keep strictly to the terms of the contract 一式二份 in duplicate 一式三份 in triplicate 一式四份 in quadruplicate

相关链接

慎用多媒体文件

许多外贸企业对建设自己的外贸网站都非常关注，极力希望客户登录网站后，能详细了解企业的历史、产品等信息。不过，外贸网站在建设过程中也会出现许多问题，如页面文件太大、缺乏有深度或令人感兴趣的内容、页面布局不当等。

在这些问题中，页面文件太大是致命性的问题。如果客户好不容易找到企业网站，结果因为页面文件太大无法打开或加载时间太长，客户就可能直接关闭网页。

多媒体文件对企业的外贸网站是不适用的，主要包括以下几点原因。

1. 让浏览者等待时间太长

据调查，一个网页的加载时间如超过 10 秒，16% 的人会离开，只有一半的人会在一个页面停留超过 15 秒的时间。网页文件加载时间过长，会损失一半的用户！

打开页面是需要加载的，只不过纯文字的页面打开不需要经过服务器的数据库，加载时间非常短，人们常常可以忽略。多媒体文件多了之后，需要占用大量的数据库资源，加载时间必然会延长。一般纯文字或静态页面的大小大概只有几十字节，但是如果页面有 Flash 等多媒体文件，那么页面的大小可能顿时增加几倍、十几倍甚至几十倍，客户打开页面的时间就会相应增加。

客户没有耐心等待这样的媒体文件打开，在其浏览网站的短短十几秒中，其更多的注意力集中在文字方面，等到 Flash 好不容易加载完了之后，客户对网站上的关键信息也都浏览完了，根本不会再花时间观看这些多媒体文件。

企业外贸网站是针对海外买家建立的，这些买家遍布世界各地，如果服务器在国内，在国内打开这些网站都困难，更别提在海外了。

2. 需要安装插件，浏览者觉得不安全

大多数的多媒体文件播放需要安装相应的插件，很多浏览者因为担心网络病毒传播，都不会选择安装插件。因此，浏览者照样看不到企业精心准备的多媒体文件。

3. 搜索引擎蜘蛛不喜欢

按目前的经验和基本规则来看，网页文件超过 150kB 就不会完整地被搜索引擎收录。如果连搜索引擎的工作者——搜索引擎蜘蛛都不喜欢，那么就更别指望目标客户能找到网站了。

相反，静态的域名能缩短 URL 的长度，让搜索引擎更快收录。搜索引擎喜欢比较短的域名，页面上增加许多多媒体文件后，会大大影响搜索引擎蜘蛛抓取页面。

4. 内容繁杂，让客户无所适从

网站页面上多媒体内容太多，就会让网站内容显得臃肿。企业希望能够把有关企业的所有信息统统放上网络，让客户对企业建立信心。不过，过多的信息反而会让浏览者无所适从，最后导致客户还没了解到关键的产品信息，就已经对网站失去了耐心和兴趣。

5. 加重服务器负担

打开静态页面不需要通过服务器的数据库，这样服务器的工作量就小。相对的，如果页面上动态文件太多，就会大大加重服务器的负担。在增加了页面动态文件之后，企业为了不影响网站的正常运作，只能升级自己的服务器。这无疑增加了企业尤其是中小型外贸企业的负担。

六、如何推广企业的外贸网站

网站制作完成并正式在互联网上推出，只是万里长征的第一步，后期的维护和更新也很重要。经营一个电子商务网站，你要知道将你的产品在搜索结果中排列在竞争对手的前面的重要性，尤其是当你和竞争对手在销售一模一样的产品时，这就提醒企业应进行后期的网站优化推广。外贸网站推广最首要的工作是制定一份可行的推广计划方案，企业需要结合自身的实际情况进行需求分析，制订周密的计划，配备专门的人员，这样才能取得成功。

（一）推广企业外贸网站的渠道

1.通过网络平台留言和评论来推广企业的外贸网站

如果企业外贸网站里的商品是大众化的，那么网络平台将是企业推广网站的最佳渠道。网络平台是私人的东西，企业可以尽可能地寻找目标客户的网络平台，给网络平台留言、评论，留下自己的网址，当然不能纯发网址，否则会被删除。这样浏览网络平台的人都有机会看到企业的网站，大大增加了企业网站被点击的机会，也就能给企业带来潜在客户。

2.通过论坛来推广企业的外贸网站

外贸业务员可以去一些专业性比较强、人气比较高的国外论坛或国内论坛，积极参与交流，发布一些有干货的文章或给予有质量的回帖和评论，偶尔在文章和回帖中引用企业的网站是很好的一种推广方法。这样企业的网站自然就能获得浏览者的关注，当你在论坛的时间越长、发帖越多，你在论坛的资历也就越高，这样你便拥有一些权限，可以将企业的网址设置在签名里，那么每当你发帖一次或回帖一次，企业的网址就会多显示一次，这增加了曝光的机会，也就意味着有更多的潜在客户会发现企业的网站。

3.利用 B2B 平台大力推广企业的外贸网站

B2B 平台是目前买家比较集中的地方，而这些 B2B 平台的营销推广人员也会想办法对自身平台进行优化、推广，而企业只需要在平台上发布企业信息和产品信息即可，这样可以直接让买家有机会看到企业信息和产品信息。

4.通过电子邮件推广企业的外贸网站

外贸业务员在向国外用户通过电子邮件推广企业的外贸网站时，要做的就是让企业的邮件不被当作垃圾邮件，也就是外贸业务员要找对接收对象。正确的接收对象应该是相关产品的直接买家、批发商和零售商。

5.通过 SEO 推广企业的外贸网站

对网站做 SEO 是很重要的，通过 SEO 可让买家在使用搜索引擎搜索产品和供应商时找到企业，搜索排名越靠前，获得关注和点击的机会就越多。

6. 通过各大网址导航及商业目录推广网站

企业要想办法加入国外各大网址导航及商业目录推广网站中，这样能加大企业网站被查询到的范围。如果有人查找相关的产品信息，也能够通过目录找到企业的网站，从而获得客户。

7. 通过社交平台推广企业的外贸网站

这是目前比较流行的营销方式，在这里推荐 Facebook、Twitter、LinkedIn 等平台。在这些平台上聚集了全球各个行业、各个年龄段的用户，中小企业可以借助这些平台分享企业的网站和产品。另外，在交友过程中也可以让中小企业直接获得买家。

（二）网站推广的步骤

一般网站搭建起来的初期需要大量的外链建设给网站加分，所以初期的推广主要以建立大量的外链为主，以吸引流量为辅。企业应利用免费资源增加搜索引擎对网站信息的收录量。

1. 推广准备阶段（注册为主）

企业应研究竞争对手的网站。企业可通过 Yahoo Site Explorer，查看对手的推广轨迹，并对各类资源进行注册整合，加强资源的整理。可以在 Blog、PR、Article、Bookmark、RSS 等网站进行注册。

2. 推广初期工作

推广初期工作主要是指完成网站基本内容、产品框架建设，前期主要以 Web2.0 推广为主。

表 2-12　推广初期工作事项

时间点	推广事项
刚上线时期	（1）向国外各中小型搜索引擎提交企业的外贸网站，即使这些搜索引擎的流量并不高也不能忽视 （2）向国外目录黄页网站（Directory 网站）提交企业的外贸网站 （3）在问答网站上推广，在权重较高的问答网站中采用自问自答与回答他人问题的方式宣传企业的外贸网站 （4）在社会书签网站（Bookmarking）上进行推广，在社会书签网站中收藏企业的外贸网站页面及已发布的软文地址 社会书签网站的推广效果还是比较好的。其他几个权重比较高、效果显著的平台包括 Dig、Delicious、Friendfeed.、Facebook、Twitter 等 （5）RSS 网站推广，在主流阅读器中注册账户，订阅企业网站内容与其他权重较高的网站

时间点	推广事项
上线20天左右	（1）自建博客并定期发布软文及产品信息文章，添加相应的好友，增加其他用户对自建博客的关注 （2）向国外免费提交文章网站（Articles网站）提交有关产品使用窍门、使用方法的文章（如可以在Articlebase、Ezinearticle等平台上提交文章） （3）在国外PR网站（Press Release）中每周最少发布一篇文章，有付费和非付费两种形式，后期可考虑在一些付费的PR平台上发布

3. 推广中期工作

推广中期工作主要是网站所有人员配备完全，网站运作完全稳定后展开的工作，中期工作主要是以多样化为主。推广中期工作主要包括如下几方面。

（1）企业网站内部博客资讯建设：发布新产品信息、促销信息、行业相关信息及相关软文，增加用户互动。这样不仅可以作为网站官方信息的发布平台，也可以增加客户黏性，增加网站访问量，挖掘潜在消费者，提升网站SEO效果。

（2）优惠或折扣（Coupon/Deal）类网站：定期在部分免费的优惠类网站发布相关信息。要注意的是，优惠类网站多为付费网站。

（3）外部论坛。

第一，定期在外部论坛中发布高质量软文（效果并不佳，且容易被封IP，不建议使用）。

第二，在论坛上留言，修改所有能修改的论坛签名，用可在签名档中带链接的账号在论坛内部回复各类文章，以提高网站访问量。

第三，在相关行业的英文论坛上进行注册，并且回答相关产品、行业内的问题（很耗费时间与人力）。

（4）社交网站推广：以Facebook及Myspace为重点开展相关的社交网站推广工作；应以我国文化为主导，更新网站信息，提高用户关注度，创建小组，提交具有视觉冲击力的图片等，以增加相关用户对主页的关注度；可相应地发布一些网站资讯。

（5）在图片分享网站做推广：准备具有视觉冲击力的图片，添加网址水印，并在文字说明中灵活添加网站元素，将其发布在各大图片分享网站中。

（6）在百科类网站提交企业网站相关信息。这类网站的搜索权重较高但是审核非常严格，提交网站比较困难。

（7）在视频网站推广：将网站相关的视频资源在各大视频网站进行发布。

（8）在交易论坛（Marketing Place Forum）上，企业可寻找相关的产品交易论坛或论坛的交易板块并发布产品信息。真正有效的交易论坛较少，但合适的交易论坛针对性强、目标客户明确、转换效果最佳。

4. 推广后期工作

在推广后期，网站可陆续展开的大型营销推广方式包括以下几点。

（1）联盟（Affiliate）推广。联盟推广在国外是一种常见的推广方式，企业网站应有效利用联盟推广方式，充分开发第三方合作伙伴并进行有效的跟踪。

（2）在国外有名的同行业网站（如比较类网站）中进行推广，比较类网站分为付费和非付费两种，可根据企业实际情况进行开展。

（3）电子邮件营销。就目前来说，电子邮件营销针对性强、信息攻势猛、效率高、范围大、发展空间大。电子邮件营销是需要持续进行的，企业应开发有效的发送及制作机制，避免触犯垃圾邮件规则，随时监控服务器的运作，提供电子邮件营销效果报表，并不断进行优化，可适当寻求第三方电子邮件营销服务商。

（4）Google AdWords 及 Google AdSense 付费推广是前期推广中必然采取的方法，使用该方法可以增加客户来源，在掌握正确的方法和策略的基础上，用最低的成本获得最高的转换率。

5. 后期维护与效果跟踪

每周定期对搜索引擎的收录情况、各类网站的影响效果进行跟踪与调查；对网站流量分布情况进行分析，用最低的工作量获得最高的成效，不做无用功，以实现网站自然流量的突破。

网站推广还是以网站内容为基础的，只有内容建设成熟才能提高客户黏度，令推广工作获得好的效果，同时网站的具体外部推广工作应该与网站内部的产品促销活动相辅相成，而不是独立存在。

七、运用微信二维码来拓展外贸业务

企业可以通过微信渠道将品牌、广告信息推送给上亿的微信用户。现在，微信二维码随处可见：网站、商品、促销单页、明信片。

（一）什么是二维码

二维码是一种信息的表现形式，是用某种特定的几何图形按一定规律在平面（二维方向上）分布的黑白相间的图形记录数据符号信息。微信二维码则是含有特定数据内容、只能被微信软件扫描和解读的二维码。客户只要用手机的摄像头来扫描微信二维码，就可以获得企业的名片、商户信息、折扣信息等。

（二）制作二维码

制作二维码所需资料如下。

（1）微信认证的名称，如上海××公司、××旗舰店。

（2）企业 Logo 图片，可作为头像和二维码中间的图案。

（三）企业如何推广微信二维码

（1）在产品的包装上增加二维码图案。产品在展示和运输的过程中都需要包装，这是为了美观和安全，是必要的。企业可以利用这一点，将二维码加在包装上。

（2）在网站上展示。在企业官网醒目的位置上，提醒用户关注企业微信公众号，并暗示用户立即拿出手机扫描二维码。

（3）在名片上加上微信二维码。

第三章

外贸出口业务流程简述

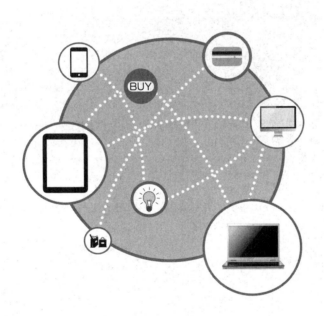

出口流程就是外贸出口工作人员在出口工作中所进行的一系列活动的有序组合，包括报价、签订外贸合同、信用证的催开与处理、备货、办理商品检验、办理保险、出口报关、制单结汇等活动。

第一节 报价

在国际贸易中，报价就是卖方根据买方的询问，通过对自己产品的成本、利润、市场竞争力等因素的考虑而报出的可行的价格。

一、报价概述

在外贸业务中，报价有其独特的方式。其英文表述为"Offer"，而现实生活中客户多半会用"Quotation"或"Price List"代替。

（一）报价的具体要素

一个正式的外贸报价通常包含以下要素。

（1）价格条件（FOB、CIF、CFR 等），这是报价的核心。

（2）产品名称、规格、数量等必备的信息。

（3）有效时间。

由于国际市场变化大，价格常常要随行就市地进行调整。因此，企业必须要加上报价的有效时间。此外，规定有效时间还可以起到促使客户早日下单的作用。

这种正式的报价称为实盘（Firm Offer），即价格一经报出，如果客户在报价所规定的有效期内回复接受，出价方就不可再做更改了。

（二）报价的技巧

在进行报价时，一定要中肯、及时。合适的报价是赢得客户订单的关键，如何做好报价也有许多技巧，一些常用的技巧如表 3-1 所示。

表 3-1　产品报价的技巧

序号	报价注意点	实施技巧
1	对自己的产品进行定位	在报价之前，要对自己的产品及其价位、主要目标市场及同行价格情况做一个了解，具体为 （1）熟悉同行产品的价格 （2）多与工厂技术人员接触，知道产品的每一生产环节的成本，最好多与技术人员沟通和交流，以了解价格的变化
2	时效性	报价必须及时，不能太慢，如果十天半个月后才报价，客户可能早就找到新的合作方了
3	选择合适的价格术语	价格术语是报价的核心部分，决定了买卖双方的责权、利润的划分 （1）选择以 FOB 价成交。在运费和保险费波动不稳的市场条件下，于自己有利，但也有许多被动的方面 ① 由于进口商延迟派船，或装船期延迟、船名变更，出口商就会增加仓储等费用的支出，或因迟收货款造成利息损失 ② 货物一旦装船，出口商即使想要在运输途中或目的地转卖货物，或采取其他补救措施，也会颇费周折 （2）在以 CIP 价出口的条件下，出口商有了更多的灵活性和机动性 ① 只要出口商保证所交运的货物符合合同规定，只要所交的单据齐全、正确，进口商就必须付款 ② 货物过船舷后，即使在进口商付款时货物遭受损坏或灭失，进口商也不得因货损而拒付货款 （3）CFR 价格。卖方负责安排运输并支付运费
4	对客户的定位	主要强调做好客户的调查，要结合客户的购买意愿、对产品的熟悉程度等信息有针对性地报价，即"个性报价"
5	引导客户	（1）以"尾巴"吸引客户，主要有两种方式 ① 低价留尾，即价格比较低，却规定一个较大的起订量。此方法一方面可以引起客户的兴趣，另一方面可以为将来的涨价提供依据——订量不够，价格就要贵一点 ② 高价留尾，即报高价后，规定一个小的订货量（估计客户不难达到的量），并承诺如果超过此量价格会有折扣 （2）留住客户后，与客户进行进一步沟通，力争双方互利 ① 如果采取低价，则与"订货量大""预付款多""余款要及时安全""交货期长"等条件结合

（续表）

序号	报价注意点	实施技巧
5	引导客户	② 主动向客户提建议，如寻找替代材料、降低成本等，使客户觉得是在与内行进行交易
6	与老板做好沟通	（1）对于比较重要的客户，应劝说老板给予其一定的价格优惠，可以是"由于是大客户，并且是个长期买家，因此值得跟进，要想个办法先跟对方进行交易"等理由 （2）多与老板交流，探讨根据不同品质要求从工艺上进行替代调整的可能性，并多寻找一些零配件供货渠道，以降低成本

二、报价前的准备

在报价前，企业应做好充分的准备工作，以保证最终的价格合理。

1. 做好前期的市场分析和调研

（1）要认真分析客户的购买意愿，了解他们的真正需求，从而拟出一份有的放矢的报价单。有些客户将价格低作为最重要的因素，那么一开始就报给他接近你的底线的价格，这样赢得订单的可能性就大。

（2）做好市场跟踪调研，清楚市场的最新动态。由于市场信息透明度高，市场价格变化更加迅速。因此，企业必须依据最新的行情报出价格——"随行就市"，这样双方才有成交的可能。

一些正规的、比较有实力的外商，都在我国设有办事处，对我国的市场行情、市场环境都很熟悉。这就要求外贸业务员自己也要信息灵通。

2. 做好与客户的沟通

每个企业都有自己的一套报价体系，可是有时候客户会提供报价单，让企业按他们的要求来进行报价。

一份完整的报价单除了包括产品图片、货号、货物描述、单价、出货港口、单个产品包装、装箱单、净重等因素外，还要记录与客户的沟通内容，具体如表3-2所示。

表 3-2　与客户的沟通内容

序号	事项	沟通内容
1	产品的测试	（1）报价前一定要与客户确认是否含测试费用 （2）产品是否需要做测试，测试费用由谁来承担 （3）如果测试费由企业承担，要问清客户测试费用明细，以及一款产品大致需要多少测试费
2	产品的保险	（1）产品是否需要购买保险 （2）保险费用由谁承担
3	付款方式	付款方式若是信用证 ×× 天，如果企业要做折扣，也要将银行利率算在报价成本内
4	产品的包装	（1）这里的包装不是指多少件装一个内箱然后几个内箱装一个外箱，而是指单个产品的包装 （2）单个产品包装主要有吸组卡（Blister Card）、背卡（Backer Card）、塑胶盒（PVC Box）、吊牌（Hang Tag）、条形码贴条（UPC Sticker）、彩盒（Color Box）等形式 （3）对于包装费用，必须明确由谁支付 ① 如果产品包装由客户自己提供，他们有自己的印刷厂，那么报价时就可以减去这部分成本 ② 如果客户要求企业承担产品包装的费用，报价时就应该加上这部分成本
5	进口商关税代码及税率	（1）若客户要求填制产品进口商关税代码，出口方就需要事先查询清楚 （2）企业应写邮件与客户沟通，以填制准确的税率，否则由于实际税率高于所查而产生的差价就要由自己来承担
6	订单量	与客户沟通，了解客户大概的订单量，然后将以上所产生的费用平均到产品成本中去

三、价格核算

企业报价时通常会使用 FOB、CFR、CIF 三种价格。对外报价核算时，应按照以下步骤进行：明确价格构成，确定成本、费用和利润的计算依据，然后将各部分汇总。

（一）价格构成

FOB、CFR 和 CIF 是外贸业务中常用的价格术语，企业的报价也基本以这三种术语为标准。

1. 三种术语各自的基本价格构成

$$FOB价=成本+国内费用+预期利润$$

$$CFR价=成本+国内费用+出口运费+预期利润$$

$$CIF价=成本+国内费用+出口运费+出口保险费+预期利润$$

2. 三种贸易术语价格之间的换算

总公式：FOB 价 =CFR 价 − 运费 =CIF 价 ×（1− 投保加成 × 保险费率）− 运费

根据总公式，可以将各种术语进行转换，具体如表 3–3 所示。

表 3–3　FOB 价、CFR 价和 CIF 价之间的转换

价格术语	转换价	转换公式
FOB	CFR	CFR ＝ FOB 价 + 运费
FOB	CIF	CIF ＝（FOB 价 + 运费）÷（1− 投保加成 × 保险费率）
CFR	FOB	FOB ＝ CFR 价 − 运费
CFR	CIF	CIF ＝ CFR 价 ÷（1− 投保加成 × 保险费率）
CIF	FOB	FOB ＝ CIF 价 ×（1− 投保加成 × 保险费率）− 运费
CIF	CFR	CFR ＝ CIF 价 ×（1− 投保加成 × 保险费率）

（二）进行实际价格核算

以下是一个案例，用来说明具体的对外报价核算。

背景材料：

　　A 贸易公司某年收到 B 公司求购 6 000 双牛皮面料、腰高 6 英寸（1 英寸 =2.54 厘米，下同）的女靴 [一个 40 英尺（1 英尺 =0.3048 米，下同）的集装箱] 的询盘，经了解每双女靴的进货成本为人民币 90 元（含增值税13%），进货总价为 90×6 000=540 000（元）；出口包装费每双 3 元，国内运杂费共计 12 000 元，出口商检费为 350 元，报关费为 150 元，港区港杂费为 900 元，其他各种费用共计 1 500 元。A 公司向银行贷款的年利率为 8%，预

（续）

计垫款两个月，银行手续费率为 0.5%（按成交价计），出口女靴的退税率为 13%。海运费：大连—都柏林，一个 40 英尺的集装箱的包箱费是 3 800 美元，客户要求按成交价的 110% 投保，保险费率为 0.85%，并在价格中包括 3% 佣金。若 A 公司的预期利润为成交金额的 10%，人民币兑美元的汇率为 7.11∶1，试报每双女靴的 FOB、CFR、CIF 价格。

第一步，核算成本。

实际成本 = 进货成本 − 退税金额 [退税金额 = 进货成本 ÷（1+ 增值税率）× 退税率]

$\qquad$ =90−90÷（1+13%）×13%=79.646（元 / 双）

第二步，核算费用。

（1）国内费用 = 包装费 +（运杂费 + 商检费 + 报关费 + 港区港杂费 + 其他费用）+ 进货总价 ×（贷款利率 ÷12）× 贷款月份

$\qquad$ =3×6 000+（12 000+350+150+900+1 500）+540 000×（8%÷12）×2

$\qquad$ =18 000+14 900+7 200=40 100（元）。

单位货物所摊费用 =40 100 元 ÷6 000 双 =6.683 元 / 双（注：贷款利息通常以进货成本为基础）。

（2）银行手续费 = 报价 ×0.5%。

（3）客户佣金 = 报价 ×3%。

（4）出口运费 =3800÷6 000×7.11=4.503（元 / 双）。

（5）出口保险费 = 报价 ×110%×0.85%。

第三步，核算利润。

利润 = 报价 ×10%

第四步，三种贸易术语报价核算。

（1）FOB C3 报价的核算。

FOB C3 报价 = 实际成本 + 国内费用 + 客户佣金 + 银行手续费 + 预期利润

$\qquad$ =79.646+6.683+FOB C3 报价 ×3%+FOB C3 报价 ×0.5%+

$\qquad$ FOB C3 报价 ×10%

$\qquad$ =86.329+FOB C3 报价 ×13.5%

等式两边移项得：

FOB C3 报价 −FOB C3 报价 ×13.5%=86.329

FOB C3 报价（1−13.5%）=86.329

（续）

FOB C3 报价 =86.329÷（1−13.5%）

FOB C3 报价 =99.8023（元）

折成美元：FOB C3=99.8023÷7.11=14.04（美元）

（2）CFR C3 报价的核算。

CFR C3 报价 = 实际成本 + 国内费用 + 出口运费 + 客户佣金 + 银行手续费 + 预期利润

=79.646+6.683+4.503+CFR C3 报价 ×3%+CFR C3 报价 ×0.5%+

CFR C3 报价 ×10%

=90.832+CFR C3 报价（3+0.5+10）

=90.832+CFR C3 报价 ×13.5%

等式两边移项并计算得：

CFR C3 报价 −CFR C3 报价 ×13.5%=90.832

CFR C3 报价 ×（1−13.5%）=90.832

CFR C3 报价 =90.832÷（1−13.5%）

CFR C3 报价 =105.0081（元）

折成美元：CFR C3=105.0081÷7.11=14.77（美元）

（3）CIF C3 报价的核算。

CIF C3 报价 = 实际成本 + 国内费用 + 出口运费 + 客户佣金 + 银行手续费 +

出口保险费 + 预期利润

CIF C3 报价 =79.646+6.683+4.503+CIF C3 报价 ×3%+CIF C3 报价 ×0.5%+

CIF C3 报价 ×110%×0.85%+CIF C3 报价 ×10%

=90.832+CIF C3 报价 ×（3%+0.5%+110%×0.85%+10%）

=90.832+CIF C3 报价 ×0.14435

等式两边移项得：

CIF C3 报价 −CIF C3 报价 ×0.14435=90.832

CIF C3 报价 =90.832÷（1−0.14435）=106.1556 元

折成美元：CIF C3=106.1556÷7.11=14.93（美元）

第五步，三种价格对外报价。

（1）USD14.04/Pair FOB C3 Dalian（每双 14.04 美元，包括 3% 佣金，大连港船上交货）。

（续）

（2）USD14.77/Pair CFR C3 Dublin（每双 14.77 美元，包括 3% 佣金，成本加运费至都柏林）。

（3）USD14.93/Pair CIF C3 Dublin（每双 14.93 美元，包括 3% 佣金，成本加运费、保险费至都柏林）。

四、报价单的制作与管理

制作报价单

报价单的最优文档形式是 PDF 文档。

在制作报价单时，一定要考虑发给客户的文件文档的具体格式，有的人习惯在邮件中附上 Excel 或 Word 文档的报价单，结果发出之后常常没有收到客户的回复。

究其原因，不少病毒伪装成 Excel 和 Word 文档在邮件中出现，因此欧美大部分企业的邮件系统都使用了垃圾邮件过滤软件。只要是邮件中出现 Excel 和 Word 文档附件，就会被删除。

解决这个问题的最好办法就是把文件制作成 PDF 文档。PDF 文档是世界上流行的文档形式，病毒很难伪装成 PDF 文件或在 PDF 文件中寄生。PDF 文档可以在任何系统中兼容，如 Windows 等。外贸业务员可以把报价单制作成 PDF 文档之后用邮件发送，客户的邮件系统就不会把邮件误判成垃圾邮件或病毒邮件，邮件就可以顺利进入客户的邮箱，从而打开交易之门。

（二）报价单样式。

每个企业、每个产品的报价单都有所不同，但内容基本一样，具体如表 3-4 所示。

表 3-4　报价单

报价日期：　　　年　　月　　日

Supplier 供应商		Address 公司地址	
Contact 联系人名		Approvals 产品认证	

（续表）

Tel 电话号码			Fax 传真号码							
Website 公司网址			E-mail 邮箱地址							
Messenger 即时通信	MSN：		QQ：				Skype：			
Product mode/ Sku No. 货号	Description of Materials 产品描述	Product's Photo 产品图片	Product's Measure 产品尺寸	FOB/CIF/ CFR USD 美元报价	QTY./ CTN PCS 每箱个数	CTN's Measure 外箱尺寸	N.W （kg） 产品净重	G.W. （kg） 产品毛重

Remarks 备注：	
1. Payment Terms 付款方式	
2. Single package's Type，Material and Size 单个包装的方式、材料及尺寸	
3. Inner package's Type，Materials and Size 内包装的方式、材料及尺寸	
4. QTY./Inner Package 内包装中的产品数量	
5. CTNs/20'，QTY./20' 每个20'柜中的箱数和产品个数	
6. CTNs/40'，QTY./40' 每个40'柜中的箱数和产品个数	
7. Lead Time 交货期	
8. Warranty 保证/担保	
9. Others 其他条款	

（三）报价单的管理

报出价格后，企业一定要留底，企业可以设计一份表单来管理所有的报价，表单名称可按客户名称来分类，每张表单中包括具体报价、报价日期、对方的要求、报价的计算（各项成本分别列出，再汇总）等信息。这样当客户在未来的某个日期来函要求对价格进行调整时，就能回顾当时的报价，了解当时报价的基础，再根据现时情况进行必要的调整。

"报价单管理表"最好按客户名称的字母顺序来排序，这样查找起来更方便（见表3-5）。

表3-5　报价单管理表（客户）

报价日期：　　　年　　月　　日

客户要求的产品型号（规格）			
证书要求		报价数量	
结算方式		报价价格	
报价的计算			
成本项目（国内费用）		计算方式	金额
包装费			
运杂费			
商检费			
报关费			
港区港杂费			
其他费用			
银行贷款利息			
银行手续费			
客户佣金			
出口运费			
出口保险费			
备注			

第二节　签订外贸合同

不管以什么样的方式进行贸易磋商和谈判，最终都应签订合同。签订书面合同是外贸磋商的最后环节，它的订立标志着买卖双方磋商交易阶段的结束。

一、外贸合同的形式

由于外贸合同的金额较大，内容繁杂，有效期长，因此许多国家都要求采用书面的形式签订。

《联合国国际货物销售合同公约》没有对合同形式做出限制，但是根据我国法律规定，外贸交易合同必须采用书面的形式签订。

（一）书面合同

书面合同包括正式合同、确认书、协议书、备忘录、订单等。在此只简单介绍几种常见的书面合同及其特点。

1. 正式合同

正式合同（Contract）是一种全面、详细的合同订立形式，它对双方的权利与义务，以及发生争议以后的处理方法都有比较详细的规定。正式合同适用于大宗商品和成交额比较大的交易。

2. 确认书

确认书（Confirmation）是一种简易合同。它在格式上与正式合同有所不同，条款也相对简单，主要是就交易中的一般性问题做出规定，而对双方的权利、义务的规定不是很详细。此种合同订立形式主要用于成交金额相对较小，或者是已经订有代理、包销等长期协议的交易。以下是一份售货确认书范本。在实际操作过程中，客户往往会根据企业出具的售货确认书修改其采购订单（Purchase Order），并将采购订单替代售货确认书，随后发送给企业进行双方签字确认。

【范本】售货确认书

售货确认书

SALES CONFIRMATION   PO NO.

正本
ORIGINAL   日期 DATE：

卖方   买方
The Seller: The Buyer:
地址：   地址：
Address: Address:
电话：   电话：
Tel: Tel:
传真：   传真：
Fax: Fax:

兹经买卖双方同意成交下列商品，订立条款如下：

The undersigned Seller and Buyer have agreed to close the following transaction according to the terms and conditions stipulated below:

货物名称及规格 NAME OF COMMODITY AND SPECIFICATION	数量 QUANTITY	单价 UNIT PRICE USD/P	金额 AMOUNT

总值
TOTAL VALUE
装运时间
TIME OF SHIPMENT
装运港和目的地
PORT OF LOADING & DESTINATION
付款条件
PAYMENT
包装

（续）

```
PACKING
唛头
MARKS & NOS.
保险
INSURANCE：


买方（签字确认）                          卖方（签字确认）
THE BUYER SIGNATURE              THE SELLER SIGNATURE
```

3. 协议书

协议书（Agreement）是一种比较灵活的合同形式，既可以很复杂也可以很简单。若其内容对买卖双方的权利和义务都做出了明确的规定，那么就与正式合同一样具有法律效力。若交易洽谈的内容比较复杂，双方仅商定了一部分条件，还有一些条件需要进一步磋商，此时可以签订一个"初步协议"，并说明此协议属于初步协议，那么这种协议就不具备正式合同的性质，因此没有法律约束力。

4. 备忘录

备忘录（Memorandum）主要起到记录洽谈内容，供以后查询的作用。若双方的交易条件被完整、明确、具体地记录在了备忘录中，并且经过双方签字，那么其性质就和正式合同一样具有法律约束力；相反，若交易条件记录不完整，则不具备法律约束力。

5. 订单

订单（Order）是指买方拟制的货物订购单。在通常的贸易中，买卖双方经过洽谈达成交易后，卖方通常会制作合同或确认书各两份并寄给买方，要求其回签一份。但在某些情况下，买方会直接将订单寄给卖方，要求卖方回签。这种经过磋商后寄来的订单，实际上就是一份购货合同。

（二）口头合同和电子合同

除了上述书面形式的合同外，还有口头合同（当事人之间通过当面谈判或电话的形式达成的协议）和电子合同。

1. 口头合同

口头合同的优点是节省时间，方便快捷。但是因为没有文字依据，所以一旦发生争议，处理起来难以找到证据。口头合同对双方的诚信要求比较高。

2.电子合同

电子合同的载体不是纸张，而是信息系统。因为电子信息的内容是可以编辑的，而且不太稳定，另外要添加合同当事人的"亲笔签名"，在技术上还有些难度，所以电子合同是否具有法律效力这一问题，在各个国家有不同的观点，在签订合同时应该注意这一点。

外贸企业在签订外贸合同时，最好使用书面的正式合同，以减少争议和纠纷。

二、制作外贸合同

一份完整的合同，其基本内容可以分为三个部分：约首、基本条款和约尾。这三个部分都有各自不同的内容和作用，具体如表3-6所示。

表3-6　外贸合同的主要内容

合同部分	具体内容	说明
约首	合同名称	即合同的标题，一般采用销售合同或销售确认书的名称
	合同编号	（1）书面合同都应该有一个编号 （2）合同编号是开立信用证、制作单证、托运等事项必须用到的
	签约日期	（1）签约日期一般为成交的当天，即尽可能做到成交日期与签约日期相同 （2）合同中的签约日期表明，除非合同中对合同生效的日期另有不同的规定，否则应以签约的日期为合同生效的日期
	签约地点	签约地点是处理合同纠纷的司法依据，最好把签约地点写在合同里
	双方当事人的基本信息	包括双方当事人的名称、地址、营业所在地及其电话、电子邮箱地址等
基本条款和约尾	质量条款	列明所交易商品的品名、等级、标准、规格、商标或牌号等
	数量条款	（1）规定交货的数量和使用的计量单位 （2）如果是按重量计算的产品，还要规定计算重量的方法，如毛重、净重、以毛作净、公量等
	包装条款	列明产品包装的方式、材料、包装费用和运输标志等内容

（续表）

合同部分	具体内容	说明
基本条款和约尾	价格条款	由单价和总值组成。单价包括计量单位、单位价格金额、计价货币、价格术语四项内容
	支付条款	对支付工具、支付时间、支付地点、支付方式等做出明确的规定
	违约条款	（1）列明如一方违约，对方有权提出索赔 （2）列明索赔依据、索赔期限 （3）规定罚金条款
	不可抗力条款	实际上是一项免责条款，规定具体的免责情形
	合同正本份数、使用文字和效力	合同一式两份，双方各执一份
	签字盖章	即双方当事人的签字

在明确了合同的各种形式及主要内容后，外贸企业就应根据实际需要制作正式的书面合同文本。

三、审核合同尽量避免差错

对于已方（出口方）制定的书面合同，外贸业务员在寄送给买方之前要做好审核工作，以避免因合同的漏洞与差错而导致经济损失。合同的审核要点如表3-7所示。

表3-7 合同的审核要点

序号	事项	审核要点
1	约首部分	（1）合同的编号必须要仔细审核，以避免出现错误 （2）买方的各种信息要仔细审核，以防诈骗
2	质量条款	对于合同约定的表示方式，一定要明确其要求 （1）在实物说明的情况下，卖方应在合同中力争加注"品质与货样大致相同"的字样 （2）对于依据说明书表示的，一般应注意是否订有品质保证条款和技术服务条款，以确定售后服务的范围及问题出现时的解决方法

（续表）

序号	事项	审核要点
3	数量条款	（1）要考虑商品的计量单位和计量方法 （2）以重量作单位时须弄清以净重还是毛重计算 （3）要规定一个机动幅度，并在合同中约定好
4	包装条款	必须在合同中进行明确和慎重的规定，不能出现模糊用语
5	价格条款	仔细审核贸易术语的使用，确保合同的其他条款与之相一致
6	装运条款	不同的贸易术语会有不同的装运时间、方式等，审核时要仔细检查，确保前后一致
7	保险条款	检查是否按约定的要求投保和选择保险险别
8	支付条款	审核是否按规定选好了支付方式，对于信用证支付方式，必须明确是不可撤销的，并须明确开立的地点和时间，以及受益人名称
9	违约条款与不可抗力条款	要明确是依据协商而订立的，不能只是免去某一方的责任

在进行具体的合同审核时，外贸业务员可以设计一个表格做好记录（见表3-8），以便己方更好地履行合同。

表3-8 合同审核单

合同编号：		签订日期：		信用证开立地点：	
买方地址：		电话：		传真：	
成交方式：			价格术语：		
品名及规格		单价	数量	金额	
重量：			溢短比例：		
包装要求：					
唛头：					
质量要求：					
保险	保险金额：				
	保险险别：				

（续表）

装运	装运期： 装运港： 目的港： 装运方式：□不可分批装运 　　　　　□可否分批装运，若可以，分成_____批，时间规定：			
商品 检验	检验时间：　　　　地点：　　　　机构： 是否要复验：　　复验时间：　　　地点：　　　机构： 检验内容： 检验项目： 检验证书要求：			
本合同有疑义的地方：				

四、寄出成交签约函

外贸业务员应给国外客户寄出销售合同或采购订单，建议其迅速回签并及时开出信用证。

五、审核其回签合同

对对方签回的书面合同，外贸业务员应及时、认真地审核，检查对方是否对合同做了我方不能接受的修改，如果有，应立即通知对方不能接受其对合同的修改，或者依据存档的副本向对方提出异议。

以上是己方起草合同的情况，如果合同是由对方制定并签字寄来，己方应做如下审核工作。

（1）从头到尾仔细检查各项条款是否合理，确保合同内容与洽谈过程中达成的条件、协议相一致，至少没有己方不能接受的条款。

（2）若有己方不能接受的条款，则不要签字，可直接寄给对方，请对方修改。

（3）要防止重复签署，造成一个合同两笔交易。

（4）对于合同中因对方大意而发生的书写、拼写错误，可视情况直接修改后签字。签字后己方留存一份，给对方寄回一份。

第三节　信用证的催开与处理

外贸合同获得最终确认的标志是收到订金或信用证，只有卖方收到了开立的信用证，才算完成了外贸交易的前期准备工作。

信用证（Letter of Credit，简称L/C）又称信用状，是银行（开证行）根据申请人（一般是进口商）的要求，向受益人（一般是出口商）开立的一种有条件的书面付款保证，即开证行保证在收到受益人交付全部符合信用证规定的单据的条件下，向受益人或其指定人履行付款的责任。

一、催开信用证

如果买卖双方约定采用信用证方式支付，那么买方应严格按照合同规定按时开立信用证，这是卖方履约的前提。但在实际业务中，买方在市场发生变化或资金发生短缺的情况下，往往会拖延开证。因此，外贸业务员有必要催促对方迅速办理开证手续。特别是大宗商品交易或应买方要求而特制的商品的交易，更应结合备货情况及时进行催证。

外贸企业在遇到以下情况时，应注意向买方发出函电提醒或催促对方开立信用证。

（1）在合同规定的期限内，买方未及时开证这一事实已构成违约。此时，如果外贸企业不希望中断交易，那么可在保留索赔权的前提下，催促对方开证。

（2）当签约日期和履约日期相隔较远时，外贸企业应在合同规定开证日之前向对方表示对该笔交易的重视，并提醒对方及时开证。

（3）外贸企业在货已备妥并打算提前装运时，可询问对方是否同意提前开证。

（4）若买方资信欠佳，外贸企业应提前进行提示，以督促对方履行合同义务。

二、受理信用证通知

（一）受理情形

1. 拥有出口经营权的受理

如果外贸企业可以直接出口产品，并且国外的信用证开到自己的名下，那么外贸企业的开户银行收到信用证后会直接告知，并把正本或复印件（一般是复印件，如无必要，正本建议留在银行保存）交给外贸企业。

2. 代理出口的处理

如果是通过代理出口，信用证开到代理名下，那么外贸企业就要及时敦促代理去查询具体情况，代理收到信用证后将其传真给外贸企业。

在实务中，因为代理不熟悉客户，所以在交接上容易出现问题。代理接到信用证却不知道是谁的，导致延误，因此一旦得知客户开立了信用证，外贸企业就要把客户名称、开证金额告诉代理，盯紧进度。一般来说，从客户开证到外贸企业收到信用证，快则1周，慢则10天。

（二）受理信用证通知书

跟随信用证一起交给外贸企业的，通常还有一页"信用证通知书"，这是外贸企业的开户银行出具的，主要列明了此份信用证的基本情况，如信用证的编号、开证行、金额、有效期等，同时要有银行签章。

【范本】信用证通知书

···

信用证通知书

ADVICE OF LETTER OF CREDIT

交通银行

BANK OF COMMUNICATIONS

ADDRESS：NO. 2066 SHENNAN ROAD

CENTARL, SHENZHEN, CHINA

TEL：×××××

FAX：××××××

SWIFT：××××××

致（TO）：SHENZHEN JINWONIU TRADING CO.，LTD.	开证日期（DATE OF ISSUE）：07 MAY，2020
	我行编号（OUR REF NO.）：×××××
	通知日期（DATE）：10 MAY，2020
	信用证号码（L/C NO）：4BTU0021
	信用证金额（AMOUNT）：USD 15,000.00
开证行（ISSUING BANK）： ××××××	有效期（EXPIRY DATE）：17 JUNE，2020
	最迟装运期（LATEST SHIPMENT DATE）：7 JUNE, 2020
	未付费用（CHARGE）：RMB0.00
	费用承担人（CHARGE BY）：BENEFICIARY
	是否生效（AVAILABLE）：VALID
转递行（IRANSMITTING BANK）： ABN AMRO BANK. 24/F SHENZHEN □□ DEVIELOPMENT CENTRE, SH	印押是否相符（TEST/SIGN）：YES
	我行是否保兑（CONFIRM）：NO

DEAR SIRS，（敬启者）

WE HAVE PLEASURE IN ADVISING YOU, THAT WE HAVE RECEIVED FROM THE A/M BANK A LETTER OF CREDIT, CONTENTS OF WHICH ARE AS PER ATTACHED SHEET(S). THIS ADVICE AND THE ATTACHED SHEET(S) MUST ACCOMPANY THE RELATIVE DOCUMENTS WHEN PRESENTED FOR NEGOTIATION.

兹通知贵司，我行收到上述银行信用证一份，现随付通知，贵司交单时，请将本通知书及信用证一并提示。

REMARK（备注）：

PLEASE NOTE THAT THIS ADVICE DOES NOT CONSTITUTE OUR CONFIRMATION OF THE ABOVE L/C NOR DOES IT CONVEY ANY ENGAGEMENT OR OBLIGATION ON OUT PART.

本通知书不构成我行对此信用证的保税及其他任何责任。

如贵司发现该证中有任何条款难以接受，请与开证申请人联系以便及时修改，避免单据提示时可能发生的问题。

If you find terms and conditions which you are unable to comply with in this L/C, please directly contact applicant in order to make timely amendment and avoid any difficulties which may arise when documents are presented.

（续）

THIS L/C IS ADVISED SUBJECT TO ICC UCP PUBLICATION NO. 600.

本信用证的通知遵循国际商会跟单信用证统一惯例第 600 号出版物办理。

YOURS FAITHFULLY

FOR BANK OF COMMUNICATIONS

（三）审核"信用证通知书"

对于银行开具的"信用证通知书"，外贸企业应对其内容——进行审核，具体的审核要点如表 3-9 所示。

表 3-9　"信用证通知书"的审核要点

序号	内容	审核要点
1	上方空白栏	（1）先看信用证通知行的中英文名称、英文地址与传真号 （2）出口方一般选择自己的账户行为通知行，以便进行业务联络及解决将来可能发生的贸易融资问题
2	日期	即通知日期。收到国外开来的信用证后，应仔细审核通知行的签章、业务编号及通知日期
3	致（TO）	受益人的名称及地址，即信用证上指定的有权使用信用证的人，一般为出口方
4	开证行	一般为进口方所在地的银行
5	转递行	转递行负责将开证行开给出口方的信用证原件递交给出口方。信开信用证有转递行，电开信用证无转递行
6	信用证号	（1）信用证的证号必须清楚、没有变字等错误 （2）如果信用证的证号多次出现，应保持前后一致，否则应电洽修改
7	开证日期	信用证上必须注明开证日期，如果没有，则视开证行的发电日期（电开信用证）或抬头日期（信开信用证）为开证日期
8	信用证的币别和金额	（1）信用证中规定的币别、金额应与合同中签订的条款保持一致 （2）币别应是国际上可自由兑换的币种，货币符号为国际上普遍使用的世界各国货币标准代码

序号	内容	审核要点
8	信用证的币别和金额	（3）金额采用国际通用的写法，若有大小写两种金额，应注意大小写金额保持一致
9	信用证的有效地点	（1）有效地点是受益人在有效期内向银行提交单据的地点 （2）国外来证一般规定有效地点在我国境内，但如果规定有效地点在国外，则应提前交单，以便银行有足够的时间将单据寄到有效地的银行
10	信用证的有效期限	（1）信用证的有效期限是受益人向银行提交单据的最后期限，受益人应在有效期限日期之前或当天将单据提交指定地点的指定银行 （2）如果信用证没有规定该期限，按照国际惯例，银行将拒绝受理于装运日期21天后提交的单据
11	信用证付款期限	分为即期付款和远期付款两种
12	未付费用	即受益人尚未支付给通知行的费用，审核是否填制清楚
13	费用承担人	信用证中规定的各相关银行的费用等由谁来承担
14	开证方式	开立信用证可以采用信开和电开两种方式 （1）信开信用证：由开证行加盖信用证专用章和经办人名章并加编密押，寄送通知行 （2）电开信用证：由开证行加编密押，以电传方式发送通知行
15	信用证是否生效	（1）"生效"通常表示为"Valid" （2）如果信用证只有在一定条件下才能正式生效，则通知行会在正本信用证上加注"暂不生效"字样
16	印押是否相符	（1）收到国外开来的信用证后，应仔细审核印押是否相符，填"Yes"或"No" （2）电开信用证应注意其密押，看有无密押核符签章（SWIFT L/C 因随机自动核押，无此章）
17	是否需要保兑行	根据信用证内容，填"Yes"或"No"
18	审核通知行签章	收到国外开来的信用证后，应仔细审核通知行的签章、业务编号及通知日期

三、审核信用证

在实际单证业务中，由于各种原因，买方开来的信用证常有与合同条款不符的情况，为了维护己方的利益，确保收汇安全和合同顺利履行，外贸业务员必须比照合同对国外来证进行认真的审核。

（一）审核的原则

出口商依据国内的有关政策和规定、交易双方成交的合同、《跟单信用证统一惯例》及实际业务中出现的具体情况进行审核时，应遵循以下原则。

（1）信用证条款规定比合同条款严格时，应当作为信用证中存在的问题对其提出修改。

（2）当信用证的规定比合同条款宽松时，往往不要求修改。

（二）信用证的审核要点

针对上述信用证条款的问题，外贸业务员在进行具体的审核时要仔细。具体的审核要点如表3-10所示。

表3-10 信用证的审核要点

项目		要点
信用证本身	信用证性质	（1）信用证是否不可撤销 （2）信用证是否存在限制性生效及其他保留条款 （3）电开信用证是否为简电信用证 （4）信用证是否申明所运用的国际惯例规则 （5）信用证是否按合同要求加保兑
	信用证受益人和开证人	特别注意信用证上的受益人名称和地址应与企业的名称和地址内容相一致，买方的企业名称和地址的写法也应完全正确
	到期日和到期地点	（1）信用证的到期日应符合买卖合同的相关规定，一般为货物装运后15天或21天 （2）到期地点一定要规定在出口商所在地，以便及时交单
	信用证内容	检查信用证内容是否完整及是否一致 （1）如果信用证是以电传或电报形式拍发给通知行，即"电讯送达"，那么应核实电文内容是否完整 （2）信用证中有无矛盾之处，比如明明是空运，却要求提供海运提单等

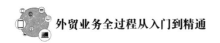

（续表）

项目		要点
信用证本身	通知方式	检查信用证的通知方式是否安全、可靠。信用证一般是通过受益人所在国家或地区的通知行／保兑行通知受益人的。遇到下列情况之一的应特别注意 （1）如果信用证是直接从海外寄来的，那么应该小心查明它的来历 （2）信用证从本地寄出，要求己方把货运单据寄往海外，而自己并不了解对方指定的银行 对于上述情况，应该先通过银行调查核实
专项审核	付款期限	检查信用证的付款期限是否与合同要求一致。检查时应特别注意下列情况 （1）信用证中规定有关款项须在向银行交单后若干天内或见票后若干天内付款等情况。对此，应检查此类付款时间是否符合合同规定或企业的要求 （2）信用证在国外到期 ① 规定信用证在国外到期，有关单据必须寄送国外，由于自己无法掌握单据到达国外银行所需的时间，并且容易延误或丢失，有一定的风险，通常要求在国内交单付款 ② 在来不及修改的情况下，必须提前一个邮程（邮程的长短应根据地区远近而定），以最快的方式寄送 （3）如果信用证中的装期和有效期是同一天即通常所称的"双到期"，在实际业务操作中，应将装期提前一定的时间（一般在有效期前10天），以便有合理的时间来制单结汇
	信用证的金额、币制	检查信用证的金额、币制是否符合合同相关规定，主要包括 （1）信用证的金额是否正确 （2）信用证的金额应与事先协商的一致 （3）信用证中的单价与总值要准确，大小写也要一致 （4）如数量上可以有一定幅度的伸缩，那么信用证也应规定在支付金额时允许有一定幅度 （5）如果在金额前使用了"大约"一词，其意思是允许金额有10%的伸缩 （6）检查币制是否正确
	货物数量	检查信用证的货物数量是否与合同相关规定一致，应注意以下事项 （1）除非信用证规定数量不得有增减，否则在付款金额不超过信用证金额的情况下，货物数量可以有5%的增减 （2）以上提到的货物数量可以有5%增减的规定一般适用于大宗货物，对于以包装单位或以个体为计算单位的货物不适用

（续表）

项目		要点
专项审核	价格条款	检查信用证的价格条款是否符合合同相关规定
	装货期	检查有关规定是否符合要求，超过信用证规定装期的运输单据将构成不符点，银行有权不付款。检查信用证规定的装货期应注意以下事项 （1）能否在信用证规定的装货期内备妥有关货物并按期出运。若收到来证时，装货期太近，无法按期装运，应及时与客户联系修改 （2）实际装货期与交单期时间相距太近 （3）对于信用证中规定的分批出运的时间和数量，应注意能否办到；否则，任何一批未按期出运，以后各期即告失效
	装运项目	（1）检查货物是否允许分批出运。除信用证另有规定外，货物是允许分批出运的。如信用证中规定了每一批货物出运的确切时间，则必须按此照办；如不能办到，必须修改 （2）检查货物是否允许转运。除信用证另有规定外，货物是允许转运的
	单据项目	要注意单据由谁出具、能否出具、信用证对单据是否有特殊要求、单据的规定是否与合同相关条款一致等
	费用条款	（1）信用证中规定的有关费用（如运费或检验费等）应事先协商一致；否则，对于额外的费用，原则上不应承担 （2）银行费用如事先未商定，应以双方共同承担为宜
	信用证规定的文件	检查信用证规定的文件能否提供或及时提供，主要包括 （1）一些需要认证的特别是需要使馆认证的单据能否及时办理和提供 （2）由其他机构或部门出具的有关文件，如出口许可证、运费收据、检验证明等，能否提供或及时提供 （3）信用证中指定船龄、船籍、船公司或不准在某港口转船等条款，能否办到
	陷阱条款	下列信用证条款是很有可能存在陷阱的条款，具有很大的风险，应特别注意 （1）正本提单直接寄送客人的条款。如果接受此条款，将随时面临货款两空的危险 （2）将客检证作为议付文件的条款。接受此条款，受益人正常处理信用证业务的主动权会很大程度地掌握在对方手里，影响安全收汇
	对信用证批注的审核	对信用证上用铅字印好的文句内容和规定，特别是信用证空白处、边缘处加注的字句、缮写或橡皮戳记加注字句应特别注意

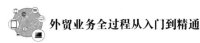

（续表）

项目		要点
专项审核	信用证是否受约束	明确信用证受国际商会《跟单信用证统一惯例》的约束，以使企业在具体处理信用证业务中有一个公认的解释和理解，避免因对某一规定的不同理解而产生争议

四、信用证的修改

信用证的修改是基于审证中发现的问题进行的，凡发现不符合我国外贸政策、影响合同履行和安全收汇的内容，必须要求进口商通过其开证行进行修改，并坚持在收到银行修改通知书后才能对外发货，以免造成出口业务工作的被动和经济损失。

（一）信用证的修改情形

如果按信用证的审核要点进行审核，外贸企业发现有任何遗漏或差错，那么应该就下列各点采取必要的措施。

（1）不修改信用证，而考虑能否通过更改计划或单据内容进行修改。

（2）一旦发现需要进行修改的情形，就必须立即采取相应措施，提出修改申请。

信用证的修改情形如表 3-11 所示。

表 3-11　信用证的修改情形

类别	具体内容	原因
需要修改的情形	来证标明是"REVOCABLE"（可撤销的）信用证	根据《跟单信用证统一惯例》的规定，受益人只能接受不可撤销的信用证，否则收汇无保障
	受益人及开证人名称、地址有严重错漏	与合同不一致，影响合同的履行，必须进行修改
	信用证内容与合同不符	（1）若来证所列商品名称、规格型号、单价或作价办法、包装、唛头等内容与合同明显不符，要改证 （2）来证金额不足或使用币种与合同规定不符 （3）来证所用贸易术语与合同不符

（续表）

类别	具体内容	原因
需要修改的情形	信用证内容与合同不符	（4）若合同使用的贸易术语为 CFR，但来证却要求受益人办理保险的，则要求对方修改 （5）来证规定的装运港、目的港与合同规定不符 （6）来证的装船期距离有效期太短或我方收到来证后估计所余时间不够备货订舱和调运货物 （7）来证有效到期地点不在受益人所在国的，必须改证，否则对受益人非常不利 （8）来证所列的保险条款、商检方法等与合同不符 （9）若来证所列的特别条款属于"软条款"，即"陷阱"条款，对我方不利或办不到
	要求将信用证展期	（1）由于货源或船期等出现问题，需要展期 （2）由于市场或销售情况发生变化，如无法按期装货
	要求改变投保险别和装运条件等	进口国的经济形势或政治局势出现风险，使出口风险增加，必须修改信用证
可以不修改的情形	字母、单词的拼写错误	一般的拼写错误不会造成信用证当事人对重要信息的误解或不同解释，在制单时将错就错照来证拼写，但须在其后面括号中补上正确的拼写
	未显示允许分批装运和转运	根据《跟单信用证统一惯例》的规定，除非信用证另有规定，允许分批装运和转运
	未规定交单期限	依据《跟单信用证统一惯例》的规定，如未规定交单期，银行将不接受晚于装运日 21 天后提交的单据
	信用证的延迟生效	（1）如果来证有"本证暂未生效""本证须在开证申请人获得进口许可证后方始生效"之类条款的，不必改证 （2）可把来证放入"待生效"卷宗内，待对方通知生效后再使用
	装运数量不符	可以只修改单证，在制单时可按照信用证填写数量，但要在后面括号内注明实际装运数量
	特殊情形	（1）进口方提出具有国家或民族特色的条款时，不必改证 （2）出口方在托运时必须把此条款显示在托运单的"特约事项"栏上，让外运公司按此要求配船并由船公司出具有关证明，附在结汇单据中交单结汇即可

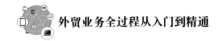

（二）拟写改证函

要求对方修改信用证时，外贸业务员必须拟写一份改证函。规范的改证函主要包括以下三方面内容：

（1）感谢对方开来信用证；

（2）列明不符点并说明如何修改；

（3）感谢对方合作，并希望信用证修改书早日开到。

（三）信用证修改的注意事项

（1）凡是需要修改的内容，应一次性向对方提出，避免多次修改信用证的情况。

（2）对于不可撤销信用证中任何条款的修改，都只有取得当事人的同意后才能生效。

（3）对信用证修改内容的接受或拒绝，应以明确的通知或实际行动来表示。

（4）收到修改完的信用证后，应及时检查修改内容是否符合要求，并分情况表示接受或重新提出修改。

（5）对于修改内容要么全部接受，要么全部拒绝。部分接受修改中的内容是无效的。

（6）有关信用证的修改必须通过原信用证通知行才真实、有效，客户直接寄送的修改申请书或修改书复印件不是有效的修改。

（7）要明确修改费用由谁承担。一般按照责任归属来确定修改费用由谁承担。

第四节　备货

备货是根据出口合同及信用证中有关货物的品种、规格、数量、包装等的规定，按时、按质、按量地准备好应交的出口货物，并做好申请报检和领证工作。一般来说，所有出货前的各项工作都属于备货的业务范围。

一、安排生产

安排生产分两种情况：一种是外贸企业有自己的工厂，另一种是直接向供货公司订货。

（一）自己有工厂时的生产安排

在确认订单后，外贸业务员要根据同客户所签订的合同，把客户的要求在生产通知单中列明。

在将客户订单转化为生产通知单时，外贸业务员必须明确客户订单中的产品名称、规格、型号、数量、包装要求、出货时间，各项信息都不得有差错，更要在生产通知单中注明特殊要求。只有这些资料明确、清晰，各相关部门才能凭此安排备料生产，做好生产计划。

在打印好生产通知单后要将其提交给主管或经理确认，签字确认后下发到生产部。如有可能，在每次下发生产通知单时，外贸企业应召集相关部门主管开会，由负责此订单的业务员再次向其他部门讲解订单的详细要求，使与订单相关的部门能充分了解情况。这样在以后的工作中如某方面有所失误，其他人也可以给予指正。

（二）与国内生产企业签订供货合同

如果外贸企业没有自己的生产工厂，那么外贸业务员就要积极寻找生产企业，并与之签订供货合同，并做好跟催工作。

二、生产跟踪

为了使订单产品能保质、保量地在合同与信用证规定的交货期内装运出港，外贸业务员必须跟踪生产进度。

（一）跟踪生产进度的工具

外贸业务员在下发生产通知单或与生产工厂签订加工合同后，为了更好地把控进度，必须要求对方提供一份"生产进度安排表"（见表3-12），然后根据该表对生产情况进行全面的跟踪。

表 3-12　生产进度安排表

订单号：

序号	产品名称	产品型号	订单数量	交货日期	拟生产日期	实际完成日期	备注

制表人：　　　　　　　　　　　审批：

同时，外贸业务员应通过生产管理部的生产日报表了解每天完成的成品数量，对生产进度加以跟踪控制，最好制作一个跟踪表格，具体如表3-13所示。

表 3-13　生产情况跟踪表

客户名称：　　　　　　　下单日期：　　　　　　　生产安排日期：

产品型号/规格	订单数	指定完工日期	实际生产					
			日期	生产数	累计	日期	生产数	累计

在生产过程中，如有意外情况不能满足客户的要求时，外贸业务员一定要及时将情况反映到企业高层，以找到解决的办法。同时，为了跟踪产品的质量问题，有时候，外贸业务员要亲自到生产车间去检查产品质量、查阅产品质量检查报告。外贸业务员应多与各生产部门沟通，让它们能更明确地了解客户的意图，使生产更顺利，更好地满足客户的需求。

（二）客户供料跟催

有的客户要求使用自己的物料，如彩盒、说明书或贴纸等。在这种情况下，外贸业务员一定要跟紧客户的供料。

当收到客户寄来的物料后，外贸业务员需开立一张"客户供料通知单"（见表3-14），交仓管点数、品管验收。"客户供料通知单"应包括客户名称、订单号、数量、品名、交货日期、交货方式、制损要求、客户检验报告、客户检验规范、检验仪器等内容。

表 3-14　客户供料通知单

制表人：　　　　　　　　　　　　　　　　　　　　　　　　日期：

客户名称		订单号		数量	
品名		交货日期			
交货方式：					

（续表）

制损要求：
客户检验报告：
客户检验规范：
检测仪器：
备注：

当品管提出物料有异常时，需填写"客户供料异常处理单"。"客户供料异常处理单"应包括相关单号、品名、数量、异常内容、客户回文处理、实际处理等内容。填制此单后，外贸业务员将其传真给客户处理。

表 3-15 客户供料异常处理单

至： 　　　　从： 　　　　　　　　　□特急件 □急件 □一般件

客户名称		相关单号		品名		品号	
		数量		交货日期			
异常内容： 　　　　　　　　　　　　　　　　审查： 　　　填表：							
客户回文处理： 　　　　　　　　　　　　　　　　客户签字：							
实际处理： 　　　　　　　　　　　　　　　　审查： 　　　填表：							
备注：（1）特急件请客户 2 小时内回复 　　　　（2）急件请客户 8 小时内回复 　　　　（3）一般件请客户 24 小时内回复							

（三）客户订单变更的处理

客户下单后，有时会发生临时更改订单的情况，如更改数量、型号、包装要求。

1. 确认更改

外贸业务员收到客户的更改通知后，应先确认更改内容是什么、工厂能否接受、工厂现有生产条件能否满足。如果是工厂不能完成的修改，则要同客户协商采用其他方法或本批货不修改。

2. 书面通知相关部门

如果是工厂可以完成的修改，那么外贸业务员应第一时间以书面的形式把更改的内容通知相关部门，特别是生产部。

（1）在订货通知单发出后，如客户临时有数量、交期或技术要求等变更要求，外贸业务员应另行填写"订货变更通知单"（见表3-16），并依上述要求分发至各单位。

表3-16　订货变更通知单

No.

客户		订单批号		订货通知单号码	
变更原因说明					
项目	变更前		变更后		备注
产品名称					
规格／型号					
单位					
订货数量					
交货期					
其他					
说明					
核准人		审核人		填表人	

（2）变更后的订货通知单应加盖"已修订"字样，并标记取消原订货通知单的号码。外贸业务员应在分发新单的同时回收旧单，以免发生混淆。

> 在订货通知单发出后，如客户取消订单，则应发出"订货变更通知单"，通知各部门订单取消的信息，并回收原发出的订货通知单。

（3）如果是客户修改订单的产品型号、规格，则视同原订单变更，依变更流程处理，外贸业务员应根据新订单发出"订货变更通知单"。

（四）交货期延误的处理

当发现有交货期延误的迹象时，外贸业务员应立刻与客户联系，寻求妥善的解决办法。

1. 己方工厂原因

如果是己方工厂的原因，比如因待料、技术等问题导致延迟出货，外贸业务员应先从生产管理部了解新的交货期，再以传真或电话的方式告知客户，在取得客户同意之后，更改订单交货期。如果客户不同意交货期延迟，或者取消订单，外贸业务员可与客户协商工厂负担部分运费或其他杂费，即通过做出让步以取得客户的同意。

2. 部分订单客户供料不及时

例如，当客户未提供应提供的包装材料、网印材料时，外贸业务员应以电话或传真的方式追踪客户的材料。

三、申领出口许可证

出口许可证是国家实行配额商品管理的出口证件。根据我国相关规定，出口许可证管理范围内的商品必须在货物出口前向出口许可证管理部门取得货物出口许可，于货物出口报关时向海关提供出口许可证，否则海关不接受其报关。出口许可证申领程序如图3-1所示。

| 第一步 | 查阅出口商品是否需要申领出口许可证 |

明确出口商品是否属于出口许可证管理范围内的商品，以及该商品属于哪一级发证机关发证。企业可查看由中国工商出版社出版，商务部世界贸易组织编写的《中华人民共和国进出口贸易管理措施：进出口关税及其他管理措施一览表》，先确定商品的海关编码（H.S. 编码），然后检索该编码项商品的具体海关监管条件，如果显示海关监管条件为"4"，即说明需申办出口许可证

| 第二步 | 填写申请表 |

凡申领出口许可证的单位，应根据要求如实填写出口许可证申请表

| 第三步 | 提交申报 |

填写好出口许可证申请表后，要盖上公章，然后连同出口合同复印件（一份）及相应的资料，向有权签发该商品出口许可的机关提交申报手续

| 第四步 | 领证 |

发证机关在申请表送交后的三个工作日内，签发《中华人民共和国出口许可证》，一式四联，将第一、二、三联交领证人，由领证人凭证向海关办理货物出口报关和银行结汇手续。在此过程中，发证机关会收取一定的办证费用。领证人应在三个工作日内完成交费、领证。

图 3-1　出口许可证申领程序

四、办理原产地证书

原产地证书是出口国政府有关机构签发的证明货物原产地和制造地的证明文件。它是进口国海关实行差别关税，实施进口税率和进口配额等不同国别政策的依据。原产地证书一般分为一般原产地证书和普惠制原产地证书。

办理原产地书证应遵循以下程序。

（一）第一次办理须注册

如果是第一次办理，首先需要外贸企业在商检局或贸易促进委员会注册。至于所需文件，

外贸业务员可以先到各个部门网站上面了解，或直接打电话到各地相关部门咨询。具体而言，申请单位须提供及填写以下文件资料：

（1）由工商行政管理部门颁发的当年有效的或经年审通过的营业执照正本或副本复印件1份；

（2）企业进出口经营权相关文件复印件1份；

（3）企业法人组织机构代码证书复印件1份；

（4）中华人民共和国出口货物一般原产地证书注册登记表；

（5）会员入会申请表；

（6）注册报告。

（二）申请签证

在本批货物出运前5日到商检机构办理申请事宜。外贸业务员在申请时一般应提交：

（1）普惠制原产地证书申请书1份；

（2）出口商业发票（副本）1份；

（3）装箱单1份；

（4）普惠制产地证书1套；

（5）对含有进口成分的出口商品申请签证，申请人应填写"含进口成分商品成本明细单"；

（6）商检机构认为有必要提供的其他有关单证（如信用证、合同等），须予以提供并如实解答商检机构提出的有关问题。

对首次申请签证的单位，商检机构将派专员到生产现场做例行调查。

对非首次申请签证的单位，商检机构对申报内容有疑问，或认为有必要时，也可派员对产品的生产企业进行抽查。

做好上述调查后，商检机构将填写"出口企业（或生产厂）普惠制签证调查记录"，以此作为是否同意签证的依据。被调查或抽查的单位有义务积极协助商检机构进行核查，提供必要的资料、证件和工作条件。

（三）签发证书

商检机构在调查或抽查的基础上，逐一审核申请单位提交的有关单证，审核无误后签发普惠制原产地证书，交申请单位。

第五节　办理商品检验

在货物准备齐全之后、交付之前，外贸企业应针对不同商品的情况和出口合同的规定，将出口货物报送相关机构检验。

一、确定报检商品

在办理商品检验前，外贸业务员必须确定出口商品是否需要进行申报。具体可从以下两方面进行。

（一）合同规定

在与国外客户签订的合同中，有些客户会要求出口商（卖方）出具国际权威商品检验机构或其本国设在出口国的特定检验机构的检验证书作为必要的单据。

出现以上情形时，出口企业应在货物装运前主动联系上述相关机构，并积极配合其检验，以获得检验证书。具体应做好以下工作：

（1）填写检验申请单，并提供相关单证、资料；

（2）在规定的时间、地点配合相关机构检验；

（3）领取合格的商检证书。

（二）法定检验

凡属国家规定，或者合同规定必经中国进出口商品检验局检验出证的商品，在货物备齐后，应向商品检验局申请检验，只有取得商检局颁发的检验合格证书，海关才准放行。

外贸业务员可以通过查看《中华人民共和国进出口贸易管理措施：进出口关税及其他管理措施一览表》，如果该商品的海关监管条件为"B"，即说明该商品为法定检验商品。

根据相关规定，出口商品及其运载工具的法定检验报验范围如下：

（1）列入"商检机构实施检验的进出口商品种类表"（以下简称"种类表"）的出口商品；

（2）出口食品及出口动物产品；

（3）出口危险货物包装容器；

（4）装运出口的易腐烂变质食品或冷冻品的集装箱、船舱、飞机、车辆等运载工具；

（5）其他法律、行政法规规定必须检验的出口商品。

商品免验

根据《进出口商品免验办法》的规定，凡列入"种类表"和其他法律、行政法规规定须经商检机构检验的出口商品，经收货人、发货人（申请人）申请，国家商检部门审查批准，可以免予检验。

1. 申请免验的条件

申请出口商品免验应当符合以下条件：

（1）商品质量应当长期稳定，在国际市场上有良好的质量信誉，无属于生产企业责任而引起的质量异议、索赔和退货，检验检疫机构检验合格率连续 3 年达到百分之百；

（2）应当有自己的品牌，在相关国家或地区同行业中，产品档次、产品质量处于领先地位；

（3）企业的质量管理体系应当符合 ISO 9000 质量管理体系标准，或者与申请免验商品特点相应的管理体系标准要求，并获得权威认证机构认证；

（4）企业应当具有一定的检测能力。

此外，出境的样品、礼品、暂准出境的货物及其他非贸易性物品，免予检验。

2. 不准申请免验的商品

下列出口商品不能申请免验：

（1）食品、动植物及其产品；

（2）危险品及危险品包装；

（3）品质波动大或散装运输的商品；

（4）需出具检验检疫证书或依据检验检疫证书所列重量、数量、品质等计价结汇的商品。

二、准备报检单证、资料

外贸业务员在提交报检申请前，必须将所需要的单证、资料等准备齐全。对于不同的商品，报检时要求的资料可能不一样，因此外贸业务员在准备时一定要细心。具体应提供的单证、资料如图3-2所示。

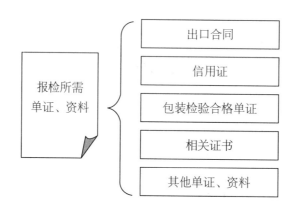

图3-2 报检所需单证、资料

（一）出口合同

出口合同（或售货确认书）是双方达成交易的书面确认文件，在报检时要提供其复印件或副本，必要时提供原件。有补充协议的要提供补充的协议书，有修改的要提供修改书。

（二）信用证

信用证是报检必备单证，必须依据要求提交其复印件或副本，必要时提供原件。如果有修改，要提供信用证的修改书或更改的函电。

（三）包装检验合格单证

凡属危险或法定检验范围内的商品，外贸企业在申请品质、规格、数量、重量、安全、卫生检验时，必须提交商检机构签发的出口商品包装性能检验合格单证，商检机构凭此受理上述各种报检手续。

（四）相关证书

属于必须向商检机构办理卫生注册和出口商品质量许可证的商品，外贸企业在报检时必须提供商检机构签发的卫生注册证书或出口质量许可证和厂检合格单。冷冻、水产、畜产品和罐头食品等须办理卫生相关证书时，必须交付商检机构签发的卫生注册证书和厂检合格单。

（五）其他单证、资料

其他单证、资料主要包括以下几种。

（1）样品。如果合同规定凭样品成交，外贸企业必须提供经国外买方确认的样品一份。

（2）经发运地商检机构检验合格的商品，需在口岸申请换证的，外贸企业必须交付发运地商检机构签发的"出口商品检验换证凭单"（简称"换证凭单"）正本。

（3）第一次检验不合格，经返工整理后申请重新检验的，外贸企业应交付原来的商检机构签发的不合格通知单和返工整理记录。

（4）经生产经营部门检验的，外贸企业应提交其检验结果单。

（5）申请重量／数量鉴定的，外贸企业应交付重量明细单、装箱单等资料。

（6）申请积载鉴定、监视装载的，外贸企业应提供配载图、配载计划等资料。

三、填写出口货物报检单

出口货物报检单按统一要求预录入，并加盖报检单位公章或已向检验检疫机构备案的报检专用章。报检前，报检人员应认真审核出口货物报检单，其申报内容必须与报检随附单证一致，并在"报检人声明"一栏中签字确认。

报检人员必须如实填写出口货物报检单，并且要保持报检单的整洁，不能涂改，具体的填写要求如下。

（1）每张出口货物报检单中一般只填写一批商品。

（2）申请的日期、时间必须准确无误。

（3）所有应填写的项目应填写齐全、译文准确、中英文内容一致。

（4）对于证书类别，属于两个以检验鉴定项目的，需区分是单独出证还是合并出证，这需要在备注栏内写明。

（5）证书的文种、份数等都要写清楚。

（6）如果对检验证书的内容有特殊要求，也应在报检单上申明。

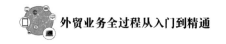

四、领证、审证

外贸企业在向商检局提交申请并配合检验后，商检局会根据检验结果发放证书。

（一）领取证书

外贸企业要在规定的日期内领取检验合格证书，领取时应注意以下事项。

（1）申请人申请出具品质证书时，不需要在"出口商品报关单"上加盖放行章或出具"出口商品放行单"，只需凭品质证书上标有"此副本仅供通关用"字样的副本报关。

（2）对中俄、中缅、中越等边境贸易的出口商品，则凭品质证书正本加盖"边境贸易"印章通关。

（二）审核证书

领取证书后，外贸业务员要立即校对证书份数、证书内容等。证书日期应早于提单日期。证书内容与结汇有关单证要一致，如有不一致的应及时提出，查明原因，由商检机构配合解决。已取得商检证书的商品应在规定的期限内发运出口，超过期限的应将原发商检证书全部退回，重新申请报验。一般商品在单证签发之日起 60 天内装运出口，鲜活类商品为 2 周。

第六节　办理保险

我国出口货物一般采取逐笔投保的办法。按 FOB 或 CFR 术语成交的出口货物，卖方无办理投保货运保险的义务。按 CIF 或 CIP 等术语成交的出口货物，卖方负有办理货运保险的责任，一般应在货物从装运仓库运往码头或车站之前办妥投保手续。

一、不同成交方式下的保险

（一）FOB 或 CFR 条件下的保险

按 FOB 或 CFR 条件成交的，保险由买方办理，但卖方在履行交货之前，在货物自仓库到装船这一段时间内，仍承担货物可能遭受意外损失的风险，需要自行安排这段时间内的货运保险事宜。

（二）CIF 条件下的保险

我方出口合同，大多以 CIF 方式成交，由我方向保险公司投保。外贸企业一般在完成托运手续并取得配舱回单后，即可办理保险手续。

二、具体的投保手续

具体的投保手续如下。

（一）准备单证

单证包括信用证、外贸发票、货运提单、装箱单等。

（二）计算保险金额与保险费

1. 保险金额

按照国际保险市场的习惯做法，出口货物的保险金额（Insured Amount）一般按 CIF 货价另加 10% 计算，这增加的 10% 叫保险加成，也就是买方进行这笔交易所付的费用和预期利润。保险金额的计算公式是：

$$保险金额 = CIF货价 \times （1 + 保险加成）$$

2. 保险费

投保人按约定方式缴纳保险费（Premium）是保险合同生效的条件。保险费率（Premium Rate）是由保险公司根据一定时期、不同种类的货物的赔付率，以及不同险别和目的地确定的。保险费则根据保险费率表的费率来计算，其计算公式是：

$$保险费 = 保险金额 \times 保险费率$$

如按 CIF 货价和保险加成计算，上述公式可更改为：

$$保险费 = CIF货价 \times （1 + 保险加成） \times 保险费率$$

（三）投保人填制保单

（1）投保人先填制"运输险投保单"（见表 3-17）一式两份，一份由保险公司签署后交投保人，作为接受投保的凭证；另一份由保险公司留存，作为缮制保险单或保险凭证的依据。

表 3-17　运输险投保单

PICC　中国人民保险公司____分公司

The People's Insurance Company of China____Branch

货物运输保险投保单

APPLICATION FORM FOR CARGO TRANSPORTATION INSURANCE

被保险人：

Insured:_____

发票号（INVOICE NO.）

合同号（CONTRACT NO.）

信用证号（L/C NO.）

发票金额（INVOICE AMOUNT）_____投保加成（PLUS）_____%

兹有下列物品向中国人民保险公司　分公司投保。（INSURANCE IS REQUIRED THE FOLLOWING COMMODITIES：）

标　记 MARKS & NOS.	包装及数量 QUANTITY	保险货物项目 DESCRIPTION OF GOODS	保险金额 AMOUNT INSURED

总保险金额：

TOTAL AMOUNT INSURED: _____

启运日期　　　　　　　　　　　　　　装载运输工具：

DATE OF COMMENCEMENT_____ PER CONVEYANCE: _____

自　　　　　　　　　　经　　　　　　　　　　至

FROM_____VIA_____TO_____

提单号：　　　　　　　　　　赔款偿付地点：

B/L NO. _____ CLAIM PAYABLE AT_____

投保险别 :（PLEASE INDICATE THE CONDITIONS &/OR SPECIAL COVERAGES）

_____

费率 保费
RATE_____PREMIUM _____

请如实告知下列情况 :（如"是"在 [ ] 中打"×"）IF ANY，PLEASE MARK "×":
1. 货物种类 袋装 [ ] 散装 [ ] 冷藏 [ ] 液体 [ ] 活动物 [ ] 机器 / 汽车 [ ]
 GOODS BGA/JUMBO BULK REEFER LIQUID LIVE ANIMAL MACHINE/AUTO
 危险品 [ ]
 DANGEROUS CLASS
2. 集装箱种类 普通 [ ] 开顶 [ ] 框架 [ ] 平板 [ ] 冷藏 [ ]
 CONTAINER ORDINARY OPEN FRAME FLAY RAFRIGERATOR
3. 转运工具 海轮 [ ] 飞机 [ ] 驳船 [ ] 火车 [ ] 汽车 [ ]
 BY TRANSIT SHIP PLANE BARGE TRAIN TRUCK
4. 船舶资料 船籍 船龄
 PARTICULAR OF SHIP RIGISTRY_____ AGE_____

_____

备注 : 被保险人确认本保险合同条款和内容已经完全了解。 投保人（签名盖章）APPIOCANT'S SIGNATURE
THE ASSURED CONFIRMS HEREWITH THE TERMS AND
CONGITIONS THESE INSURANCE CONTRACT FULLY
UNDERSTOOD。
 _____

 电话（TEL.）：
 地址（ADD.）：
投保日期（DATE）：_____

_____

 本公司自用（FOR OFFICE USE ONLY）
费率 保费
RATE PREMIUM
经办人 核保人 负责人 联系电话： 承保公司盖章
 TEL INSURANCE COMPANY'S SIGNATURE

（2）提交投保单，交纳保险费。

（四）保险公司签发保险单

保险公司根据投保内容，签发保险单或保险凭证。

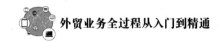
（五）领取保险单，进行认真审核

在保险公司出具保险单证后，投保人应认真审核，如发现投保内容有错漏或需变更，应向保险公司及时提出批改申请，由保险公司出立批单，粘贴在保险单上并加盖骑缝章，保险公司按批改后的条件承担责任。

第七节　出口报关

在进出口贸易的实际业务中，绝大多数是卖方负责出口货物报关，买方负责进口货物报关。按照我国相关规定，凡是进出国境的货物，必须经由设有海关的港口、车站、国际航空站，并由货物所有人向海关申报，经过海关放行后，货物才可提取或装船出口。

出口报关的实施流程如下。

一、做好报关准备

在报关前，报关员要将出口货物与相关单证准备齐全。

（一）单证准备

为了做到如实申报，报关员在报关时须认真准备、检查申报必备的单证，并按不同的贸易方式和出口商品递交不同的单证，并使提交的单证齐全、合法、有效。主要的单据包括：

（1）由报关员自行填写或由报关预录入人员录入后打印的报关单（格式以海关的要求为准）；

（2）合同；

（3）出口载货清单；

（4）装运单（俗称下货单）；

（5）代理报关授权委托协议；

（6）出口货物属于国家限制出口或配额出口的，应提供许可证件或其他证明文件；

（7）货物的发票、装箱单；

（8）商检部门签发的证明；

（9）其他海关监管条件所涉及的各类证件。

（二）货物准备

目前海关实行货到报关政策，因此提前将出口货物准备好是顺利通关的必要条件。如果是工厂送货，可将货物发运到承运人指定的集装箱中转站，由中转站负责将货物依次装入集装箱。如果要求厂装，则承运人可将空箱运至出口方的仓库，在将货物装箱之后，直接将集装箱运至堆场。企业应派人到现场查看装货情况，并要求集装箱中转站按出口方的装箱方式装货。这样在一定基础上，能防止短装或错装，从而为顺利通关奠定基础。

二、申请报关

根据《中华人民共和国海关法》的规定，出口货物的发货人或其代理人应在货物的出境地向海关申报，可使用纸质报关单和电子数据报关单的形式进行申报。海关系统大都安装使用了电子口岸系统，下面主要对电子报关进行说明。

（一）自理报关

如果自理报关，报关员就要自行登录相关网站，并按照相应的操作流程进行申报。

1. 自理报关的流程

自理报关的流程如图3-3所示。

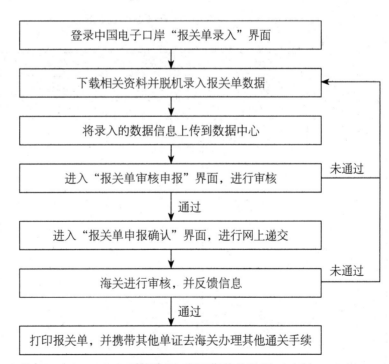

图3-3　自理报关的流程

2.填写报关单

报关单填写质量如何,直接关系到报关的成功与否。报关员在具体填写时应保证所有内容与装箱单、发票、合同内容一致,做到单单相符,货物品名与其商品编码相符,数量及单位与该出口货物的海关统计单位一致。

(二)委托报关

需要委托专业或代理报关企业向海关办理申报手续的,在拖柜的同时要将报关所需资料(装箱单、发票、装柜清单)交给合作报关行,委托其进行出口报关及做商检通关换单,通常要给报关留出两天时间(船截关前)。接受委托的专业报关企业或代理报关企业要向委托企业收取正式的报关委托书,报关委托书以海关要求的格式为准。

【范本】装箱单

....

装箱单
PACKING LIST

Attn:

唛头	包装描述	商品编号/名称	数量	件数	净重	毛重
Shipping Mark	Packing Description (cm)	Number / Name	Quantity (Unit)	PKG	Net Weight (kgs)	Gross Weight (kgs)
合计						

【范本】发票

INVOICE
发　票

编号 NO:

Attn:　　　　　　　　　　　　　　　　　　　　　　　日期 Date:

编号 NO.	货物名称规格 Commodity, Specifications	数量 (个) Quantity	单价 Unit Price($) Ex−Work	合计 Amount ($) Ex−Work
1 2 3 4 5				
	总计 : TOTAL AMOUNT(USD): SAY TOTAL US DOLLAR ONLY.		USD	

【范本】装柜清单

装柜清单

货物名称		货物编号		货物数量	
口岸		船公司		船开截关时间	
船号		柜号		柜型及数量	

【范本】代理报关委托书

代理报关委托书

编号 :

_____ :

　　我单位现_____（A. 逐票　B. 长期）委托贵公司代理_____等通关事宜。（A. 填单申报　B. 辅助查验　C. 垫缴税款　D. 办理海关证明联　E. 审批手册　F. 核销手册　G. 申办减免税手续　H. 其他）详见《委托报关协议》。

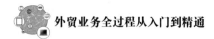

我单位保证遵守《中华人民共和国海关法》和国家有关法规,保证所提供的情况真实、完整,单货相符。否则,愿承担相关法律责任。

本委托书有效期自签字之日起至____年__月__日止。

委托方(盖单):

法定代表人或其授权签署《代理报关委托书》的人(签字)

年 月 日

- -

委托报关协议

为明确委托报关具体事项和各自责任,双方经平等协商签订协议如下:

委托方		被委托方		
主要货物名称		★报关单编码	No.:	
H.S.编码 □□□□□□□□□		收到单证日期	年　月　日	
货物总价		收到单证情况	合同□	发票□
进出口日期	年　月　日		装箱清单□	提(运)单□
提单号			加工贸易手册□	许可证件□
贸易方式			其他:	
原产地/货源地		报关收费	人民币:　　　　元	
其他要求:		承接说明:		
背面所列通用条款是本协议不可分割的一部分,对本协议的签署构成了对背面通用条款的同意。		背面所列通用条款是本协议不可分割的一部分,对本协议的签署构成了对背面通用条款的同意。		
委托方业务签单: 经办人签章: 联系电话:　　　　年　月　日		被委托方业务签单: 经办人签章: 联系电话:　　　　年　月　日		

(白联:海关留存。黄联:被委托方留存。红联:委托方留存)中国报关协会监制

三、配合海关查验

查验是指海关在接受报关单位的申报后，依法对出口货物进行实际的核查，以确定其报关单证申报的内容是否与实际进出口的货物相符的一种监管方式。

（一）了解查验地点

海关一般在海关监管区内的进出口口岸码头、车站、机场、邮局或海关的其他监管场所查验货物。对进出口大宗散装货、危险品、鲜活商品、落驳运输的货物，经进出口收发货人的申请，海关也可结合装卸环节，在作业现场予以查验放行。在特殊情况下，如成套设备、精密仪器、贵重物资、急需急用的物资及"门到门"运输的集装箱货物等，经进出口收发货人或其代理人的申请，海关审核同意，也可派专员在规定的时间到规定场所以外的工厂、仓库或施工工地查验货物。

（二）查看验货记录

海关查验货物后，均要填写一份验货记录，一般包括查验时间、地点、进出口货物的收发货人或其代理人名称、申报的货物情况、货物的运输包装情况（如运输工具名称、集装箱号、尺码和封号）、货物的名称、规格型号等。

（三）注意事项

发货人在配合海关查验时，应注意以下事项。

（1）海关查验进出口货物时，发货人应当到场，并按照海关的要求搬移货物、开拆和重封货物的包装等。

（2）在海关查验时，发货人随时答复海关查验人员提出的问题或提供海关需要的相关单证，配合海关的查验监管活动。

（3）若海关在查验中发现违规情形，发货人应积极配合海关进行调查。

（4）对要求海关派专员到监管区域以外的地点办理海关手续的，发货人要事先向海关办理申请手续。

（5）对海关在查验进出口货物的过程中造成货物损坏的，发货人应向负责查验的海关提出赔偿的要求，并办理有关手续。

四、缴纳关税和有关税费

根据《中华人民共和国海关法》的有关规定，除国家另有规定外，均应对进出口的货物征收关税。关税由海关依照海关进出口税则征收。对于需要征税费的货物，海关自接受申报1日内开出税单，并于缴核税单2小时内办结通关手续。

（1）经海关审核报关单，并查验货物无误后，海关根据申报的货物计算税费并打印纳税缴款书和收费票据。

（2）发货人或其代理人应在限定的时间内（收到缴款书后15日内）凭海关签发的缴税通知书和收费单据向指定银行缴纳税费，或在网上进行电子支付，以便海关在出口装货单上盖"海关放行章"，出口货物的发货人凭此装船起运出境。

五、办理货物放行

待以上手续都完整地办理完毕，海关就会放行货物。报关员持放行员办理过的全部单据办理实物放行手续。

放行意味着进出口货物可解除海关现场监管，尤其是一般贸易进出口货物，海关放行即结关，海关在口岸放行是对整个监管程序进行复核的重要环节，复核内容有：

（1）通关程序是否合法，手续是否齐全，各项签章是否完整、有效；

（2）申报单证是否齐全、有效，有无遗漏；

（3）海关查验进出口货物的记录和批注是否准确、符合规范；

（4）应税、应费进出口货物缴纳税费的情况；

（5）属于担保放行或缓税处理的进出口货物的手续的合法性；

（6）有关监管货物的登记、备案记录是否完整、正确；

（7）对构成违规行为的是否已经处罚。

海关放行后，在浅黄色的出口退税专用报关单上加盖"验讫章"和已向税务机关备案的海关审核出口退税负责人的签章，退还报关单位。

如何办理退关

退关又称出口退关，是指出口货物在向海关申报出口后被海关放行，但因故未能装上运输工具，发货人请求将货物退运出海关监管区域不再出口的行为。

一、退关申报

申请退关货物的发货人应当在退关之日起三日内向海关申报退关原因，经海关核准后方能将货物运出海关监管场所。对于已征出口税的退关货物，发货人可以在缴纳税款之日起一年内提出书面申请，陈述理由并连同纳税收据向海关申请退税。

二、退关处理

若全部货物未出口，经海关审批后，按退关处理，发货人重新办理出口报关手续。若部分货物未出口，海关对原申报出口的货物做全部退关处理，然后再对实际出口的货物办理重新报关手续。

第八节　制单结汇

在结关放行并且货物已运往客户后，外贸业务员接下来就要协助单证员制作、审核各种单据，准备付汇结汇。

一、备齐结汇所需的单证

在办理结汇时，外贸企业需要提供各种单证，外贸业务员要协助做好单证的准备工作。

（一）结汇单证的种类

结汇单证按照签发制作人的不同，可分为自制单据、官方单据和协作单据，具体如表3-18所示。

表3-18　结汇单证的常见种类

序号	类别	具体类型
1	自制单据	由出口商自己出具的单据，主要包括 （1）汇票 （2）发票 （3）装箱单 （4）受益人证明 （5）装船通知等
2	官方单据	官方单据是指需由官方部门签证的单据，包括商品检验证明书、一般原产地证书、普惠制原产地证书等
3	协作单据	由出口协作单位（如船公司、保险公司）出具的单证，具体如下 （1）提单 （2）船公司证明 （3）保险单

对于某一单具体业务的结汇工作究竟需要哪些单证，单证员需要根据合同和信用证的要求进行准备。单证员可以设计一个单据缮制情况跟踪表，每制完一单就在相应栏内画一个"√"，避免遗漏。具体如表3-19所示。

表3-19　××订单结汇单据缮制情况跟踪表

序号	单证名称	单证的特殊要求	所需份数	完成情况	单据日期	备注

（二）各种单据的日期关系

各种单据的签发日期应具有逻辑性，并符合国际惯例，通常提单日期是确定各单据日期的关键，汇票日期应晚于提单日期、发票日期等，但不能晚于信用证的有效期。各种单据的日期关系如下。

（1）发票日期应在各单据日期之首。

（2）提单日期不能超过信用证规定的装运期，也不得早于信用证的最早装运期。

（3）保单的签发日期应早于或等于提单日期（一般早于提单2天），不能早于发票日期。

（4）装箱单日期应等于或迟于发票日期，但必须在提单日期之前。

（5）原产地证书日期不早于发票日期，不迟于提单日期。

（6）商检证日期不晚于提单日期,但也不能早于提单日期,尤其是鲜货等容易变质的商品。

（7）受益人证明日期等于或晚于提单日期。

（8）装船通知日期等于或晚于提单日期后3天内。

（9）船公司证明日期等于或早于提单日期。

二、制作单证

（一）制作单证的总体要求

信用证是外贸业务中最常见、使用最广泛的结算方式，因此单证员在制作单证时，应确保单证整体满足"严格符合"的要求。

（1）单证一致。即所有单证的有关规定与信用证中的要求不能矛盾。

（2）单单一致。即信用证项下提供的所有单证的相关内容一致，不能彼此矛盾。

（3）单货一致。即单据上记载的内容应与实际货物内容一致。在信用证付款方式下，尽管是采取凭单付款的模式，但信用证是基于合同开立的，如果单货不一致会出现所交货物与合同不符的情形，从而产生违约责任。

（二）具体制作

单证员在具体制作各种单证时，应保证及时、简明和有序。

三、审单

在各种单证缮制或获取完毕后，单证员应进行仔细的审核，确保单证的最终质量及安全收汇。

（一）排列单据审核顺序

单证员将审单记录表放在桌面右边，把单据放在桌面中间，单据的顺序是：汇票→商业发票→包装单……倒数第二个是保险单、倒数第一个是提单。排列单据时要有固定的开头次序和固定的末尾次序，中间次序任意，然后把信用证放在桌面左边。

（二）横审

（1）信用证如有修改，单证员应根据修改条款核对有关单据。

（2）单证员应将信用证从头到尾地阅读一遍，每涉及一种单据，立即与该单据核对，以达到单证一致。

（3）单证员应阅读信用证文句，并与单据核对，发现不符点立刻记录在审单记录表上。单证员可在记录文字后面写上"改""加""补"字样，待改正后，在这些字上画圈表示已改正。

表 3-20 是一份信用证项下审单记录表示例，仅供参考。

表 3-20　信用证项下审单记录表

订单号：　　　　　　　　　　　　　信用证号：

Documents Content L/C Items	1. Commercial Invoice	2. Inspection Certificate	3. Packing List	4. Insurance Policy	5. B/L	6. Draft
L/C No.						
L/C : Date of Issue						
L/C : Expiry Date						
Invoice No.						
Applicant's Name & Address						

（续表）

Documents / Content / L/C Items	1. Commercial Invoice	2. Inspection Certificate	3. Packing List	4. Insurance Policy	5. B/L	6. Draft
Currency Code & Amount						
Description of Goods						
Incoterms						
Total Price (Maximum Amount)						
Last day of Shipment						
Date of Issue of the Document						
Last Day of Presentation						
Port of Loading						
Port of Destination						
Partial Shipment						
Transshipment						
Negotiation Bank						
Freight Prepaid or Collect						
Onboard						
Clean						
Made Out to Order...						
Confirmation Instruction						
Number of Documents						
Signed by Authorized Person						
Stamped by the company						
Drawee of Draft						

（续表）

Content L/C Items \ Documents	1. Commercial Invoice	2. Inspection Certificate	3. Packing List	4. Insurance Policy	5. B/L	6. Draft
Original						
...						

审单员：   审单日期：

（4）单证员将审完的单据反转放置在桌面中间的未审单据前面，待全部单据审完后，单证员将已经反转放置的单据翻过来即可恢复原状。

（三）纵审

纵审的目的是要达到单单一致。经过横审和纵审后没有发现不符点，或发现不符点已经改妥，即可确定单据全部相符。

（1）单证员以发票为中心，与其他单据挨个核对，先将被核对的单据本身阅读一遍，然后与发票的相同资料核对是否一致。

（2）单证员对提单与保险单进行核对。

四、交单结汇

出口商在正确缮制了各种单据后，应在信用证的有效期内，向银行递交办理议付结汇手续。

（一）及时交单

交单是指出口商将审核无误的全套单证送交议付银行的行为。交单的基本要求是单证正确、完整、提交及时。交单方式主要有以下两种。

（1）两次交单。两次交单也称预审交单，是在运输单据签发前，先将其他已备妥的单据交银行预审，发现问题及时更正，待货物装运后收到运输单据，可以当天议付并对外寄单。

（2）一次交单。即在全套单据收齐后一次性送交银行。

由于此时货物已发运，一旦银行审单发现不符点需要退单修改，就容易耗费时日以致逾期而影响收汇安全。因此，出口企业应与银行密切配合，采用两次交单方式，加速收汇。

（二）控制好交单时间

提交单据的期限由以下三种因素决定：

（1）信用证的失效日期；

（2）装运日期后所特定的交单日期；

（3）银行在其营业时间外，无接受提交单据的义务。

信用证中有关装运的任何日期或期限中的"止""至""直至""自从"及类似词语，都可理解为包括所述日期；"以后"一词可理解为不包括所述日期。

"上半月""下半月"可理解为该月1—15日和16日至该月的最后一日，首尾两天均包括在内。"月初""月中"或"月末"可理解为该月1—10日、11—20日、21日至该月最后一日，首尾两天均包括在内。

（三）结汇的方式

出口合同多采用信用证的方式结算，信用证项下的出口单据经银行审核无误后，银行按规定的付汇条件，将外汇结付给出口企业。常见的结汇方式有以下三种。

1. 收妥结汇

收妥结汇又称收妥付款，是指议付行收到外贸企业提交的出口单据后，经审查无误，将单据寄交国外付款行索汇，待付款行将外汇付给议付行后，议付行按当日外汇牌价结算成人民币交付受益人。此种方式收汇较快，为我国银行普遍采用。

2. 定期结汇

定期结汇是指银行在收到出口企业提交的出口单证，经与信用证有关条款审核无误后，根据不同地区、不同索汇路线，以及即期或远期等具体情况，结合银行办理各项手续必需的合理的工作日，规定一定的结汇时间，到期后由银行主动将外汇结付出口企业的一种结汇方式。

3. 出口押汇

出口押汇即银行（议付行）根据出口商（信用证受益人）的申请，凭收取的全套单据作为质押进行审核，按汇票或发票面值，扣除从议付日起到估计收到开证行或偿付行票款之日的利息，将货款先行垫付给出口商，然后向开证行寄单索汇。如果开证行拒付，议付行可向出口商追还已垫付的货款。

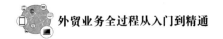

五、单证存档保管

出口单证是出口业务的主要凭证，出口商在交单结汇后应将一整套的单据副本进行归档保管。

尽管一笔外贸出口业务的合同已经履行完毕，但由于各种因素，往往还需查阅这些单据。例如，保险事因的发生，进口商对品质、数量的异议及索赔等，万一此类事件发生，就需查阅出口单证。因此，外贸企业应把每笔出口业务的全套单据留有一套副本归档保存备查。由于与贸易有关的诉讼时效是自货到后起两年有效，所以，单据的保存期一般为 2 ～ 3 年。

第四章

外贸业务风险防范

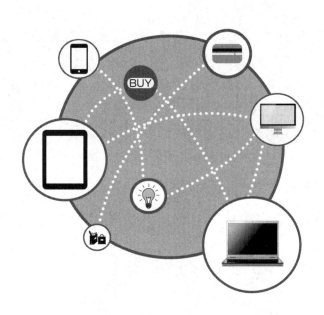

在外贸业务的开展过程中，企业可能会遇到各种各样的风险，有些风险甚至防不胜防。因此，企业要注意对各类风险的识别，并采取正确的措施予以防范。当风险发生时，企业要尽量采取合适的措施进行补救，以将损失降到最低。

第一节　外贸客户信用风险防范

信用风险是指在以信用关系为纽带的交易过程中，交易一方不能履行给付承诺而给另一方造成损失的可能性，其最主要的表现是企业的客户到期不付货款或者到期没有能力付款。

一、客户信用风险的类别

外贸企业客户信用风险的类别如表 4-1 所示。

表 4-1　客户信用风险的类别

序号	风险类别	具体说明
1	坏账率高，账款拖欠时间长	我国外贸企业的坏账率及平均账款拖欠时间都远远高于其他发达国家。据统计，目前我国外贸企业的平均坏账率在 5% 以上，每年无法按时收回的账款达上百亿美元，而欧美企业平均坏账率为 0.25% ~ 5%。如果能将我国外贸企业的海外应收账款平均坏账率降低到 1%，那么每年至少能为外贸企业减少数十亿美元的资产损失
2	时常面对不良商人的欺诈	大部分涉嫌欺诈的外国公司，都是在利用我国外贸企业在外贸业务过程中操作不规范的"空子"。这种贸易欺诈案例屡见不鲜
3	结算环节的信用风险问题	在贸易结算环节也存在着大量的信用风险。外贸企业可以采用信用证方式付费，以减少结算风险

二、客户信用风险的形成原因

客户信用风险的形成原因如图 4-1 所示。

图 4-1 客户信用风险的形成原因

（一）宏观环境的不确定性

宏观环境直接或间接地影响着外贸信用的走向和预期。贸易政策改变、宏观管理失误、经济滑坡、国际市场环境变化及竞争的激烈程度等因素均会导致外贸信用风险的产生。

（1）只要有关市场规范的政策进行了修改或变动幅度加大，就可能预示着该国市场上有比较大的经济风险，这肯定会增加与该国有贸易往来的国家发生外贸信用风险的可能性，甚至导致某些企业遭遇外贸信用风险。

（2）一国对外贸易政策和措施发生变化，包括关税政策及非关税政策（如反倾销措施、技术壁垒、绿色壁垒等），也会增加与之相关的贸易行为产生损益的可能性，增加外贸信用风险的不稳定性。

国际金融和国际贸易存在着相互依存、相互促进的关系。一国对外贸易的顺利发展离不开良好的金融环境。国际金融危机不可避免地会增加外贸企业面临的信用风险。

（二）信用欺诈，司法约束严重不足

开证行资信不佳，使受益人蒙受损失

　　我国一家外贸公司 A 同南非一家公司 B 签订了一份出口合同，合同规定信用证付款。B 向 A 提出，由非洲的第三国银行开证，A 以为只要有银行开证，就不会有风险，便予以同意，然而当 A 发运货物后兑付信用证时，该第三国银行来电称，南非方面要求延期，并出具南非方面的证明。

　　A 又与 B 联系，B 出示了第三国银行提供的 A 同意南非方面延期付款的传真。其实这是一份伪造的传真，这时 A 感到问题严重，着手从其他渠道查询第三国银行的情况，发现该银行只是一家地下钱庄，主要提供高利贷、放债等业务，而不是南非银行。B 与该银行关系十分密切，双方互相勾结，演出了一场"双簧"。当 A 发现此笔业务已不是简单的商业纠纷，而是欺诈行为时，B 和该第三国银行已同时消失，至今无法寻找，几十万美元的货物就这样损失了。

　　尽管国际社会为促进世界贸易公平、健康地发展已制定了一系列公约或规则，但对于如何惩治信用欺诈行为尚未制定足够完备和具有强制约束力的法律规定。信用证结算方式已在国际贸易中得到广泛使用，但利用信用证进行欺诈活动的现象仍屡禁不止。世界上大多数国家都未制定反信用证欺诈的法律，这在一定程度上助长了国际上信用欺诈者的气焰。

（三）企业内部职责不明，无章可循

　　（1）企业各部门在具体行使职责时，不能形成协调与制约的机制，从而造成企业在客户开发、信用评估、合约签订、资金安排、货源组织、租船订舱、货款跟踪等诸多环节中出现决策失误并导致信用损失。企业内部缺乏一个统一的信用风险防范操作规则，不少制度规定过于粗略、模糊，制度落实执行的刚性较差，有令不行、行而不严的现象较为普遍。

　　（2）企业没有设立专门的信用管理部门，导致外贸企业在信用管理过程中没有针对客户信用档案的建立、授信额度的确认和信用中期管理建立相应的规章制度。

　　（3）外贸企业的信用风险管理大多由财务部门来担纲。一方面，财务部门缺乏信用评估

和决策的独立性和权威性；另一方面，财务部门介入信用管理往往已处于后期追账阶段。由于缺乏前期的信用评估和中期的债权保障，财务部门追账的效率较低。

（4）企业相关人员的风险防范意识薄弱，国际贸易业务知识贫乏，信用风险防范手段单一。不能正确地选择结算方式和结算条件，合约漏洞百出，对应收账款监控不严，对拖欠账款缺少有效的追讨手段等。

（四）资信调查渠道闭塞，金融机构信息不畅

企业进行资信调查的意识薄弱，渠道狭隘。尽管我国已经初步具备建立系统性社会征信系统的条件，但信息网络各自为政、自成体系的情况仍较为严重。大部分企业在信用风险上吃了大亏，同时没有把风险情况进行共享，使其他企业遇到相同的诈骗情况时无法分辨，这种现状在无形中增大了信用风险的发生概率。资信调查渠道闭塞，金融机构信息不畅的表现具体如表4-2所示。

表4-2　资信调查渠道闭塞，金融机构信息不畅的表现

序号	表现类别	具体说明
1	客户信息不全	企业掌握的客户信息不够全面，仅仅是了解客户表面的、外在的信息，而对更深入的、重要的信息缺少有针对性的调查。一些企业领导者不重视客户信息的采集，在思想观念上认为这笔开销不值得，为了省钱就压缩甚至完全忽略这方面的工作，没有专门进行必要的信息收集和了解，以至于还没有获得有关客户的重要信息，就匆匆做出交易决策
2	客户信息零散	企业虽然建立了客户管理档案，却没有对客户信息进行统一的管理，导致客户信息十分零散。而有些客户的信息更多地集中在企业某些部门，如业务部和财务部，其他部门由于分工和职能不同，仅掌握与己相关的部分信息，如储运部的运输信息、国际结算部的交单信息。这往往割断了客户各类信息之间的有机联系和信息的完整性。这种状况导致各部门间缺乏有效的沟通，无法共享宝贵的客户信息资源，不利于企业管理者对客户做出整体的认识与判断，造成资源的浪费及信息的重复收集，增加了成本支出
3	客户信息陈旧	企业虽然建立了自身的客户信息管理系统，但却不愿对已有的信息进行更新与维护，认为信息已经一步到位，却忽视了信息的时效性，从而导致企业在决策时依据的信息完全过时、陈旧，严重影响了企业对客户信用状况的判断

（续表）

序号	表现类别	具体说明
4	客户信息管理缺少标准和专门的客户数据库	（1）将采集到的客户信息简单地以 Word 或 Excel 文档形式存入电脑中，无分类检索和汇总 （2）虽然建立了客户信息数据库，但没有与公司内部业务、财务等管理信息系统进行数据共享，没有信用风险分析及评估的功能，客户信息数据库的更新及维护非常烦琐

三、事前控制——签约前的客户调查

对客户进行资信调查是外贸企业对外成交不应缺少的一个环节。外商资信状况直接关系到其能否严格履行合同、安全收汇。在对外贸易中，有些外贸企业对外商既不做资信调查，又轻率地采用对出口方具有极大风险的付款方式，如电汇、承兑托收、付款托收等，从而给国外一些不法商人的欺诈行骗提供了机会。

（一）客户资信调查的内容和范围

客户资信调查的内容和范围如表 4-3 所示。

表 4-3 客户资信调查的内容和范围

序号	项目	调查内容
1	国外客户的组织机构情况	包括企业的性质、创建历史、内部组织机构、主要负责人及担任的职务、分支机构等。在调查过程中，应了解客户的中英文名称、详细地址，防止出现差错
2	政治情况	主要指企业负责人的政治背景、与政界的关系，以及对我国的政治态度等
3	资信情况	包括企业的资金和信用两个方面。资金是指企业的注册资本、财产及资产负债情况等；信用是指企业的经营作风、履约信誉等。这是客户资信调查的主要内容，特别是对中间商更应重视。例如，有的客户想和我们洽谈上亿美元的投资项目，但经调查，其注册资本只有几十万美元，对于这样的客户，就应该表示怀疑
4	经营范围	主要是指企业生产或经营的商品、经营的性质，是代理商、生产商，还是零售批发商等
5	经营能力	每年的营业额、销售渠道、经营方式及在当地和国际市场上的贸易关系等

（二）外贸企业客户资信调查的途径

客户资信调查是一项纷繁复杂、极为专业的工作，需要花费大量的时间和人力，对调查人员的素质要求也很高。对于绝大多数企业来讲，靠自身的力量很难完成这项工作。外贸企业面对的是国外客户，自己去调查的难度更大，一般可以通过图4-2所示的几个途径。

途径一　通过银行调查

这是一种常见的途径，按照国际习惯，调查客户的情况属于银行的业务范围；在我国，一般委托中国银行办理。向银行查询客户资信时，银行一般不收费或收费很低

途径二　通过国外的工商团体进行调查

如商会、同业工会、贸易协会等，一般都接受调查国外企业的情况的委托，但对于通过这种渠道得来的资信，外贸企业要进行认真分析，不能轻信

途径三　通过我驻外机构和在实际业务活动中对客户进行考察所得到的材料调查

通过这种途径所得到的材料比较具体、可靠，对业务的开展有较大的参考价值。此外，外国出版的企业名录、厂商年鉴及其他有关资料，对了解客户的经营范围和活动情况也有一定的参考价值

途径四　委托专业的资信调查机构（如中国信用保险公司等）进行调查

由于专业资信调查机构以完全中立的第三者角度进行调查，信息来源丰富，有庞大的数据库基础，并且能将多种渠道得到的资料进行综合分析后最终形成资信报告，其报告内容十分规范，具有很强的可参考性，因此这种调查方式越来越受到大多数外贸企业的青睐

图4-2　外贸企业客户资信调查的途径

（三）建立客户资信管理档案

对客户资信进行调查后，应分类建立客户档案，以便业务部门在业务开发阶段进行客户筛选，为有针对性地对选中的客户进行信用分析和评估做好准备，这是外贸企业签约前防范信用风险的主要手段。

四、事中控制——客户授信制度的建立

收集、记录客户信息的目的是对客户的资信状况做出科学的分析和判断。在企业经营过程中，最重要、最复杂的问题就是对客户的信用做出准确的判断，它是企业做出是否与其交易，以及交易方式、交易条件等决策的最重要的依据。对客户进行信用分析，确定客户的信用额度，建立客户授信制度，对于每一个企业都是至关重要的。这样做可以使企业在与客户的交易中获取最大利益的同时，将信用风险控制在最低的限度之内。

（一）信用分析

信用分析是指企业对交易对象的资信状况及交易价值进行诊断，这是企业信用管理的核心内容，也是企业在销售过程中避免风险、减少坏账最主要的手段和途径。

外贸企业对客户实施信用分析具有以下几个方面的作用。

（1）加强企业内部各部门之间的信息沟通和合作，共同解决企业面临的外部信用风险。

（2）帮助企业寻找、选择信誉良好、竞争力更强的客户，防范客户的信用风险。通过信用分析，完成对客户信用等级的评定，可以帮助业务人员快速、准确地判断客户信用风险，确定交易条件，从而达到防范坏账、呆账的目的，提高企业的应收账款管理水平。

（3）帮助企业获得更强的市场竞争力。建立在严格的信用分析基础上的客户选择和管理，可以使企业更加放心地为信誉良好的客户提供优惠的结算方式和条件，争取到更多的客户和占有更大的市场份额。

（二）信用政策的制定与运用

信用政策主要是指企业针对信用销售（赊销）情况制定的一系列业务管理原则、标准和风险控制方法。外贸企业的信用风险主要来自信用销售，因此制定一套合理的信用政策在贯彻全套信用管理方案中占有非常重要的地位，它是实现签约中风险控制的核心内容。信用政策主要由信用标准、信用条件、收账政策等要素构成。

1. 信用标准

在对外贸易中，企业通常会制定一个最低的信用标准，判断是否给予客户信用销售。

如果企业制定的信用标准过于严格，只对信誉好的客户给予信用销售，那么这样虽然能够降低应收账款的成本和坏账损失，但是会失去很多信誉一般、偿付能力较弱的客户，不利于企业扩大销售。目前国际贸易市场是买方市场，许多外贸企业都采取了较为宽松的信用标准，以增加企业的竞争力。

对于信誉一般的客户，外贸企业可以在合同中加入预付定金等担保条款，或者在货物出口后，投保出口信用保险，以适当降低企业的收汇风险。

2. 信用条件

信用条件包括国际贸易结算方式、信用期限和现金折扣，具体内容如图 4-3 所示。

| 国际贸易结算方式 | ⟹ | 国际贸易结算方式包括汇付、托收、信用证、保理等，这些结算方式各有风险和利弊。外贸企业一般会根据客户信用等级和客户所在国家的情况选择结算方式，客户信用较好的，可以放心采用汇付方式；客户信用一般，而其所在国家银行信用较好的，则可以选择托收和信用证方式；客户信用一般，所在国家银行信用也一般的，可以采取保理方式 |

| 信用期限 | ⟹ | 信用期限是指给客户提供的付款时间。例如，企业允许客户在到货后 30 天内付款，则信用期限为 30 天。信用期限的长短，与销售收入、应收账款、坏账损失都密切相关。信用期限越长，表明企业给客户的信用条件越优越；同时能促使企业销售收入的增长，但随之会带来应收账款成本和坏账损失的增加。因此，外贸企业必须将边际收益和边际成本加以比较，以决定信用期限的延长或缩短。合理的信用期限应视企业本身的资金周转能力和销售情况而定 |

| 现金折扣 | ⟹ | 现金折扣是指企业在确定信用条件时给客户提供现金折扣，以加速应收账款的回收，从而降低应收账款的成本和坏账损失。如"3/10，N/60"表示如果客户在 10 天内付清全部货款，企业将给予客户销售额 3% 的折扣，超过 10 天将不享受折扣。但在国际贸易结算中，很少使用现金折扣 |

图 4-3　三大信用条件

五、事后控制——签约后的信用控制

合同签订后，履约过程中的信用控制包括两方面：一是在合同履行过程中，保证企业能够按合同规定的交货期、质量、数量向客户提供商品；二是在企业提供合格商品的基础上，使客户能够履行付款义务，即应收账款的回收。

（一）履约能力控制

信用控制的一个重要方面是企业的履约能力。因为一方面，这在很大程度上影响了企业在国际市场上的声誉；另一方面，这决定了企业能否及时回收应收账款。

企业可以通过合同的跟踪管理程序，保障企业及时履约，或者在发现企业可能存在违约风险时，及时将信息反馈给企业相关部门或领导，以便启动应急管理程序，在最短的时间内完成合同规定的义务，或将损失降至最低。

企业应将合同履约的关键点定位在产品加工厂的选择、加工合同的签订、验货和发货等环节。控制好以上环节，就可以保障企业按合同履约，为应收账款的安全回收奠定基础。

（二）应收账款管理

外贸企业可以按照表 4-4 所示的步骤和方法进行客户应收账款的跟踪管理。

表 4-4 客户应收账款跟踪管理的步骤和方法

序号	步骤	具体内容
1	建立应收账款档案	在出货日，业务员将发票影印件、客户有关资料和销售合同等进行整理和编号，交给信用管理部专门负责客户信用管理档案的人员归档，业务员做好业务记录，同时可备份给财务人员
2	货到日的查询	估计货到日期，在货到日，业务员要主动与客户取得联系（联系方式以电子邮件或传真为佳），询问客户是否收到货物、货物件数是否正确、包装是否有损坏、接货是否顺利等。此次联系客户的主要目的是表示对客户是否收到货物的关心，并注意客户是否有异常反应，同时记录货物到期日，如果客户以电子邮件或传真的形式回复，要保留并归档
3	货物满意程度的查询	货到一周后，业务员要再次与客户取得联系，询问客户的货物查收情况。此时，业务员要对客户的反应和提出的问题进行仔细分析，识别其提出问题的真实目的，以便尽快采取措施。在此阶段，如果有异常情况出现，业务员应及时汇报并备案，同时通知相关部门
4	提醒客户付款到期日	在货款到期前一周，业务员再一次与客户联系，了解客户对交易是否满意，并提醒客户货款的到期日，了解客户的支付能力，同时暗示客户按期付款的必要性

（续表）

序号	步骤	具体内容
5	货款到期日的催收	在货款到期日后的一两天，业务员应与客户直接联系，询问其是否已将货款汇出，若还没有汇出，则询问其原因
6	及时报告到期未付的情况	对未能按期付款的客户，应再次以电子邮件或传真的形式进行催收。如果客户在超过货款到期日15天后仍未付款，业务员应将逾期未付的客户名称、金额、未付原因等情况立即报告给总经理和信用管理部，以便将发生逾期欠款的客户纳入早期逾期应收账款催收管理的范围
7	拖欠账款的催收	企业信用管理部向客户发出催款通知书，在多次催收无效的情况下，通过企业的法律顾问向客户发出律师函。一般情况下，客户通过这两种催收方法都能付款，或达成付款意向。若通过以上两种方法都不能促使客户付款，考虑到与客户以后的业务关系等各方面的因素，企业将决定是否通过商账追收或提起诉讼来做收回应收账款的最后努力

在催收应收账款的每个环节，企业都应在函件的用词、方式等方面给予客户最大的尊重。此种做法能够使部分客户即使在多次收到企业发出的付款通知及律师函后，还会给企业继续下订单。因此，不能因为客户欠款而影响企业与客户以后可能存在的良好合作关系。

（三）账龄分析

为了使企业的应收账款管理工作能够有效开展，外贸企业的财务部门必须在实时记录应收账款信息的基础上进行账龄分析。

账龄分析就是将应收账款的收回时间加以分类，统计各时间段内支付的或拖欠的应收账款情况，从而监督每个客户的应收账款情况和应收账款支付进度。外贸企业应对不同时间段内的逾期账款采取不同的对策，进一步衡量企业应收账款的管理水平。外贸企业采用账龄分析法进行应收账款管理的优点如图4-4所示。

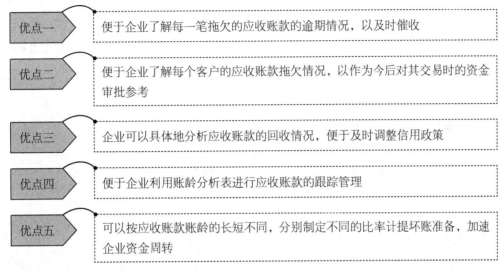

图4-4 账龄分析法的优点

要进行账龄分析，财务部首先应当对每笔应收账款的账龄进行记录，并按照客户付款时间的长短填制账龄记录表。在账龄记录表中，外贸企业可以直观地获得每个客户在每个时间段内的付款情况，包括应付金额、应付时间、已付金额、支付时间、未付金额、拖欠时间等具体的付款记录信息。在账龄记录的基础上，外贸企业可对全部客户的付款情况进行分析和监控，加强对客户的应收账款管理。"账龄分析表"的格式如表4-5所示。

表4-5 账龄分析表

付款时间	已付金额	拖欠金额	已付账款占应收账款总额百分比	拖欠账款占应收账款总额百分比	拖欠账款占拖欠总额百分比
逾期 1～30 天					
逾期 31～60 天					
逾期 61～90 天					
逾期 91～180 天					
逾期 181～360 天					
逾期超 360 天					
合计					

"账龄分析表"可以针对某一客户、某一类客户或全部客户。通过该表，企业可以了解每个客户乃至全部客户的付款状况和拖欠状况，分析本企业对客户的收账水平，并对不同的客户实施有针对性的信用政策和收账政策，还可以有效地实施对应收账款的分类管理并制订催收计划。

六、购买出口信用保险

出口信用保险是国家为了推动本国的出口贸易，保障出口企业的收汇安全而制定的一项由国家财政提供保险准备金的非营利性的政策性保险业务。

出口信用保险通过事前对买家的资信的调查，为企业决策提供依据，出现保险责任内的风险后给予补偿，具体内容如图4-5所示。

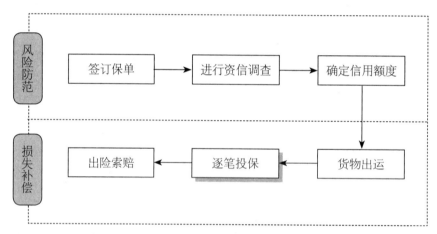

图4-5 出口信用保险的风险防范及损失补偿

出口信用保险承担的风险特别大，并且难以使用统计方法测算损失概率。一般商业性保险公司不愿意经营这种保险，所以大多数是靠政府支持来经营的。出口信用保险主要包括短期出口信用保险和中长期出口信用保险两大类。其中，中国出口信用保险公司（Sinosure，简称中信保）是我国唯一承办出口信用保险业务的政策性保险公司。

（一）短期出口信用保险

短期出口信用保险是为了保障信用期限在一年以内的出口收汇风险。其适用于出口企业从事以信用证、付款交单、承兑交单、赊销结算方式自我国出口或转口的贸易，以及银行在出口贸易项下受让的应收账款或未到期债权。

1.承保风险

短期出口信用保险的承保风险如表 4-6 所示。

表 4-6　短期出口信用保险的承保风险

序号	类别	具体说明
1	商业风险	（1）买方破产或无力偿付债务 （2）买方拖欠货款 （3）买方拒绝接收货物 （4）开证行破产、停业或被接管 （5）单证相符、单单相符时，开证行拖欠或在远期信用项下拒绝承兑
2	政治风险	（1）买方或开证行所在国家、地区禁止或限制买方或开证行向被保险人支付货款或信用证款项 （2）禁止买方购买的货物进口或撤销已颁布发给买方的进口许可证 （3）发生战争或者暴动，导致买方无法履行合同或开证行不能履行信用证项下的付款义务 （4）买方或开证行付款须经过的第三国颁布延期付款令

2.短期出口信用保险的类别

具体而言，短期出口信用保险可以分为综合保险、统保保险、信用证保险、特定买方保险、买方违约保险、特定合同保险六类（见表 4-7）。

（二）中长期出口信用保险的类别

中长期出口信用保险旨在鼓励出口企业积极参与国际竞争，特别是高科技、高附加值的机电产品和成套设备等资本性货物的出口及海外工程承包项目，支持银行等金融机构为出口贸易提供信贷融资；中长期出口信用保险通过承担保单列明的商业风险和政治风险，使被保险人得以有效规避收回延期付款的风险。

1.买方信贷保险

买方信贷保险是指在买方信贷融资方式下，出口信用机构向贷款银行提供还款风险保障的一种政策性保险产品。在买方信贷保险中，贷款银行是被保险人。投保人可以是出口商或贷款银行。

表4-7 短期出口信用保险的类别

序号	保险类别	险别说明	适保范围	承保风险	
				政治风险	商业风险
1	综合保险	综合保险承保出口企业所有以信用证和非信用证支付方式出口的收汇风险。它补偿了出口企业按合同规定出口货物后，或规定受益人按照出口信用证条款规定提交单据后，因政治风险或商业风险的发生而直接导致的出口收汇损失	(1) 货物、技术或服务从我国出口或转口 (2) 支付方式：不可撤销跟单信用证，付款交单、承兑交单或赊销等 (3) 付款期限：一般在180天以内，亦可扩展至360天 (4) 有明确、规范的出口贸易合同	指买方所在国家（地区）相关的国家风险，包括 (1) 信用证支付方式下的开证行被其所在国家或地区禁止或限制汇兑货款；开证银行因延期付款令，造成货款迟付；开证银行所在国家或地区发生战争、政变等不可抗力因素，使开证银行无法履行付款义务 (2) 非信用证支付方式下的买方所在国家禁止或限制汇兑；禁止进口、撤销进口许可证；颁布延期付款令；发生战争等	商业风险指买家信用风险，包括 (1) 信用证支付方式下的开证银行因破产、停业或被接管等无力偿还债务；开证银行拒付货款 (2) 非信用证支付方式下的买方破产或无力偿还债务；买方拒绝受领货物并拒付货款；买方拖欠货款
2	统保保险	统保保险承保出口企业所有以非信用证为支付方式出口的收汇风险。它补偿了出口企业按贸易合同规定出口货物后，因政治风险或商业风险的发生而导致的出口收汇应收账款经济损失	(1) 货物、技术或服务从我国出口或转口 (2) 支付方式：付款交单、承兑交单，或赊销等 (3) 付款期限：一般在180天以内，亦可扩展至360天 (4) 有明确、规范的出口贸易合同	指买方所在国家（地区）相关的国家风险，包括禁止或限制汇兑、禁止进口、撤销进口许可证；颁布延期付款令；发生战争等	指买家信用风险，包括买方破产或无力偿还债务；买方拒绝受领货物并拒付货款；买方拖欠货款

（续表）

序号	保险类别	险别说明	适保范围	承保风险	
				政治风险	商业风险
3	信用证保险	信用证保险承保出口企业以信用证支付方式出口时面临的收汇风险。付款期限在360天以内。在此保险项下，出口企业作为信用证受益人，按照信用证条款要求，在规定时间内提交了单证相符、单单相符的单据后，由于商业风险、政治风险的发生，不能如期收到货款的损失由中国信用保险公司补偿	(1) 货物从我国出口 (2) 支付方式：不可撤销的跟单信用证 (3) 付款期限一般在180天以内，亦可扩展到360天 (4) 有明确的出口贸易合同	主要包括开证行被其所在国家或地区禁止或限制汇兑货款；开证银行所在国家或地区颁布延期付款令，造成货款迟付；开证行所在国家或地区发生战争等不可抗力因素，使开证银行无法履行付款义务	主要包括开证行因破产、停业或被接管等无力偿还债务；开证银行拒付货款；开证银行拖欠货款
4	特定买方保险	特定买方保险专为我国出口企业而设。它承保企业对某个或某几个特定买方以各种非信用证支付方式出口时面临的收汇风险。其付款期限在180天以内（可扩展至360天）	(1) 货物从我国出口 (2) 支付方式：付款交单、承兑交单、赊销等 (3) 付款期限一般在180天以内，亦可扩展到360天 (4) 有明确的出口贸易合同	即国家风险，包括买方所在国家或地区禁止或限制汇兑货款；买方所在国家或地区颁布法令或采取行政措施，禁止货物进口或撤销进口许可证；买方所在国家或地区颁布延期付款令，影响货款支付；买方所在国家或地区发生战争等不可抗力因素，导致买方无法履行合同	来自买家，包括买方破产或无力偿还债务；买方拒绝收货；买方拖欠货款；买方拒绝付款等

（续表）

序号	保险类别	险别说明	适保范围	承保风险	
				政治风险	商业风险
5	买方违约保险	买方违约保险专为我国出口企业而设。它承保出口企业以分期付款方式出口因发生买方违约而遭受损失的风险。其中，最长分期付款期间隔不超过360天。它不适用于手机电产品、成套设备的出口，而且适用于对外工程承包和劳务合作	（1）货物或服务从我国出口 （2）出口产品属于手机电产品、成套设备，或带有高新技术，或机电设备出口的对外劳务合作 （3）合同金额在100万美元以上，其中预付定金不低于15% （4）支付方式：按工程或服务进度分期付款，最长付款间隔不超过1年 （5）付款期限一般在180天以内，亦可扩展到360天 （6）有明确的出口贸易合同，合同执行期不超过3年	即国家风险，包括买方所在国家或地区颁布法令或采取行政措施，禁止或限制汇兑货款；买方所在国家或地区颁布法令或采取进口许可证；买方所在国家或地区被禁运或制裁；买方所在国家或地区发生战争等不可抗力因素，导致买方无法履行合同	来自买家，包括买方破产或无力偿还债务；买方面解除合同；买方恶意变更合同；买方拒绝付款
6	特定合同保险	特定合同保险专为支持我国出口企业而设。它承保企业某一特定出口合同的收汇风险，适用于较大金额（200万美元以上）的机电产品和成套设备出口及对外工程承包和劳务合作。其中，以各种信用证作为支付方式，付款期限在180天以内（可扩展至360天）	（1）货物从我国出口 （2）出口产品属于手机电产品或成套设备 （3）对外工程承包和劳务合作 （4）合同金额在200万美元以上 （5）支付方式：付款交单、承兑交单、赊销等 （6）付款期限一般在180天以内，亦可扩展到360天 （7）有明确的出口贸易合同	即国家风险，包括买方所在国家或地区颁布法令或采取行政措施，禁止或限制汇兑货款；买方所在国家或地区颁布进口许可证；买方所在国家或地区延期付款款支付；买方所在国家或地区发生战争等不可抗力因素，导致买方无法履行合同	来自买家，包括买方破产或无力偿还债务；买方拒绝收货；买方拖欠货款

买方信贷保险对被保险人按贷款协议的规定履行了义务后，由于相关政治或商业事件（见表4-8）导致借款人未履行其在贷款协议项下的还本付息义务且担保人未履行其在担保合同项下的担保义务而引起的直接损失，由保险人根据保单的规定承担赔偿责任。

表 4-8　政治或商业事件

政治事件	商业事件
政治事件主要包括以下几类 （1）借款人所在国家（或地区）政府或其在贷款协议项下还款必须经过的第三国（或地区）政府颁布法律、法令、命令、条例或采取行政措施，禁止或限制借款人以贷款协议约定的货币或其他可自由兑换的货币向被保险人偿还贷款 （2）借款人所在国家（或地区）政府或其在贷款协议项下还款必须经过的第三国（或地区）政府颁布延期付款令 （3）借款人所在国家（或地区）发生战争、革命、暴乱 （4）借款人所在国家（或地区）发生恐怖主义行动和与之相关的破坏活动 （5）保险人认定的其他政治事件	商业事件主要包括借款人被宣告破产、倒闭或解散；借款人拖欠贷款协议项下应付的本金或利息

　　被保险人违反保险单或贷款协议的规定，或因被保险人的过错致使保险单或贷款协议部分或全部无效。

2. 卖方信贷保险

卖方信贷保险是在卖方信贷融资方式下，出口信用机构向出口方提供的用于保障出口商收汇风险的一种政策性保险产品，对因政治风险或商业风险引起的出口商在商务合同项下应收的延付款损失承担赔偿责任。

对于被保险人在"保险单明细表"中列明的商务合同项下由下列事件引起的直接损失，保险人按本保险单规定承担赔偿责任。

（1）进口商及其担保人破产、倒闭、解散。

（2）进口商违反商务合同项下对被保险人的付款义务，且进口商的担保人（如有）也未履行担保合同项下的担保义务。

（3）进口商违反商务合同的规定，致使商务合同提前终止或无法履行。

（4）进口商所在国政府颁布法律、法令、命令或采取行政措施，禁止或限制进口商以商务合同约定的货币或其他可自由兑换的货币履行商务合同项下对被保险人的付款义务。

（5）进口商所在国、项目所在国或进口商付款须经过的第三国颁布延期付款令。

（6）进口商所在国或项目所在国颁布法律、法令、命令或采取行政措施（包括撤销或不予展延进口许可证），致使商务合同部分或全部无法履行。

（7）进口商所在国或项目所在国发生战争、暴动等，致使商务合同部分或全部无法履行。

卖方信贷保险的除外责任为：

（1）被保险人违反商务合同规定或违反有关法律法规引起的损失；

（2）由于进口商拒绝支付或推迟支付商务合同下的应付款所引起的间接损失；

（3）被保险人在其出具的履约保函或其他保函项下发生的损失；

（4）汇率变更引起的损失；

（5）除进口商及其担保人外的任何与商务合同付款相关的机构和人员违约、欺诈、破产、违反法律或其他行为引起的损失；

（6）因进口商违约，被保险人按商务合同规定应向进口商收取的罚款或惩罚性赔偿；

（7）在商务合同履行过程中，属于货物运输保险或其他财产及责任保险范围内的损失；

（8）商务合同生效后，被保险人得知的损失事件已经发生，仍继续履行合同引起的损失；

（9）被保险人无权直接向进口商收取的款项的损失。

（三）出口信用保险投保流程

外贸企业需要掌握出口信用保险的投保流程，下面以短期出口信用保险综合险为例进行简要介绍，具体如图 4-6 所示。

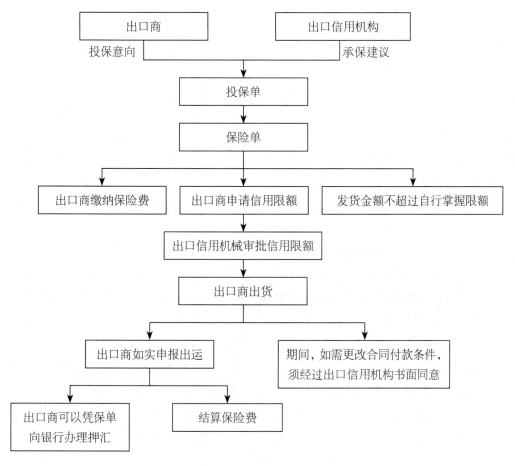

图 4-6 短期出口信用保险的操作流程

1. 投保

（1）商洽投保事宜。

当出口企业有意投保时，出口信用保险公司将会调查了解出口企业的出口历史、出口规模、出口产品结构和国别地区分布、与主要海外买方的交易历史及出口信用保险需求等信息，帮助出口企业分析其出口业务所面临的风险，有针对性地提出风险管理建议，并帮助出口企业选择合适的出口信用保险产品和承保方案。

（2）制定保险方案。

出口信用保险公司在收到出口企业提交的"投保单"后，根据"投保单"所载投保条件为投保企业制定承保方案，承保方案的具体条件体现在"保险单明细表"中。

"保险单明细表"的主要内容

"保险单明细表"的主要内容包括适保范围、赔偿比例、保单最高赔偿限额、保险费率的厘定、出口申报方式、保单批注和争议解决方式等。

1. 适保范围

短期出口信用保险通常强调统保原则，即拟投保的出口企业须将其适保范围内的所有出口物全部投保。投保企业不得选择某一部门业务或某一买方投保，也不得仅挑选风险高的业务投保。参加统保可以帮助投保企业用可控的保险成本规避全部不确定的收汇风险，确保企业整体经营得到有效保障;而对出口信用保险公司来说，统保的保险责任可以自然地分散风险，平衡保险公司的业务损益，提高保险偿付能力。良好的业务平衡直接作用于保险成本的降低，最终受益者仍是投保企业。

2. 赔偿比例

目前，各国出口信用保险公司对短期出口信用保险项下承保风险所导致的损失均采用出口信用保险公司与被保险人共担风险的方式，即出口信用保险公司承担绝大部分损失责任，被保险人自担少部分损失。出口信用保险公司承担的损失责任部分统称为赔偿比例，被保险人自担的损失为免赔额。制定一定比例的赔偿原则，目的在于增强被保险人的风险意识，促进被保险人提高风险管控能力。实施免赔的部分通常在企业的利润限度之内，即便发生，企业也不至于损失过重，而防范成功，企业将获取应得利润。

3. 保单最高赔偿限额

保单最高赔偿限额是出口信用保险公司在每一保险单期限内承担赔偿责任的最高累计限额，亦称"保单限额"。

出口信用保险公司一般按出口企业当年预计适保出口总额的 1/3 ~ 1/2 与出口企业约定保单最高赔偿限额。

4. 保险费率的厘定

在制定承保方案的过程中，保险费率的厘定是非常重要的一环。

短期出口信用保险费率一般由基础费率和浮动费率两部分构成。短期出口信用保险基础费率采用矩阵费率。出口信用保险公司在综合考虑国家（地区）风险类别、支付方式、信用期限等因素的基础上制定基础费率表，费率水平随着买方/银行所在国家（地区）风险和结算方式风险的增大而有所提高。此外，信用期限越长，费率水平越高。

在基础费率的基础上，出口信用保险公司将根据投保人的历史出口经验和承保记录，结合买方资信等因素，对不同保单、不同投保条件、相同国家风险类别的不同买方的适用费率进行浮动调整，对不同保单实施不同的费率。

5. 出口申报方式

出口申报是被保险人的具体出口业务，是出口信用保险公司获得保险保障的重要环节。被保险人需逐笔将适保范围内的出口业务向出口信用保险公司申报，保险公司则依据被保险人的申报承担保险责任。出口申报方式包括月申报、周申报和即时申报等。

6. 保单批注

保单批注是出口信用保险公司对保险方案所做的特殊规定，如扩大或缩小保险适用范围等，也可以是保险人要求对保单条款的修正和补充，被保险人需格外注意。

【范本】短期出口信用综合保险投保单（不含出口前）

短期出口信用综合保险投保单

请您仔细阅读保险条款，尤其是黑体字标注部分的条款内容，并听取保险公司业务人员的说明，如对保险公司业务人员的说明不明白或有异议的，请在填写本投保单之前向保险公司业务人员进行询问，如未询问，视同已经对条款的内容完全理解并无异议。

中国出口信用保险公司：

遵照《短期出口信用保险综合保险条款》（4.0 版）的约定，在提供以下信息、保证和声明的基础上，我公司特向贵公司提出投保短期出口信用保险综合保险的申请。请贵公司对我公司自____年__月__日起投保范围内的出口予以审核承保，并及时通知我公司承保条件及费率。

一、投保人基本情况

（一）基本信息

公司名称（中文）	
公司名称（英文）	
下表选项 1 和选项 2 内容二选一，非"三证合一"企业请填写选项 1；"三证合一"企业请填写选项 2	

1	注册地址	
	营业地址	

（续）

1	工商注册号	
	组织机构代码	
2	住所	
	统一社会信用代码	
海关统计经营单位编码		
营业范围		
出口开始年份		
企业类型（请在适合的框内打"√"）		
国有企业 [ ]　　　　民营企业 [ ]　　　　外资企业 [ ]		
经营性质（请在适合的框内打"√"）		
贸易公司 [ ]　　　　贸易代理 [ ]　　　　生产性企业 [ ]		
是否为上市公司（请在适合的框内打"√"）		
是 [ ]　　　　　　　否 [ ]		

（二）联系方式

1. 公司基本联系方式

电话		传真		邮编	
经营地址					
电子邮箱					

2. 法定代表人联系方式

| 姓名 | | 职务 | | 电话 | |

3. 委托代理人联系方式

| 姓名 | | 职务 | | 电话 | |
| 电子邮箱 | | | | | |

4. 主要联系人联系方式

姓名		职务		电话	
电子邮箱					

二、投保人内部风险管理状况（请在适合空格内打"√"）

1. 风险控制责任人	有专门风险管理部门和专职风险管理的高级经理	公司高级财务经理	由专职人员负责，但职位较低	没有专职风险管理人员
2. 风险控制规则	有明文风险管理规则，任何人不能突破	有明文风险管理规则，有时有突破	有明文风险管理规则，仅供业务参考	没有明文的风险管理规则
3. 风险控制激励体系	风险管理规则中明确规定激励体系，全公司员工认同风险控制理念并全员参加	风险管理规则中明确规定激励体系，仅责任人员认同风险控制理念并履行	风险管理规则中未明确规定激励体系，公司量力而行	无风险控制激励体系

三、出口情况

（一）出口商品

商品大类	所占比例（％）

（二）近三年出口情况分析

年份	出口总额（万美元）	税后利润（万人民币）

（三）预计今年出口业务结构

买方所在国家或地区	支付方式	信用期限	出口额（万美元）	出口额占比（％）

（四）近三年逾期未收汇情况

序号	未收汇年份	未收汇金额（万美元）	未收汇原因（请选择下述代码填写）（A=破产，B=拖欠，C=拒绝接收货物，D=贸易纠纷，E=政治风险）	备注（请说明结果等进一步情况）
	年			
	年			
	年			

（五）过去三年中超过 10 万美元逾期未收汇情况的细节

年份	国家或地区	债务人名称／地址	最终损失金额（万美元）	损失原因[请填写上述（四）的未收汇原因代码]
年				
年				
年				

注：（1）如地方不够可另加页；（2）可以近期向外汇管理局报送的逾期未收汇报表复印件代替此表。

四、投保范围

（一）投保范围（在下述选项中，第 1、4 项只能单选；第 2、3 项既可单选也可组合选择）。

1. 全部非信用证支付方式的出口和全部信用证支付方式的出口	[ ]
2. 全部非信用证支付方式的出口	[ ]
3. 全部信用证支付方式的出口	[ ]
4. 全部非信用证支付方式的出口和部分信用证支付方式的出口	[ ]
其他（请在下面列明）_____	[ ]

（二）投保金额：_____万美元。

（三）投保主要买方／开证行清单。

序号	开证行名称 （英文大写）	买方名称 （英文大写）	出口金额 （万美元）
1			
2			
3			
4			
5			
6			
……			
10			

五、对争议解决方式的选择（请在下述［ ］内选一打"√"）

仲裁	提交北京仲裁委员会仲裁	［ ］
诉讼	在被告所在地诉讼	［ ］

六、其他需要说明的事项（被保险人如有特殊要求，可在此填写）：

【 】我公司申请开通"信保通"账户并根据《中国出口信用保险公司网上业务客户服务协议》约定使用"信保通"服务，全面履行各项义务。

七、随本投保单所附资料清单

八、声明与保证事项

（一）我公司郑重声明已经详读《短期出口信用保险综合保险条款》（4.0版）及标准批注，对上述保险条款，尤其是涉及免除或减轻保险人责任的黑体字部分的条款内容，中国出口信用保险公司已向我公司进行了明确的提示和说明，我公司也已充分理解并无异议，并在此基础上填写本"投保单"。我公司保证向中国出口信用保险公司提供的一切情况准确无误，并保证按照保单约定全面履行我公司的各项义务。

（二）我公司作为贸易的实际当事方，保证上述投保范围内签订的贸易合同真实、合法、有效。

（三）我公司保证未经中国出口信用保险公司书面同意，不向除我公司开户银行以外的任何机构、买方或其他人披露本保险关系的存在或其他内容。

（四）我公司保证将按"短期出口信用保险综合保险单"的约定，对所有投保范围内的出口按时向中国出口信用保险公司申报并足额缴纳保险费。

（五）我公司保证按照"短期出口信用保险综合保险单"的约定全面履行被保险人的义务。

（六）我公司保证本"投保单"中所填写的内容均是真实的，无隐瞒任何与本保险有关的重要情况，并同意以此作为贵公司承担保险责任的先决条件。

附件：《短期出口信用保险综合保险条款》
　　　　"索赔单证明细表"
　　　　《中国出口信用保险公司网上业务客户服务协议》

投保单位盖章　　　　　　　　　　　　法定代表人：
　　　　　　　　　　　　　　　　　　（请用正楷填写）
　　　　　　　　　　　　　　　　　　签字人职务：
　　　　　　　　　　　　　　　　　　签　　字：
　　　　　　　　　　　　　　　　　　签字日期：　　年　月　日

（3）签发保单。

出口企业同出口信用保险公司初步达成投保意向后，出口信用保险公司的客户经理会指导出口企业填写"投保单"。填写时，出口企业应详细填写企业的名称、地址、投保范围、出口情况、适保范围内的买方清单及其他需要说明的情况，并由企业法人签字盖章。

　　　　除"投保单"外，出口企业还应向出口信用保险公司提供相关单证（企业法人营业执照、中华人民共和国进出口企业资格证书、中华人民共和国组织机构代码证、投保买方的相关资料），以便出口信用保险公司有针对性地掌握有关信息，更准确地为出口企业制定承保方案。

出口信用保险公司对出口企业所投保风险进行全面评估，为企业厘定费率并制定保险方案后，即可签发"保险单"。

> 出口信用保险公司签发"保险单"后，会将"保险单明细表""费率表""国家（地区）分类表""买方信用限额申请表""信用限额审批单"和"出口申报单"等单证提供给投保的出口企业。

2. 申请信用限额

信用限额是出口信用保险公司对被保险人向某一买方／银行以特定的付款方式出口项下的信用风险承担赔偿责任的最高限额。

（1）信用限额的要素。

信用限额包含支付条件、金额和生效时间三个基本要素，有时还需规定特别限制条件，如赔偿比例、有效期等。

（2）信用限额为最高赔偿责任额。

与其他商业保险不同，短期出口信用保险所承担的最高保险责任并不是实际出口金额，而是以信用限额为最高赔偿责任额。

当实际损失金额小于有效信用限额时，可依据以下公式计算。

$$保险赔偿责任额 \times 损失金额 = 保险单规定的赔偿比例$$
$$保险赔偿责任额 \times 有效信用限额 = 保险单规定的赔偿比例$$

（3）信用限额需要逐笔审批。

审批信用限额是出口信用保险承保工作的核心环节，出口信用保险公司依据被保险人的限额申请，对与此相关的风险因素做专业风险评估，最终将可接受的风险程度折换成可赋予具体买家或银行的信用上限，即信用限额，并以批准该信用限额为标志，承担相应的风险责任。

（4）信用限额的循环应用。

对某一买方／银行的信用限额一经批准，被保险人在该信用限额生效日后的出口便获得持续的保险保障。所批准的信用限额将在保险单有效期限内持续有效并可循环使用，直至保险人书面变更此限额。

信用限额是个额度受限、可调配、周期性使用、动态的余额概念，可以将其理解为被保险人在任何时间可以对某一买方保持应收账款的最高额度。

（5）申请限额。

信用限额是被保险人获得保险保障的依据，也是出口信用保险公司承诺保险责任的证明。因此，出口企业在接到出口信用保险公司签发的"短期出口信用保险综合保险单"后，应在执行出口合同前，就保险单适保范围内出口的每一买方及其银行向出口信用保险公司书面申请信用限额，并填写"信用限额申请表"。在填写"信用限额申请表"时，出口企业应按表上要求，将买方的情况、双方贸易条件及所需要的限额填写清楚。

【范本】信用限额审批单（适用于非信用证支付方式）

信用限额审批单

审批单号：

保险单号：	被保险人名称：
保险人收到申请日期：	
买方代码：	买方名称及地址：
买方注册号： 买方税号（无注册号填写）：	
担保人代码：	担保人名称及地址：
担保人注册号：	

审 批 结 果

支付方式：　　　　信用期限：　　天　　全额：　　　　USD

生效日期：

拒收风险赔偿比例：　　　　　　　　，其他商业风险赔偿比例：

特别条件（以下所列特别条件是本信用限额的生效条件或保险人承担保险责任的前提条件，如下列条件未成就，保险人有权拒绝承担保险赔偿责任并不退还保险费）：

说明：在同一买方同一信用期限内的赊销信用限额下，可以接受承兑托收或付款托收支付方式的申报，承兑托收信用限额下，可以接受付款托收支付方式的申报。

保险人特别提示：

1. 本信用限额一经生效，保险人以前对该买方所批准的非信用证信用限额（如有）即告失效。保险人保留在情况变化时随时书面通知撤销该信用限额的权利；

（续）

2. 本信用限额在被保险人对该买方出口项下填报"可能损失通知书"后自动失效，保险人无须另行通知； 　　3. 被保险人应确保本"信用限额审批单"规定的特别条件成就，保险人对特别条件是否成就不承担审查义务。 　　4. 如本信用限额超过限额闲置期后无相应申报，将自动失效。 　　　　　　　　　　　　　　　　　　　　（盖章）　　　　　　日期：
被保险人签收：被保险人已阅读、理解本"信用限额审批单"的各项内容，特别是"特别条件"和"特别提示"的内容，并无异议。 　　　　　　　　　　　　　　　　　　　　签字：　　　　　　　　日期：

填制要求：

　　本单一式两份，经保险人盖章后送被保险人签收（可在本页签收并传真回保险人）并存查；如应用电子签名则无须被保险人签章，且被保险人的单证接收时间以双方在《中国出口信用保险公司网上业务客户服务协议》中约定的时间为准。

【范本】信用限额审批单（适用于信用证支付方式）

信用限额审批单

审批单号：

保险单号：	被保险人名称：
保险人收到申请日期：	
保兑行代码：	保兑行名称及地址：
开证行代码：	开证行名称及地址：
买方代码：	买方名称及地址：

审批结果

信用证号： 支付方式：　　　　信用期限：　　天　　金额：　　　　USD 生效日期： 商业风险赔偿比例：

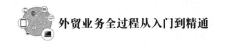

（续）

特别条件（以下所列特别条件是本信用限额的生效条件或保险人承担保险责任的前提条件，如下列条件未成就，保险人有权拒绝承担保险赔偿责任并不退还保险费）：
保险人特别提示： 1. 本信用限额只对批准的同一开证行开立的信用证有效，保险人保留在情况变化时随时书面通知撤销该信用限额的权利； 2. 该信用限额在被保险人在该信用证提交单据项下填报"可能损失通知书"后自动被取消，而保险人无须另行通知； 3. 本信用限额不循环使用，当本信用限额项下申报金额超过本信用限额金额，则本信用限额自动失效； 4. 被保险人应确保本"信用限额审批单"规定的特别条件成就，保险人对特别条件是否成就不承担审查义务； 5. 如本信用限额超过限额闲置期后无相应申报，将自动失效。 （盖章）　　　　　　　　日期：
被保险人签收：被保险人已阅读、理解本"信用限额审批单"的各项内容，特别是"特别条件"和"特别提示"的内容，并无异议。 签字：　　　　　　　　日期：

填制要求：

本单一式两份，经保险人盖章后送被保险人签收（可在本页签收并传真回保险人）并存查；如应用电子签名则无须被保险人签章，且被保险人的单证接收时间以双方在"中国出口信用保险公司网上业务客户服务协议"中约定的时间为准。

3. 限额审批

出口信用保险公司收到被保险人提交的信用限额申请后，对买方/银行所在国家（地区）的政治风险进行分析，然后在资信调查的基础上分别对买方/银行的商业风险做出评估，如符合条件，则在总限额余额范围内审批买方信用限额。

（1）国别风险分析。

出口信用保险公司分析买方/银行所在国家（地区）的政治风险时，应对该国（地区）的政治、经济、法制环境、特殊贸易限制等因素进行综合评判，并着重注意买方/银行所在国家（地区）的财政实力和外汇储备、政府的外汇管制措施及与他国的关系等宏观因素，以便对该国（地区）的国别风险做出综合评判。

（2）买方资信调查。

对买方进行资信调查的主要渠道如图4-7所示。

渠道一	通过官方注册机构、商业登记机构了解买方的基本注册信息，并通过资信调查渠道获取买方的资信资料。资信调查渠道可以根据出口商或出口信用保险公司的委托，对进口商的历史背景、经营情况、财务状况等方面进行调查了解，并出具书面资信报告
渠道二	出口信用保险公司还可通过融资银行、行业协会、信用评级机构、商业公司数据库、驻外使领馆、新闻媒体和互联网络、再保险人、商会等多个渠道获取买方所处行业及买方相关信息。必要时，出口信用保险公司还会与买方直接联系，指派专业机构对买方进行拜访，直接从买方处获得一手信息
渠道三	通过被保险人获取买方最新财务报表、银行授信额度证明，以及同买方的交易历史和收汇记录等

图 4-7　对买方进行资信调查的渠道

（3）买方/银行商业风险分析与评估。

出口信用保险公司在对买方/银行进行商业风险评估时，除了关注其国家风险外，还要对收集来的买方/银行信息进行分析，了解其最新财务状况和经营情况，分析其短期偿债能力和长期发展趋势，预测潜在的信用风险。

（4）买方总限额评定。

买方或银行总限额是指出口信用保险公司对特定的买方或银行，根据其总体资信状况，通过风险评估核定的累计最高可授信额度。

出口信用保险公司在对多方收集来的基础信息和数据进行甄别、更正和补充的基础上，对买方、银行进行信用等级评估。买方总限额评定主要参考因素包括买方所在国家（地区）的风险等级、买方企业性质和经营规模、买方所处行业和买方经营风险综合评估结果等。

出口信用保险公司通常都会通过设定买方风险评估模型，对买方风险给予评级并据此给予总限额。出口信用保险公司在评定买方总限额时，对正面或有利信息较多的企业可提高授信，对负面或不利信息较多的企业降低授信甚至不予授信。

在信用证支付方式下，由于开证行或保兑行承担第一付款义务，出口信用保险公司承保的也是信用证贸易项下开证行或保兑行的付款风险，因此出口信用保险公司在核定银行总限额时，主要分析的是开证行或付款行的信用状况，而忽视买方的履约能力。

在审核开证行（或保兑行）的信用时，出口信用保险公司主要考虑以下几点：银行的排名情况、开证行或保兑行的资产规模、开证行或保兑行的自有资本充足率、开证行或保兑行在出口信用保险公司的历史记录。

（5）批复有效信用限额。

信用限额是有限资源，出口信用保险公司应对被保险人填写的"信用限额申请表""信用限额申请附表"及提供的其他信息进行认真研究，根据买方风险评估结果和保险数据库中的承保记录，结合被保险人合同金额、出运时间和频率、最高审批金额、放账期、运输方式及在途时间等，审慎判断被保险人在一个信用周期内所需要的放款额度，依据有效控制风险的原则，在总限额可授信余额范围内合理审批有效信用限额，以最小的金额和最好的支付条件恰如其分地满足被保险人的信用限额需求。

（6）信用限额跟踪管理。

出口信用保险公司审批信用限额后，买方／银行所在国家（地区）的政治风险可能随时都会发生变化，而买方的偿付能力和付款意愿也会随着买方所处商业环境的变化而发生改变。为此，出口信用保险公司通常会建立一整套日常风险监控体系，对已批复信用限额的国家风险、买方所处行业风险及买方自身经营风险进行跟踪管理。如果风险发生变化，出口信用保险公司出于风险控制和管理的需要，会对信用限额进行及时调整。当有不利事件发生时，出口信用保险公司会与相关被保险人联系，及时调整特定买方、特定国家或地区的信用限额，并协助被保险人采取有力措施，积极应对，避免损失扩大。

出口信用保险公司降低或撤销信用限额不影响信用限额被降低或撤销前已承担的保险责任。当信用限额被调整或撤销时，出口信用保险公司会在第一时间将信用限额调整或撤销结果通知被保险人，并要取得被保险人的确认回执。

目前，出口信用保险公司已建立大限额买方风险跟踪和防范机制，对单笔非证有效信用限额金额较大的买方或某一买方项下累计有效信用限额较大的买方进行专门的跟踪和管理。对于大限额买方，在信用限额申请阶段，出口信用保险公司会调取更多的资信报告和财务信息，由专门的风险评议机构进行审议。在信用限额经审批通过后，出口信用保险公司还会从多个渠道收集买方资料，随时关注买方风险信息并及时进行分析。如果发现买方出现风险异动信号，出口信用保险公司会与被保险人及时进行沟通，并采取有效的风险防范措施。

信用限额是有限资源，在审批限额的同时，出口信用保险公司也会密切关注被保险人已获批准信用限额的使用情况。对于经核实确为空置或使用不足的信用限额，出口信用保险公司有权书面撤销或降低该信用限额,以便最大限度地减少信用限额的空置和浪费。

4. 出运申报、保费的计算与缴纳

(1)出运申报。

出运申报是保险公司在保单适保范围内对被保险人的每一笔出口承担保险责任并计收保险费的依据,也是被保险人的应尽义务之一。被保险人在进行出运申报时应尽量做到完整(单据要素填写完整)、真实(有实际出运,与各相关出运单据相符)和及时。

① 申报方式。申报方式一般可分为以下几种:月申报、周申报、即时申报。申报方式定于"保险单明细表"中。被保险人应注意各申报方式的时间限制,根据"保险单明细表"的约定进行申报,以免因没有按时申报而影响索赔权益。

② 出口申报单。被保险人应按照"保险单明细表"规定的时限要求填写"出口申报单",向保险公司进行出运申报。"出口申报单"的内容一般包括被保险人名称、保险单号、买方代码、合同付款条件、运输方式、出运日期、应付款日、商品名称(中文)、商品类别代码(海关)、发票号码、货币名称和发票总值等内容。

(2)保费的计算与缴纳。

按照保单的规定,按时、足额缴纳保费,是被保险人的应尽义务之一,也是其获得相应风险保障的基本前提。

保险公司按发票金额剔除预付款(申报时需说明)和"保险单明细表"列明的费率,计算保险费。保险公司一般每月集中寄送被保险人上月出口申报的缴费通知书。收到"保险费通知书"后,被保险人应按照保单规定的时限足额缴纳保险费。如未在规定期限内缴纳保险费,将影响到被保险人申报的相关出口项下的索赔权益;如拖欠保费超过规定期限,保险公司将停止接受申报;更甚者,保险公司有权解除保险单。

出运申报流程如图4-8所示。

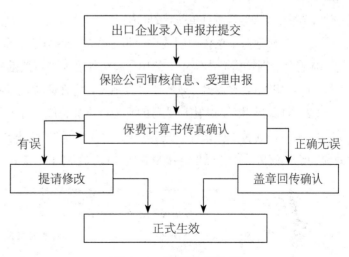

图4-8 出运申报流程

（五）收汇确认及信用限额跟踪管理

为了及时了解出运项下应收货款的风险状况，一些保险公司会定时与被保险人核对收汇状况，进行收汇确认。

保险公司一般以"收汇跟踪单"的形式向被保险人征询收汇，被保险人应及时填写并反馈。在开通电子商务平台的情况下，被保险人也可通过网络进行收汇确认工作。收汇确认完成后，如发现剩余限额已不足安排继续出运，被保险人应及时向保险公司提出信用限额追加申请。

追加信用限额的申请视同申请新限额，被保险人需要重新填写"信用限额申请表"，并提供买家的收汇记录和其他有利于提升买家资信的相关材料。在提交追加申请时，应注意申请金额应是"希望增加到的金额"，而非"希望增加的金额"。追加申请获批后，原限额即失效。

（六）报损——填报"可能损失通知书"

1. 及时填报"可能损失通知书"

填报"可能损失通知书"的目的是把企业获悉的风险信号通知保险公司，双方对可能发生的损失密切关注，携手减少损失，避免损失扩大。保险公司在接到"可能损失通知书"和相关资料后通常会马上与企业取得联系，了解该事件详情，协助催收货款，并与企业密切接触，关注事件发展情况。另外，及时填报"可能损失通知书"有助于保险公司做好理赔工作，在等待期满后尽快赔付。

2. 填报"可能损失通知书"的时机

当企业获悉保单条款列明的保险责任事故已经发生，致使出口收汇损失可能或已经发生时，应在规定时间内向中国出口信用保险公司提交"可能损失通知书"。

（1）对以非证方式出口业务的买方拖欠，应在应付款日后 60 天内报损。

（2）对以信用证方式出口业务的开证行拖欠，应在开证行拖欠后 15 个工作日内报损。

（3）不论何种支付条件，凡获悉保单所列政治风险事件已经发生、买方和开证行已破产或无力偿付债务、买方已拒绝接收货物及付款等情况，应在获悉之日起 10 个工作日内报损。

企业应在知晓保单条款列明的任一风险已经发生时，立即通知报损。如未按时报损，将直接影响到索赔权益。

3．"可能损失通知书"的填写

"可能损失通知书"的内容必须填写完整，特别是出运日期、应付款日、报损金额、案情说明、报损日期、申报日期等部分，必须真实、准确。若填写不完整，则会被退回，影响企业的报损时效。

（七）索赔

当"可能损失通知书"项下的出口损失已经确定，应在规定时间内向保险公司提交"索赔申请书"及全套索赔材料，申请索赔。

1．在何时进行索赔

（1）对非证方式项下的出口损失，企业应在提交"可能损失通知书"后四个月内向保险公司提交"索赔申请书"及相关文件和单证。

（2）对信用证方式项下的出口损失，企业应在提交"可能损失通知书"后三个月内向保险公司提交"索赔申请书"及相关文件和单证。

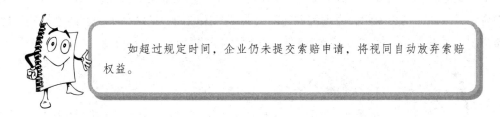

如超过规定时间，企业仍未提交索赔申请，将视同自动放弃索赔权益。

2．如何填写"索赔申请书"

企业必须填妥"索赔申请书"，以向保险公司索取赔偿。"索赔申请书"的内容必须填写完整，特别是出运日期、应付款日、索赔金额、致损原因、索赔日期、申报日期等部分，必须真实、准确。若填写不完整，则会被退回，影响企业的索赔时效。

3．正式索赔需要提供的材料

为便于保险公司迅速、准确地处理企业的索赔，企业在责任确认后应及时提供有关索赔单证和证明文件，具体包括以下内容。

（1）索赔文件，如"可能损失通知书""索赔申请书"、案情说明。

（2）有关保险证明，如"保险单明细表""买方信用限额申请表／审批单""出口申报单"、保费发票。

（3）相关贸易单证，如销售合同、商业发票、提单、报关单。

（4）证明未收汇的证明，如承兑汇票复印件、银行出具的未收汇证明（信用证和托收项下）、外管局出口收汇未核销证明。

（5）证明被保险人已履行催款义务的材料，如贸易双方往来函电。

（6）其他可能需要的材料，如诉讼申请书、仲裁判决书及执行结果、质检报告、买方违约证明、买方国家发生政治风险事件证明、预付赔款保证函等证明文件。

4.何时才能获得赔款

保险公司通常会在受理企业的索赔申请并收到全套索赔文件后三个月(统保)或四个月(综合，信用证保单)内核实损失原因，并将理赔结果以书面的形式通知企业。

对有付款担保或存在贸易纠纷的合同，在外贸企业处理结束前，保险公司原则上均不定损核赔。由此产生的仲裁费或诉讼费由外贸企业先行支付，该费用在外贸公司胜诉且损失属本保单责任时，由双方按权益比例分摊。如果买方拒绝接收货物，只有在企业处理完货物残值后，保险公司才予以定损核赔。

5.企业在获得赔偿后，应协助保险公司的工作

外贸企业在收到保险公司的赔款后应填写"赔款收据及权益转让书"，将赔偿部分的权益、所涉及的货物及同货物有关的单证、票据、担保转让或移交给保险公司，并与保险公司通力合作，采取一切必要的、合理的或保险公司要求采取的包括法律诉讼在内的措施，配合保险公司向买方追讨欠款。追回款额及费用通常按各自权益比例进行分摊。

如果企业提交"可能损失通知书"后又收回货款，应及时书面通知保险公司，以便保险公司及时恢复该买家项下的信用限额。

【范本】委托代理协议

··

委托代理协议

委托人：   保单号：

受托人：中国出口信用保险公司   立案号：

第一条　委托事项

根据保险合同相关约定，委托人同意将应收账款委托受托人以委托人名义向有付款责任的买方、担保方或开证行（以下统称"债务人"）追偿；或委托受托人登记破产债权等特定事项。

第二条　委托人应确保

1. 本协议委托事项项下无其他受托方，受托人书面同意的除外。

2. 未经受托人书面同意，委托人不就委托事项擅自与债务人联系或达成任何形式的和解协议，如债务人就委托事项主动与委托人联系协商，委托人将及时告知受托人。

3. 及时提供"委托事项明细表"（应收账款明细）和英文授权书"Collection Trust Deed"，以及能够证明委托事项的真实、有效、准确、完整的法律文件和信息。

第三条　受托人受托后应

1. 依法、合理地处理委托事项，维护委托人的合法权益。

2. 自行追偿，或者适时转委托第三方律师事务所或追账公司等追偿渠道进行委托追偿。

3. 在向债务人采取仲裁或诉讼等必要法律措施时，事先征得委托人的书面同意；仲裁或诉讼以委托人名义进行。

第四条　追回款

1. 本协议生效后，在委托事项项下，债务人或第三方以汇款、现金或等价物、债务抵销等方式偿付债务的，相应金额视为受托人追回款金额；债务人或第三方以退货、非货币财产等方式偿付债务的，相应市场价格视为受托人追回款金额。

2. 委托人同意追回款直接汇至受托人指定账户。对赔付前追回款，受托人在扣除委托人应分摊的追偿费用后，将余额全部转付委托人。对赔付后追回款，除非双方另行约定，委托人和受托人将按照各自权益比例进行分摊。

3. 赔付后追回款分摊权益比例

受托人权益比例 = 赔付金额 ÷ 赔付时有效委托金额

委托人权益比例 =1－ 受托人权益比例

赔付时有效委托金额是指受托人按照保险合同赔付时，委托事项项下在扣减已追回金额、已抵债金额或委托人已放弃债权金额等款项后，债务人的实际欠款本金金额。

4. 在向委托人转付追回款时，受托人有权直接抵扣委托人在委托事项项下及其他案件项下应向受托人摊回的追回款和应承担的追偿费用。

第五条　追偿费用

1. 追偿费用是指受托人在处理委托事项过程中发生的各项费用，包括但不限于佣金、诉讼费、仲裁费和律师费等费用。受托人与委托人按各自权益比例分摊经双方事先确认的追偿费用。若委托人损失不属受托人的赔偿责任，追偿费用由委托人自行承担。

2. 佣金是指受托人在委托追偿渠道追偿且发生追回款时，转付给追偿渠道的费用，该费用以追回款金额和相应的佣金率计算得出。

3. 本协议委托事项项下，追偿渠道的佣金率（上限）为 _____%。

4. 赔付前追偿费用分摊权益比例：

受托人权益比例 = 保单约定赔偿比例　　委托人权益比例 =1- 受托人权益比例

在赔前诉讼或仲裁等特殊情况下，权益比例由双方根据案件实际情况协商确定。

5. 赔付后追偿费用分摊权益比例等同于赔付后追回款分摊权益比例。

第六条　争议解决

本协议适用中华人民共和国法律，凡涉及本协议或因执行本协议而发生的争议，按照保险合同约定的争议解决方式进行处理。

第七条　生效和终止

1. 本协议自双方签字盖章之日起生效。

2. 委托人解除委托，需提前一个月通知并征得受托人书面同意。

3. 委托人破产、清算或注销等原因导致本协议无法继续履行，受托人有权终止本协议。

4. 受托人追回全部款项，或债务和解协议执行完毕，或因债务人失踪、破产清算以及其他无法继续追偿等情形发生后，本协议自动终止，但并不豁免委托人按权益比例及时向受托人摊回追回款和追偿费用的义务。

5. 本协议正本一式两份，委托人和受托人各执一份，具有同等法律效力。

委托人确认已仔细阅读上述协议条款，充分理解各条款的含义，并无异议。

委托人（授权签字人）：　　　　　　　受托人（授权签字人）：

（公章）　　　　　　　　　　　　　　（公章）

日期：　　　　　　　　　　　　　　　日期：

委托事项明细表

案号（Ref No.）：

一、委托人基本信息（Creditor Information）

名称（Name）：_____

地址（Address）：_____

（注：请填写英文，下同）

二、债务人 / 开证行基本信息（Debtor Information）

名称（Name）：_____

联系人（Contact）： _____

地址（Address）： _____

电话（Tel）：_____ 传真（Fax）： _____ 电子邮件（E-mail）：_____

其他信息（Other Info）： _____

三、委托债务详细情况（Statement of Account）

合同号/信用证号 Contract/LC No.	发票号 Invoice No.	提单号 B/L No.	应付款日 Due Date	发票金额 Invoice Amount	已收汇金额 Paid Amount	欠款余额 Unpaid Amount
合计（Total）						

（注：发票金额、已收汇金额和欠款余额三栏中应同时填写币种和金额）

（如需加页，请加盖骑缝章）

委托人签章： _____

日期： _____

【范本】案情说明

案情说明

致：中国出口信用保险公司

一、贸易过程

二、损失原因

(续)

三、货物处理情况
四、已采取或将采取的施救措施

被保险人 / 融资银行签字：　　　　　　盖章：　　　　　　年　月　日

【范本】保证函

. . . .

保证函

中国出口信用保险公司：

　　我公司与买方（开证行）＿＿＿＿＿＿＿＿＿＿在合同 / 发票 / 信用证 /（No.　　　）项下的应收账款迄今尚未收回，买方（开证行）欠款余额为（USD＿＿＿＿/CNY＿＿＿＿）。该笔交易已由贵公司承保，保单号为＿＿＿＿＿＿，贵公司立案号为＿＿＿＿＿。我公司已于＿＿年＿月＿日提交了"索赔申请书"。

　　目前，在案情尚需进一步核实的情况下，为缓解我公司流动资金紧张状况，同时充分考虑贵公司预先支付赔款所承担的风险，我公司自愿做出以下承诺：

　　1. 下列任何一种情况发生时，我公司将在该情况发生之日起 10 个工作日内无条件全部退回贵公司预付赔款：

　　（1）我公司未履行与买方（开证行）在交易合作项下所约定的应尽义务或未承担买卖双方交易约定的各项责任，如提供商品不符合质量要求、延迟交货等；

　　（2）我公司在未取得贵公司书面同意的情况下，与买方（开证行）达成损害贵公司利益的协议；

（3）最终查明上述索赔项下损失不属于贵公司保险责任范围；

（4）我公司未全面履行保险单中规定的被保险人的各项应尽义务；

（5）我公司未按照贵公司的要求协力配合追偿，包括但不限于未按照贵公司的要求通过法律手段向买方（开证行）或其他相关责任方主张债权等；

（6）损失是由其他构成责任免除的事由，或保单条款中约定的引致保险责任或保单终止的事由发生所致。

贵公司如查明上述任何一种情况而向我公司发出通知的，我公司也将在接到贵公司通知之日起10个工作日内无条件全部退回贵公司预付赔款。

2. 如收到该买方（开证行）还款，我公司将在5个工作日内书面通知贵公司，并按照保单合同规定，将贵公司权益部分在发出通知之日起10个工作日内，汇至贵公司指定银行账户。

3. 若我公司违反上述保证，损害了贵公司合法权益，贵公司有权追究我公司的法律责任。

法定代表人/授权人签字：　　　　　　　　公章：

　　　　　　　　　　　　　　　　　　　年　月　日

【范本】索赔申请书

索赔申请书

可损立案号：

险种			
被保险人名称		保单号	
联系人及方式		关键客户	
买方名称		买方代码	
开证行		开证行SWIFT码	
保兑行		保兑行SWIFT码	
信用限额		限额生效日期	年 月 日
致损原因	非信用证支付方式	[ ]买方破产　[ ]买方拖欠　[ ]买方拒收　[ ]政治风险	
	信用证支付方式	[ ]银行破产　[ ]银行拖欠　[ ]银行拒绝承兑　[ ]政治风险	

（续）

发票号	出运日期	支付条件	应付款日	提单号	报关单号	发票金额	损失金额	索赔金额

| 被保险人是否委托保险人追讨：是□　否□ | | | | | 合 计 | | | |

被保险人是否已办理贸易融资：是□　否□　融资金额：

融资银行：

案情说明（可另加附页说明）

减损措施：

索赔申请人	[ ]被保险人
	[ ]其他索赔权人 是否已提供"索赔权转让协议"或其他相关文件 [ ]已提供　　[ ]未提供

索赔申请人谨此声明并保证：

　　1.上述索赔信息及所附文件均真实无误，如存在故意漏报或误报，保险人可不予承担赔偿责任；

　　2.被保险人将履行保险单规定的各项义务，积极配合保险人做好调查追偿工作。

索赔申请人签字：　　　　　　（公　章）　　　　　　年　月　日

保险人经办：	收到索赔申请书日期：　　年　月　日

注：请索赔申请人填写本申请书的同时，按保单规定提供"索赔单证明细表"中所列相关文件。

【范本】委托代理协议——英

Collection Trust Deed

Owing to and in connection with the protracted default by＿＿＿买方全名＿＿＿＿ in payment which has been＿＿＿逾期月数＿＿＿months overdue under Sales Contract or L/C No.＿合同/信用证号＿ signed between us and＿＿＿买方全名＿＿＿ , we , ＿＿＿＿＿＿被保险人名称及地址＿＿＿＿＿＿ , hereby confirm our agreement and authorization to **China Export & Credit Insurance Corporation** , of the full rights for collection , on our behalf , against＿＿＿＿＿买方全名及地址＿＿＿＿＿for the full amount of USD＿＿＿委托追讨金额＿＿＿(Say United States dollars＿＿＿＿英文大写＿＿＿＿) plus the interest of USD＿利息金额＿ accrued thereon subject to the interest rate of ＿利息率＿% per annum.

We further confirm our grant to **China Export & Credit Insurance Corporation** the full power in exercising such rights and remedies in our or its own name and give any assistance as it may require of us from time to time.

Authorized signature: ＿＿法人签字＿＿

Title (in capital letter):＿职务＿

Date (day/month/year):＿＿＿＿＿＿

【范本】天津分公司索赔文件清单

天津分公司索赔文件清单

敬启者：

请贵公司结合实际情况根据下述指引向我公司提交相关材料：

工作需求	提供材料	
一、如委托我公司理赔追偿	3个工作日内提交"案情说明"（中文章）、委托文件（中文章）、基本贸易单据复印件（中文骑缝章）、"出运（交付）明细表"（中文章）、"索赔申请书"（中文章）、"索赔单证明细表"（中文章）、"保证函"（中文章）、"短期出口信用保险申报单"（中文章）	
	委托文件	"委托代理协议"（两份，中文章，并加盖骑缝章）	请务必在接受佣金事宜后盖章并签署日期

（续）

一、如委托我公司理赔追偿	委托文件	"委托事项明细表"（两份，中文章）	请务必在接受佣金事宜后盖章并签署日期
		"COLLECTION TRUST DEED"（一份，英文合同章）	
	基本贸易单据 ※ 标项为贵公司必须提交的基本贸易文件（贸易单据均复印件即可，请勿提交正本）	※ 贸易合同 / 买方订单及合同（订单）来源文件（如买方发送合同 / 订单的邮件原件或快递单底单）	若合同买方与限额买方不一致，请补充提供限额买方承担付款义务的证明文件
			若合同卖方与被保险人不一致，但已纳入保单承保范围，请注明；若未纳入保单承保范围，请说明情况
		※ 商业发票、装箱单	若商业发票显示商品信息（含品名、单价）与合同约定不一致，请补充商业发票信息对应的合约依据（补充合同、往来邮件等）或补充说明
		※ 正式签发的海运提单或其他运输单据（如货运单和收货单等）	若货运单据显示的发货人与被保险人不一致，请补充买方的书面确认文件
			若货运单据显示的收货人与限额买方不一致，请补充买方的书面指示文件
			若货物单据显示的送货数量与发票（装箱单）不一致，请补充说明
		※ 出口报关单	若报关单显示的报关企业与被保险人不一致，请说明情况
			若报关单显示的货物运抵国、集装箱号、发货时间等与提单显示的相关信息不一致，请说明情况
		此外，如符合以下对应情况的，请提供，并在"□"内打钩。	
		□ 1. 若贸易单据显示总金额与索赔金额之间存在差异，请说明差异原因并提供计算公式和对应的证明文件。例如，买方部分还款说明与对应的银行收汇水单（如有预付款或部分还款的）、买方折扣款 / 抵销款说明与对应文件（如有）、未投保业务情况（如有）等	

（续）

一、如委托我公司理赔追偿	基本贸易单据 ※ 标项为贵公司必须提交的基本贸易文件（贸易单据均复印件即可，请勿提交正本）	□ 2. 贵公司与买方在涉案贸易项下的往来函电（包括信函、传真、电子邮件等），例如，贸易补充约定、催款文件、买方承认债务的文件、磋商争议事项的函电等
		□ 3. 信用证文本、信用证修改通知书（信用证支付方式需提供）
		□ 4. 银行承兑证明文件（远期信用证支付方式需提供）
		□ 5. 开证行未承兑（不付款）证明（信用证支付方式需提供）
		□ 6. 买方承兑证明文件（承兑交单支付方式需提供）
		□ 7. 委托银行托收指示、银行出具的买方未承兑／不付款证明（托收支付方式需提供）
		□ 8. 买方拒收货物或要求降价的证明文件（拒收风险需提供）
		□ 9. 买方（开证行／保兑行）破产或丧失偿付能力的证明文件（破产风险下需提供）
		□ 10. 被保险人已申请登记破产债权及破产债权获得确认的证明文件（破产风险下需提供）
		□ 11. 担保人担保文件（限额审批单载明担保生效作为限额生效前提的情况下需提供）
		□ 12. 被保险人已向担保人执行担保的证明文件（限额审批单载明担保生效作为限额生效前提的情况下需提供）
		□ 13. 被保险人已进行仲裁或诉讼的证明文件
		□ 14. 证明政治风险发生的相关文件（政治风险下需提供）
		□ 15. 被保险人采取减损措施的说明和证明文件
		□ 16. 贵公司认为能够证明与买方债权债务关系的其他材料
二、如涉及货物处理（不管追讨方式如何均须第一时间办理）		1. 包括但不限于买方拒绝接收货物、买方破产但仍有在途／在港货物、贵公司主动合法控制货物、银行拒付／拒绝承兑／破产等情况发生且货物尚未被买方完全控制时，请提交"货物处理方案"
		2. "货物处理方案"（中文章）需说明不同货物处理预案（放货、降价、转卖、退运）下，预计产生的货物处理差价损失，以及转运费、退运费、滞港费等成本收益分析，预计货物处理所需时间等；放货、降价或转卖预案下，需详细介绍交易条件和交易价格，并请贵公司对货物处理预案给出倾向性意见，以便我公司共同考虑合适的货物处理方案
		3. 货物处理完毕后，请提供货物处理文件和费用证明（可能包括降价协议、转卖合同／发票、转运单据、退运证明、费用文件、收款水单等）

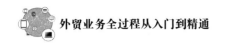
案件资料（连同本表）请一并寄至分管贵公司客户经理

中国出口信用保险公司天津分公司

××××处××

电话：×××××

邮箱：××××@××.com.cn

地址：××××××

谢谢合作！顺颂商祺！

中国出口信用保险公司

天津分公司

第二节　贸易术语风险防范

不同贸易术语相对于买卖双方的风险点划分各有不同。根据交易的具体情况，审慎、合理地选择国际贸易术语能使进出口商有效地防范和降低贸易术语本身的局限性，或出口商利用贸易术语进行欺诈所带来的风险。FOB、CIF、CFR 是国际贸易中最常用的贸易术语，尤其是在出口贸易中。因此，本节重点讨论出口贸易中采用 FOB、CFR、CIF 时所遇到的主要风险，然后根据情况提出有针对性的规避风险的有效措施，使贸易风险能够降到最低。

一、慎选符合业务需要的适用贸易术语

在我国出口业务中，出口企业要根据交易的具体情况，慎重选择适当的贸易术语，这对于防范收汇风险、提高经济效益是十分必要的。

出口企业在挑选贸易术语时应该考虑以下各项因素。

（一）平等互利与双方自愿的原则

在国际贸易中，对于按何种贸易术语成交，买卖双方应本着平等互利的精神，从方便贸易与促进成交出发，在彼此自愿的基础上商定，不宜强加于人。一般来讲，在装运地或装运

港交货情况下，是否按带保险的条件成交，需根据国际贸易的一般习惯做法。原则上，应注重买方的意见，由买方选择。

（二）运输条件因素

2020 年版《国际贸易术语解释通则》对每种贸易术语适用于何种运输方式，都分别做了明确、具体的规定。因此，买卖双方采用何种贸易术语，应先确定采用何种运输方式。此外，买卖双方还应了解本身的运输力量以及安排运输有无困难。在本身有足够运输能力或安排运输无困难的情况下，可争取按由自身安排运输的条件成交（如按 FCA、FAS 或 FOB 进口，按 CIP、CIF 或 CFR 出口）。否则，应酌情争取按由对方安排运输的条件成交（如按 FCA、FAS 或 FOB 出口，按 CIP、CIF 或 CFR 进口）。

（三）运输货物的类别

国际贸易中的货物品种众多，不同类别的货物具有不同的特点，它们在运输方面各有不同的要求。因此，安排运输的难易不同，运费开支大小也有差异。这是选择贸易术语时应顾及的因素。另外，成交量的大小也直接涉及安排运输是否有困难、经济上是否合算。当成交量太小，又无班轮通航的情况下，负责安排运输的一方势必会增加运输成本，因此在选用贸易术语时，也应考虑这一因素。

（四）运费

运费是货价构成因素之一，在选用贸易术语时，应考虑货物经由路线的运费收取情况与运价变动趋势。一般来讲，当运价看涨时，为了避免承担运价上涨的风险，可以选用由对方安排运输的贸易术语成交，比如按 C 组中的某种术语进口，按 F 组中的某种术语出口。在运价看涨的情况下，比如因某种原因不得不采用由自身安排运输条件成交，则应将运价上涨的风险考虑到货价中去，以避免承担因运价变动而引起的风险损失。

（五）运输途中的风险

在国际贸易中，交易的商品一般需要通过长途运输。货物在运输过程中可能会遇到各种自然灾害、意外事故等风险，特别是当遇到战争，或者正常的国际贸易遭到人为障碍与破坏的时期和地区，则运输途中的风险会更大。因此，买卖双方洽商交易时，必须根据不同时期、不同地区、不同运输路线及运输方式的风险情况，并结合购销意图来选用适当的贸易术语。

（六）办理进出口货物结关手续有无困难

在国际贸易中，关于进出口货物的结关手续，有些国家规定只能由结关所在国的当事人安排或代为办理。因此，买卖双方为了避免承担办理进出口结关手续有困难的风险，在洽谈交易之前，必须了解有关政府当局关于办理进出口货物的具体规定，以便酌情选用适当的贸易术语。例如，当某出口国政府当局规定，买方不能直接或间接办理出口结关手续，则不宜按 EXW 条件成交，而应选 FCA 术语成交。

（七）考虑船舷为界有无实际意义

在装运港交货条件下，按照一般传统的解释，关于货物费用与风险的划分，以装运港船舷为界。但按 2020 年版《国际贸易术语解释通则》的规定，如要求卖方在船舶到港前即将货物交到货站，或者采用滚装、滚卸、集装箱运输，费用与风险以航舷为界来划分已失去实际意义，在此情况下，就不宜采用 FOB、CFR 或 CIF 术语成交，而应分别选用相应的 FCA、CPT 或 CIP 术语。

二、选用 FOB、CFR、CIF 术语应注意的法律问题

（一）FOB 术语

FOB 术语是海上运输最早出现的国际贸易术语，也是目前国际贸易中普遍应用的贸易术语之一。据统计，我国出口中以 FOB 术语成交的比例为 70%，但专家指出，FOB 术语给出口商带来的风险更大，有可能造成货、款两空的结局。

选择 FOB 术语，出口商很难掌控合同的执行进度。如果进口商没有按合同规定的时间租船订舱，可能会对出口商造成重大损失，特别是经营食品、农产品、保质期短的产品，出口商所备的货物可能因交货时间的推迟而腐烂变质，降低质量标准，无法检测合格。这样的事例在我国对外贸易中时有发生，应引起国内出口商的重视。相对于 FOB 术语，选择 CFR 或 CIF 术语就可以避免此类事件的发生。

因此，作为出口商，在洽谈合同时，应尽力争取选择 CFR 或 CIF 术语。如果双方达不成协议，必须选择 FOB 术语时，应对进口商资信进行调查，如果发现进口商资信不好，宁可放弃合同也不能选择 FOB 术语。选择 FOB 术语时，要避免无单放货的事情发生，要有此种风险意识，通过有效手段控制货物所有权。经营易腐、易烂的产品时，一定不要选择 FOB 术语，

以免失去对生产或备货进度的控制。

（二）CFR 术语

CFR 术语是指在装运港货物越过船舷，卖方即完成交货，卖方必须支付将货物运至指定的目的港所需的运费和费用。交货后货物灭失或损坏的风险，以及由于各种事件造成的任何额外费用，由卖方转移到买方。

使用 CFR 术语需注意的问题如下。

1. 租船或订舱的责任

根据 2020 年版《国际贸易术语解释通则》的规定，CFR 术语下的卖方只负责按照通常条件租船或订舱，使用通常类型的海轮（或内河轮船），经惯常航线，运至目的港。因此，买方一般无权提出关于限制船舶的国籍、船型、船龄或指定某班轮公司的船只等要求。但在实际业务中，若国外买方所提上述要求能够办到，又不增加费用，则可以考虑接受。

2. 装卸费用的负担

在采用班轮方式运输的情况下，运输费用包括装运港的装货费用和目的港的卸货费用，卸货费用由卖方负担。但是，如果采用租船方式运输，则需在合同中订明卸货费用由何方负担。规定的方法，可以在合同中用文字具体说明，也可采用 CFR 术语的变形来表示。CFR 术语的变形如图 4-9 所示。

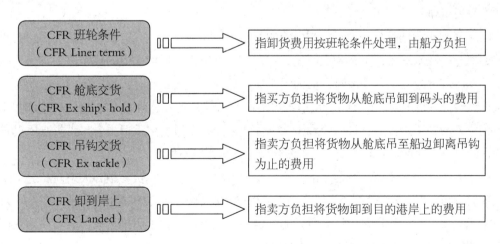

图 4-9 CFR 术语的变形

3. 关于装船通知

按 CFR 术语订立合同时，需特别注意装船通知问题。2010 年版《国际贸易术语解释通则》

规定，卖方须给予买方关于货物已交至船上的装船通知，以便买方为收取货物采取必要的措施，并根据买方请求提供买方为办理保险所必需的信息。据此，可以理解为，若买方不提出请求，卖方没有为对方办理保险而主动发装船通知的义务。但是，某些国家法律规定，不负责办理运输保险的卖方须及时向买方发出装船通知，以便买方办理货运保险。若卖方没有这样做，则货物在运输途中的风险应由卖方负担。因此，在按 FOB 或 CFR 术语订立合同的情况下，除非已确立了习惯做法，否则双方应事先就有关装船通知问题达成约定。如未约定，也无习惯做法，买方也应及时向卖方发出装船通知。

（三）CIF 术语

CIF 术语是指在装运港当货物越过船舷时，卖方即完成交货。在 CIF 条件下，卖方必须办理买方货物在运输途中灭失或损坏风险的海运保险。应注意，CIF 术语只要求卖方投保最低限度的保险险别。如买方需要更高的保险险别，则需要与卖方达成协议，或者自行做出额外的保险安排。

按 2020 年版《国际贸易术语解释通则》的规定，CIF 术语只适用于海运和内河航运。若要求卖方先将货物交到港口货站，以及使用滚装 / 滚卸或集装箱运输时，则使用 CIP 术语更为适宜。

在我国的出口贸易中，按 CIF 条件成交的较为普遍。为了正确运用 CIF 术语，企业应特别注意下列事项。

（1）必须正确理解和处理风险与保险的关系。风险与保险是既有联系，又有区别的两个不同的概念。在 CIF 条件下，如上所述，买方应承担货物在运输途中的风险，买方为了转嫁风险，本应向保险公司办理保险，但为了避免麻烦，在洽谈交易时，要求卖方代办保险，并商定保险费计入货价中。由于 CIF 货价中包括保险费，因此卖方必须按约定条件自费办理保险，卖方为买方利益所进行的这种保险属于代办性质，如果事后发生承保损失，由买方凭卖方提交的保险单直接向保险公司索赔，能否索赔到手，卖方概不负责。

（2）必须明确大宗商品交易下的卸货费由何方负责。在国际贸易中，大宗商品通常洽租不定期船运输，在大多数情况下，船公司承运大宗货物是不负担装卸费的。因此，在 CIF 条件下，买卖双方容易在卸货费由哪方负责的问题上发生争议，为了明确责任，买卖双方应在合同中就卸货费由谁负担做出明确、具体的规定。

当买方不愿负担卸货费时，在商定合同时，可要求在 CIF 后加列 "Linerterms"（班轮条件）、"Landed"（卸到岸上）或 "Under ship's tackle"（船舶吊钩下交货）字样。

当卖方不愿负担卸货时，在商定合同时，可要求在 CIF 后加列 "Ex ship's hold"（舱底交货）字样。

> CIF 后加列各种附加条件，如同 CFR 后加列各种条件一样，只是为了明确卸货费由谁承担，它并不影响交货地点和风险转移的界线。

（3）必须做好单证工作。从交货方式来看，CIF 是一种典型的象征性交货（Symbolic Delivery），是指卖方只要按期在约定地点完成装运，并向买方提交合同规定的包括物权凭证在内的有关单证，就算完成了交货义务，而无须保证到货。在象征性交货方式下，卖方是凭单交货，买方是凭单付款，只要卖方按时向买方提交了符合合同规定的全套单据，即使货物在运输途中损坏或灭失，买方也必须履行付款义务，然后凭所取得的有关单据向船方或保险公司提出索赔，追回损失。反之，如果卖方提交的单据不符合要求，即使货物完好无损地运达目的地，买方仍有权拒付货款。CIF 交易实际上是一种单据买卖。因此，装运单证在 CIF 交易中具有特别重要的意义，出口企业应在实际外贸工作中做好单证工作。

> 必须指出，按 CIF 术语成交时，卖方履行其交单义务，只是得到买方付款的前提条件，除此之外，它还必须履行交货义务。如果卖方提交的货物不符合要求，买方即使已经付款，仍然可以根据合同的规定向卖方提出索赔。

三、FOB、CIF、CFR 术语风险防范措施

在我国对外贸易业务中用以确定交货条件所使用的贸易术语主要包括装运港交货的 FOB、CFR、CIF 术语三种。在我国的出口贸易实践中，由于有些出口企业的业务员在使用 FOB、CIF、CFR 术语时防范贸易风险的意识不强，业务环节把关不严，从而使企业面临运输货损风险、履行出口合同风险、船货衔接风险及买方指定货代公司可能出现无单放货的风险、提单上对收发货人的记载所带来的风险等，这些风险导致出口企业（特别是中小型企业）蒙受重大损失而资不抵债，面临破产倒闭的危机。因此，出口企业在应用 FOB、CFR、CIF 这三个主要的贸易术语时应制定相应的风险防范措施。

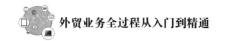

（一）投保陆运险

投保陆运险可以消除从发货人仓库到装运港之间的保险盲区。对于以 FOB 和 CFR 的价格条款成交的合同，应由买方投保。根据国际惯例，货物的风险是从货物在装运港指定船舶以后才转移给买方的，也就是说买方只对在装运港指定船舶以后的货物所发生的损失负赔偿责任。

> 如果风险发生在装运港发货人的仓库和货物在装运港越过指定船舶之前，比如货物运往装运港的途中，或者装船过程中货物跌落海中等，买卖双方无法从保险公司获得赔偿，这一段就会成为保险"盲区"。

为避免保险"盲区"，有效保护被保险人的利益，对于以 FOB 和 CFR 价格条款成交的合同，卖方可以在装船前单独向保险公司投保装船前险，也称国内运输险，即陆运险。投保了陆运险后，一旦发生上述损失，卖方即可以从保险公司获得赔偿，尤其是卖方所在地距离装运港比较远的情况。

但是，投保陆运险会增加卖方的资金负担，卖方对外报价时要把这一部分费用考虑进去。同时，卖方也可以考虑改变长期使用的贸易术语 FOB，而改用国际多式联运的贸易术语 FCA。在 FCA 术语下，货物风险在货交第一承运人时就会转移，其交货地点在陆地城市而非海港。

（二）卖方出立各项单据时，要严格遵守合同或信用证的要求

对于在采用 FOB、CIF、CFR 术语出口时出现的履行风险，卖方在出立各项单据时，严格遵守合同或者信用证才可以规避。在国际贸易中，通常卖方凭单交货，买方凭单付款，买方往往可以单据与合同或信用证不一致为由拒绝付款。尤其是采用商业信用的托收或货到后付款时，货发出后卖方就会陷入被动的地位，因此，卖方最好优先采取信用证结算方式以降低风险。

对于信用证或合同中对海运提单收、发货人的记载一定要仔细审核，同时对于买方因不能及时备好船舶而导致需要推迟信用证规定的最迟装船日期或延展有效期，不能仅凭买卖双方所达成的协议，要有开证行所出具的正式的修改通知书方能生效。

（三）买方委托卖方代为办理租船订舱手续，最好采用 CIF、CFR 术语

在 FOB 术语下，船货的衔接问题往往比较严重。采用信用证方式结算，当买方委托卖方代为办理租船、订舱手续时，船货的衔接一般没有问题，也可以采用 FOB 术语。当对方指定船舶或安排货代时，就需要在信用证中规定买方指定的船舶最迟到达装运港的日期。

同时，双方最好多沟通，买方租船、订舱完成后及时向卖方发出催装通知；卖方备妥货后，也要向对方发出备妥通知，从而避免出现装运期错过规定的装运日期，或者议付超过信用证的有效期。

相对于 FOB 术语，在 CIF、CFR 术语下，卖方可根据自己的备货情况，灵活选择多家船公司的货船及时进行装运，这样船货衔接的风险要小很多，并且可以节省码头的仓储费用，缩短收汇时间。

（四）卖方自己委托货运代理

对于买方指定货代可能出现的无单放货的风险，在可能的条件下，最好由卖方自己委托货运代理租船订舱，这样不仅手续简单、费用较低，而且出现无单放货的概率较小。

当买方提出一定要指定货代时，卖方可向客户转达我国商务部通过各有关外经贸委（厅、局）向各外贸企业和货代企业发出的《关于规避无单放货风险的通知》，要求出口方不能接受未经过外经贸部批准在华经营国际货运代理的货代企业或境外货运代表处安排运输。

若对方仍坚持指定货代，则必须委托国内货代签发提单，从而掌握货物的控制权，并向发货人出具保函，使发货人的货权得到保障。

国内货代签发自己的或境外货代的提单，则该货代就成为无船承运人。若查到国外的货代不是合法存在或合法经营的，国内的货代公司也无法逃脱承运人的责任。当出口方不能自己指定货运代理时，外贸企业也应采取若干预防措施，比如向国际咨询机构进行资信调查，要求买方配合，让境外货代公司担保，企业内部加强审核把关。

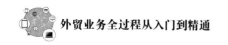

同时，为了规避国内外货代公司联合欺诈出口方，各地货代协会需要对会员单位做出规定，不准借权经营、代开发票，或者规定境外货代办事处"上船前"的操作，由发货人委托国内货代办理，以规避过多的费用支出。

（五）一定要在货物发出后仍能够控制货物的所有权

卖方一定要在货物发出后仍能够控制货物的所有权（一般仅限于海洋运输）。卖方出立提单时要非常谨慎，不能接受对方作为提单的托运人的要求。当对方不是采用预付（Cash With Order）方式时，既不要做成记名提单，也不要做成凭收货人指示（to Order of Consignee）的提单，而应该做成空白抬头（to Order）或凭发货人或开证行指示转让（to Order of Shipper/to Order of Issuing Bank）的提单。

这样对于提单背书转让的权利就保留在卖方或银行的手中，对方不付款或不承兑，就很难获得物权凭证在内的各项单据，从而无法提供正本提单去办理提货手续。

第三节　国际货物运输环节的风险防范

国际货物运输促进了出口货物实现跨越国界的空间移位。相对于国内货物运输，国际货物运输具有政策性强、时间长、路线长、相对环节较多等特点。不同国家之间法律、政策、宗教、文化风俗的不同，不同地方气候、气温、温差、降雨量、空气湿度、台风因素的不同，不同地理位置、构造、地形、地貌的不同，都给国际货物运输带来了很大的风险。如何防范国际货物运输中的风险或怎样把风险降到最低，是从事国际贸易相关人员最关心的事情，也是急需解决的棘手问题。

一、国际货物海洋运输中的风险种类

（一）外来风险

外来风险一般是指由外来原因引起的风险，可分为一般外来风险和特殊外来风险，具体内容如图4-10所示。

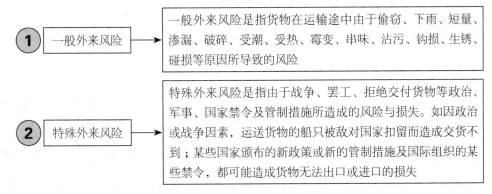

图 4-10 外来风险的类别

（二）海上风险

海上风险在保险界被称为海难，包括海上发生的自然灾害和意外事故。

1. 自然灾害

自然灾害是指由于自然界的变异引起破坏力量所造成的灾害。在海运保险中，自然灾害仅指恶劣气候、雷电、海啸、地震、洪水、火山爆发等人力不可抗拒的灾害。

2. 意外事故

意外事故是指由于意料不到的原因所造成的事故。在海运保险中，意外事故仅指搁浅、触礁、沉没、碰撞、火灾、爆炸和失踪等，具体内容如表 4-9 所示。

表 4-9 意外事故的类别

序号	类别	具体说明
1	搁浅	搁浅是指船舶与海底、浅滩、堤岸在事先无法预料到的意外情况下发生触礁，并搁置一段时间，使船舶无法继续行进以完成运输任务。但规律性的潮汐、涨落所造成的搁浅则不属于意外事故的范畴
2	触礁	触礁是指载货船舶触及水中岩礁或其他阻碍物（包括沉船）
3	沉没	沉没是指船体全部或大部分已经没入水面，并已失去继续航行的能力。若船体部分入水，但仍具航行能力，则不视作沉没
4	碰撞	碰撞是指船舶与船舶或其他固定的、流动的固定物猛力接触，如船舶与冰山、桥梁、码头、灯标等相撞

（续表）

序号	类别	具体说明
5	火灾	火灾是指船舶本身、船上设备及载运的货物失火燃烧
6	爆炸	爆炸是指船上锅炉或其他机器设备发生爆炸和船上货物因气候条件（如温度）影响产生化学反应引起的爆炸
7	失踪	船舶在航行中失去联络、音讯全无，并且超过一定期限后，仍无下落和消息，即被认为是失踪

在国际贸易中，海洋运输防范的重点应放在外来风险上。外来风险是可预防性风险，针对这类风险，一般采用预防性的战略。海上风险主要是因不可抗力引起的，是难以预测并控制的，针对这类风险，一般通过投保转嫁货物的风险，又称转嫁性战略。

二、国际海运各个环节的风险分析

外贸企业应按照国际贸易进出口流程，把与运输相关的环节从中抽出来进行研究，分析每一个环节中存在的风险，找出风险的隐患所在，在投保的基础上制定一些预防措施，以根除风险隐患。以下为各个环节的风险分析和具体防范措施。

（一）运输条款

运输条款是国际贸易合同的重要组成部分，同时也是买卖双方达成的运输协议。消除运输条款中的隐患，减少不必要的麻烦和损失对双方都有利。如果运输条款订得不恰当或责任不明确，甚至脱离了运输的实际可能，在执行贸易合同时，会使运输工作陷于被动，引起经济损失及各种纠纷，严重的还会引起违约。因此，运输条款应尽可能订得完善、明确和切实可行。订立运输条款时应注意以下问题。

1. 装运期

（1）装运期方面的主要问题。

第一，装运期的表达不恰当，过于"笼统"和过于"具体"。若在很多信用证中使用"立即装运""即刻装运""迅速装运"等笼统性的词语，银行将不予理会，这会给结汇带来很大的麻烦。过于"具体"是指有的信用证中会规定具体某一天装运，如果这一天港口装运工人不上班或货物没有及时运到港口，出口方就很难按照规定日期完成装运。

第二，误解装运期。例如，某对外贸易进出口公司于 5 月 23 日接到一张国外开来的信用证，信用证对装运期和议付有效期条款规定："Shipment must be effected not prior to 31st May 2020.The Draft must be negotiated not later than 30th June，2020." 外贸公司误认为是 5 月 31 日以前装运（实际要求是，不得在 5 月 31 日之前装运）。该外贸公司认为信用证装运日期很紧，经过多方努力终于在 5 月 31 日前将货物装上船，但在拿到提单到银行结汇时，银行告知单证和信用证不符，拒绝结汇。该外贸公司回来仔细对照信用证才发现是自己误解了装运期。

（2）规定装运期的要求。规定装运期一定要从实际出发，慎重考虑各方面的因素：不仅要考虑到商品的性质和特点，还要考虑到货源、船期及市场竞争的情况；将装运期规定在某个时间段内，给装运留有一定的机动余地;仔细审核装运期，尤其是不符合常规的写法。另外，不要受习惯的影响，只看局部就想当然地认为可以了。

2. 装运港与目的港

买卖双方应根据本身的利益来确定装卸港口。在洽谈交易的时候，一般由卖方提出装运港，而买方提出目的港，然后双方协商达成一致意见。确定装卸港时应注意图 4-11 所示的问题。

问题一	装运港一般应以接近货源所在地的外贸港口为宜，同时考虑港口和国内运输的条件及费用水平
问题二	目的港应规定得具体、明确，避免使用"欧洲主要港口"等笼统的规定。因为该说法含义不明，国际上并无统一解释，而且各港口距离远近不一，运费和附加费相差很大，会给安排船舶造成困难，并且容易造成多支付运费，从而发生不必要的纠纷
问题三	如果规定"选择港"，则这些港口必须在同一航区、同一航线、同一班轮停靠的基本港范围内，一般不应超过三个；不得跨航线选港，使卖方无法安排运输

图 4-11　确定装卸港应注意的问题

3. 分批装运和转船

一般来说，"允许分批装运和转船"对卖方来说比较主动。因此，为了避免不必要的争议，争取早出口、早收汇，防止交货时发生困难，除非买方坚持不准分批和转船，原则上均应争取在合同中规定"允许分批和转船"。

（二）货物的包装

做好货物的包装并不是一件简单的事情，尤其是国际货物的包装，更要综合各个方面的因素。

1. 包装的基本要求

包装不仅要适合商品本身的特性，起到保护、美化商品的作用，还要适合搬运、装卸、运输等。例如，水泥怕潮湿、玻璃制品容易破碎、流体货物容易渗透和流失等，托运人应根据货物的性质及重量、运输环境条件和承运人的要求，采用适当的内、外包装材料和包装形式，妥善包装。精密、易碎、怕震、怕压、不可倒置的货物，必须有相适应的防止货物损坏的包装措施。

2. 特殊考虑

（1）根据货物运输经过的航线，从航线经过的地区纬度、海陆位置、地形、气候、水文等自然地理因素去考虑包装的适航问题。

 **案例**

> 某年夏季，我国某公司出口一批沥青运往西非，租用外国的船，沥青包装采用 5 层牛皮纸袋。当商船通过亚丁湾、曼德海峡进入红海后，沥青开始融化。红海位于干燥、炎热的亚热带地区，降雨稀少，周围是干旱的荒漠，没有大河流入，主要靠从曼德海峡流经印度洋的海水补给。因此，该地区海水的温度和盐度都很高，表层海水的温度最高可达 32℃，含盐度一般都在 40‰以上，是世界上水温和盐度最高的内海之一。因红海气温高，沥青融化，通过纸袋粘在货舱地板上。商船穿过苏伊士运河如地中海、大西洋时，沿途气温有所下降，使粘在货舱地板上的沥青又凝固下来，到目的港后，卸货十分困难，清理打扫船舱更困难，最后卖沥青赚来的外汇用于洗舱还不够。因此，货物包装应当保证货物在运输过程中不致损坏、散失、渗漏，不致损坏和污染船上的设备或其他物品。

（2）应考虑有关国家的民族风俗习惯、宗教信仰、语言、消费习惯和消费水平、法律规定及客户要求的不同调整包装。许多国家对花卉、颜色、商标等都有不同的要求和爱好，所以出口商品时一定要注意包装、标志、颜色等，否则有可能遭到拒收的风险。

（3）考虑到国际惯例、国际条例、法规等，严禁使用草袋包装或草绳捆扎。货物包装内不准夹带禁止运输或限制运输的物品、危险品、贵重物品、保密文件和资料等。如果违背了这些惯例、法规，运输船就可能被海关扣押或被拒绝进入该国海关境内。

货物包装在国际货物运输中是一个不可忽视的关键问题，为了避免出现不必要的麻烦，外贸企业应综合考虑上述因素。

（三）租船订舱

租船订舱是国际货物运输中很重要的环节，也是最容易出现问题的地方。因此，做好租船订舱工作是国际货物运输风险防范的重点。

1. 运输方式的选择

选择适当的运输方式不仅可以节省运输成本、获得更大的利润，而且可以降低风险。对于国际贸易中的货物运输方式，要根据货物的种类、数量、特性，结合租船市场的情况加以选择。按照船舶的经营方式不同，海上货物运输可分为班轮运输和租船运输两类，具体内容如图4-12所示。

班轮运输	租船运输
班轮运输方式的特点为：固定航线、固定港口、固定船期、相对固定的费率	租船运输的特点为：适合大宗的货物、运价靠竞争、"四不固定"、特定的物品

图 4-12　海上货物运输方式

根据以上两种不同运输方式的特点，对于国际贸易中的零星货物和一般杂货，一般用班轮运输；对于大宗货物、交货期集中的货物，或者发货港与目的港之间没有直达班轮时，都采用租船运输方式。如粮食、矿砂、石油、煤炭、木材等，大都采用租船运输方式。

2. 租船订舱

做好运输方式的选择以后，接下来的工作就是选择货代公司或船舶出租公司。

（1）选择货代。货代的资信直接与货物运输的风险相关联。最近屡屡发生买方与货代勾结，要求船方无单放货，造成卖方钱货两空的事情。另外，还有的货代只在装运口岸设立了小小的办事处，并无实际办理装运的能力，而通过外贸企业有关机构办理，既增加了环节，降低了效率，又提高了费用。因此，资信不好的货代坚决不能合作，无论它所报的价格多么优惠。

（2）租船。托运人要了解船东及船舶，如果是租船运输，更加需要谨慎，租船程序相对比较复杂。托运人不仅要调查船东的资信和经营状况，还要具体了解船东的名称，以及船舶的名称、船籍、吨位、船龄、航行的范围等。原则上应从适航、适货、经济实惠、安全保险等方面考虑做出决定，船龄超过 15 年的一般不租用，同时要防止替代船。

  替代船也称姊妹船，虽然两船是同一厂家在同一时间制造的，但是由于其使用程度不一样，磨损程度、安全系数是不一样的。

  （3）订舱。确定船东以后的工作就是订舱。在订舱的时候，托运人要如实告知货物的名称、种类、包装形态、数量和特殊运输要求等。为了安全运送，承运人必须了解货物的性质和特点，以判断船舶的结构、设备和管理是否适合装载和能否安全运输这批货物。如果实际装货所占空间超过预订的空间，船东有权利拒绝装载多余的部分；如果预订空间比实际装载货物所占空间大，由此造成的空舱，由租船人承担"空舱费"。如果是运输价值比较高的货物，并且没有通知承运人，那么货物一旦被盗，船东只按普通货物赔偿。

  有特殊运输要求的，如冷藏、保湿、通风、防潮等特殊要求，托运人要如实、及时告知承运人，以便合理安排舱位。如果是托运人没有如实告知而造成的货物损失和毁灭，承运人概不负责。

  另外，一定要认真签订租船订舱合同，分清双方的权利与义务，如发生意外，要及时通知对方，以避免不必要的纠纷。

（四）货物的装卸

装卸货物前，要先做好船货的衔接工作，避免出现货等船或船等货的状况。

1. 货物要在合理的时间运抵码头

货物到达码头的时间不能太早，因为如果货物在停留期间气候突变，托运人就会就地采取必要的应急措施，若没有采取必要的应急措施，可能会引起货物的损失，而采取了应急措施，又会增加不必要的费用。货物到达码头的时间也不能太晚，要留出一定的装船时间。

2. 了解"滞期费"和"速遣费"

外贸企业要对计算装卸时间经常使用的术语有所了解,注意装船的许可时间。租船时,都会规定租方要在多长时间内完成货物的装卸,如果超过了许可时间,租方受罚,提前完成则受奖。这就是我们通常所说的"滞期费"和"速遣费"。因此,外贸企业对装卸的速度和装卸日的规定应高度重视,要根据港口的装运速度来确定大概的装运时间。外贸企业要弄清楚合同中对日期的理解,如工作日、连续日、晴天工作日、连续 24 小时良好工作日,争取"速遣费",保证不拿"滞期费"。

做好船货的衔接工作看似简单,但是在国际贸易中仍然发生过不少"滞期费"的纠纷。

 案例

2018 年 10 月 9 日,我国 A 公司(以下简称买方)与美国 B 国际有限公司(以下简称卖方)签订了一项买卖合同。合同约定买方从美国进口 2.4 万吨废钢铁,按成本加运费计价(C&F);由卖方租船,从美国东海岸港口装货,装运期自 2018 年 10 月 20 日至 11 月 30 日,卸货港为我国大连港。合同附加条款的第 6 条第 1 款规定:卸货港每连续 24 小时晴天工作日应卸货 1 500 吨(节假日除外)。滞期费每日 4 500 美元,滞期时间连续计算。2018 年 11 月 9 日,卖方同巴拿马玛丽娜维法航运公司签订租船合同,租用该公司所属"凯法劳尼亚"轮船。租船合同约定,滞期费按每日 4 600 美元计算;"凯法劳尼亚"轮船在美国罗德岛普维斯和波士顿港将买方购买的 24 755.5 吨货物装船后,分别于 2018 年 11 月 29 日、12 月 6 日签发了以中国对外贸易运输公司为通知人的指示提单。该轮船于 2018 年 12 月 7 日从波士顿启航,2019 年 1 月 18 日到达卸货港大连港。该轮船到港后,递交了"准备就绪通知书",停泊在锚地等待卸货,但港口一直未予卸货。此后大连外轮代理公司通知该轮船移往青岛港卸货。该轮船于 2 月 13 日到达青岛港,直至 3 月 14 日才开始卸货。2019 年 5 月 9 日,该轮船船东向青岛海事法院申请留置收货人在船上的待卸货物,并要求收货人立即支付已到期的 39.56 万美元的滞期费和预计至卸货完毕可能继续产生的滞期费。

3. 装卸应小心谨慎

货物的装卸应以小心谨慎的原则为前提,尽可能减少货损。外贸企业应在作业现场配备设施、机械、工具,在劳动力安排等方面做好充分准备;针对作业货物的性质及装船工艺要求,制定安全质量防范措施;听从承运人的指导,按计划积载图的装货顺序和部位装舱;作业按

运货质量标准要求进行，严格遵守操作规程，合理使用装卸工具，货物轻搬、轻放。

（五）海运提单

国际贸易中的海运提单是船务公司所签发的货物收据，其基本作用是充当货物收据、货物凭证及运输公司的证据等。由于承运人承诺海运提单的合法持有人在规定的地点凭海运提单提取货物，因此海运提单成为支配货物所有权的文件。海运提单可以转让，也可以进行信贷、抵押，以及据此索赔等。因此，海运提单是一种物权凭证，在国际贸易中，使用海运提单也会带来以下种种风险。

1. 倒签提单和预借提单

倒签提单和预借提单都是由于托运人没有备货或货物没能按时运到装运港口而产生的提单。倒签提单或预借提单往往发生于信用证支付条件下，托运人的目的都是使提单签发日期符合信用证要求，顺利结汇。但对收货人来说，则是构成合谋欺诈，可能会蒙受重大损失。

2. 伪造提单

在信用证贸易中，只要单证符合信用证的要求，银行即根据信用证付款，而不审查单证的来源及其真实性。一些不法商人会利用信用证伪造提单，以骗取买方付款。这时货物可能根本没有装船，或者虽然装船，但货物有瑕疵。

在国际贸易中，出口企业应该预防进口方和承运人勾结，用伪造的提单骗取货款。出口企业应对客户的资信情况进行全面了解，并选择信誉好的交易伙伴，同时使用标准、高质量、难以伪造的提单。

3. 无提单交货

在海上运输中，提单是物权凭证，货物运到目的港后，承运人有义务将货物交给正本提单持有人。但由于种种原因，货物运抵目的港时，提单还没有流到收货人手中，这种情况在远洋运输中更为常见。如果承运人将货物交给非正本提单持有人，则可能造成错误交货，构成对提单持有人的侵权。

在无提单放货过程中，提取货物的不一定是买卖合同的买方，有可能被冒领，也有船方偷货的可能，这时收货人往往不易查明。因此，无提单交货的风险是很大的，外贸企业应选择可靠的海运公司（承运人）运载货物，以降低无提单放货的风险。

（六）运输途中

相对于以上几个环节，运输途中的风险要大得多，而且其风险大多是由不可抗力引起的。不可抗力风险的种类如图 4-13 所示。

自然因素的不可抗力风险	政治因素的不可抗力风险
指由于自然变异引起破坏力量所造成的灾害，该灾害直接或间接地影响到货物	指由于某些国家发布的海上封锁禁令使某段航路堵塞，从而产生的绕航费用或风险，货物遭受战争的损失，贸易国国内政治的动荡使货物无法入境或拒绝交付货物

图 4-13　不可抗力风险的种类

三、转嫁货运风险的常用方法

外贸企业要转嫁货运风险，最好的方法便是购买运输保险。根据合同中约定使用的贸易术语，在办理保险时，外贸业务员的工作重点各有不同。按 FOB 或 CFR 术语成交时，保险由买方办理，外贸业务员要催促买方及时办理。如果使用 CIF 术语，那么卖方要自行办理保险。

（一）货物运输险投保的形式

货物运输险投保的形式如表 4-10 所示。

表 4-10　货物运输险投保的形式

序号	投保形式	具体说明
1	预约保险	专业从事出口业务的外贸企业，或长期出口货物的企业，可与保险公司签订预约保险合同（简称预保合同，是一种定期统保契约）。凡属于预保合同约定范围内的货物，一经起运，保险公司即自动承保。凡签订预保合同的外贸企业，在每批保险标的出运前，由投保人填制起运通知，一式三份，交保险公司
2	逐笔投保	未与保险公司签订预约保险合同的外贸企业，对出口货物需逐笔填制投保单，办理货物运输险投保
3	联合凭证	凡陆运、空运出口到中国港澳地区的，可使用"联合凭证"，由投保人将"联合凭证"一式四份提交保险公司。保险公司将其加盖联合凭证印章，并根据投保人提出的要求注明承担险别、保险金额和理赔代理人名称，经签章后退回三份，自留一份凭此统一结算保费

（二）保险种类

按照国家保险习惯，海洋运输货物保险可分为基本险别和附加险别。

1. 基本险别

基本险别包括平安险（Free of Particular Average，FPA）、水渍险（With Particular Average，WPA）和一切险（All Risks）。不同的险别，其责任范围也不一样，具体内容如表 4-11 所示。

表 4-11　基本险别的责任范围

序号	险别	责任范围
1	平安险	（1）被保险货物在运输途中由于恶劣气候、雷电、海啸、地震、洪水等自然灾害造成的整批货物的全部损失或推定全损 （2）运输工具因搁浅、触礁、沉没、与流冰或其他物体碰撞，以及失火、爆炸等意外事故造成货物的全部或部分损失 （3）在运输工具已经发生搁浅、触礁、沉没、焚毁等意外事故的情况下，货物在此前后又在海上遭受恶劣气候、雷电、海啸等自然灾害所造成的部分损失 （4）在装卸或转运时由于一件或数件整件货物落海造成的全部或部分损失 （5）被保险人对遭受承保责任内危险的货物采取抢救、防止或减少货损的措施而支付的合理费用，但以不超过该批被救货物的保险金额为限 （6）运输工具遭遇海难后，在避难港由于卸货所引起的损失，以及在中途港、避难港由于卸货、存仓或运送货物所产生的特别费用 （7）共同海损的牺牲、分摊和救助费用 （8）运输合同中订有"船舶互撞责任"条款，根据该条款规定应由货方偿还船方的损失
2	水渍险	该险的责任范围除了平安险的各项责任外，还负责被保险货物由于恶劣气候、雷电、海啸、地震、洪水等自然灾害所造成的部分损失
3	一切险	该险除了平安险和水渍险的责任外，还包括保险标的在运输途中由于外来原因所造成的全部或部分损失。外来原因指偷窃、提不着货、淡水雨淋、短量、混杂、沾污、渗漏、串味、钩损、碰损破碎、锈损等原因。一切险是最高险，责任范围最广。因此，一切险实际上是平安险、水渍险和一般附加险的总和

2. 附加险别

附加险别是相对于基本险别（主险）而言的，顾名思义，是指附加在主险合同下的附加合同。它不可以单独投保，要购买附加险别必须先购买主险。一般来说，附加险别所交的保险费比较少，但它的存在是以主险存在为前提的，不能脱离主险。

附加险别包括一般附加险和特殊附加险。

（1）一般附加险。

一般附加险不能作为一个单独的项目投保，而只能在投保平安险或水渍险的基础上，加保一种或若干种一般附加险。若加保所有的一般附加险，就叫投保一切险。常见的一般附加险及其说明如表4-12所示。

表4-12　一般附加险

序号	险别	具体说明
1	偷窃、提货不着险（Theft Pilferage and Non-delivery，TPND）	在保险有效期内，保险货物被偷走或窃走，以及货物运抵目的地以后，整件未交的损失，由保险公司负责赔偿
2	淡水雨淋险（Fresh Water & or Rain Damage）	货物在运输中，由于淡水、雨水以至雪溶所造成的损失，保险公司都应负责赔偿。淡水包括船上淡水舱、水管漏水等
3	短量险（Risk of Shortage）	短量险是指保险公司承担承保货物数量和重量发生短少的损失。通常情况下，包装货物的短少，保险公司必须查清外包装是否发生异常现象，如破口、破袋、扯缝等，如属散装货物，往往以装船重量和卸船重量之间的差额作为计算短量的依据，但不包括正常运输途中的自然损耗
4	混杂、沾污险（Intermixture and Contamination Risk）	保险货物在运输过程中，混进了杂质或与其他物质接触而被污染所造成的损失
5	渗漏险（Leakge Risk）	流质、半流质的液体物质和油类物质，在运输过程中因为容器损坏而引起的渗漏损失。例如，以液体装存的湿肠衣，因为液体渗漏而使肠衣发生腐烂、变质等损失，均由保险公司负责赔偿
6	碰损险、破碎险（Clash and Breakage）	碰损险主要针对金属、木质等货物，破碎险则主要针对易碎性物质。碰损是指在运输途中，因为受到震动、颠簸、挤压而造成货物本身的损失；破碎是指在运输途中由于装卸野蛮、粗鲁，运输工具的颠震造成货物本身的破裂、断碎的损失
7	串味险（Risk of Odour）	货物在运输中与其他物质一起储存而导致的变味损失，由保险公司负责赔偿。例如，茶叶、香料、药材等在运输途中因受到一起堆储的皮革、樟脑等的异味的影响而使其品质受到损失

（续表）

序号	险别	具体说明
8	受潮受热险 （Risk of Sweat and Heating）	被保险货物在运输过程中因气温突然变化或由于船上通风设备失灵致使船舱内水汽凝结、发潮或发热所造成的损失，由保险公司负责赔偿
9	钩损险 （Hook Damage）	被保险货物在装卸过程中因为使用手钩、吊钩等工具所造成的损失，由保险公司负责赔偿。例如，粮食包装袋因吊钩钩坏而导致粮食外漏所造成的损失，保险公司应予赔偿。钩损险只能在投保平安险和水渍险的基础上加保，但若投保了一切险，因该险别已包括在内，故毋需加保
10	锈损险 （Risk Sofrust）	被保险货物在运输过程中因为生锈造成的损失，由保险公司负责赔偿。这种生锈必须在保险期内发生，如原装时就已生锈，保险公司不负责赔偿
11	包装破裂险 （Loss for Damage by Breakage of Packing）	包装破裂造成物资的短少、沾污等损失，由保险公司负责赔偿。此外，对于因保险货物运输过程中续运安全需要而产生的候补包装、调换包装费用，保险公司也应负责赔偿

（2）特殊附加险。

特殊附加险也属附加险别范围内，但不属于一切险的范围。特殊附加险主要包括各种战争险，罢工、暴动、民变险，交货不到险，进口关税险等。

（三）投保的策略

投保范围越大越好，但是投保的范围越大，相对的费率就越高。企业在投保时不知道货物会不会遭到风险和损失，如果在运输途中没有发生风险，人们总是希望自己投保的费用越少越好；如果在运输途中货物受损，则希望当时投保范围越大越好，得到的赔偿越多越好。如何在保险范围和保险费之间寻找平衡点呢？首先要对自己所面临的风险做出评估，甄别哪种风险最大、最可能发生，并结合不同险种的保险费率来加以权衡。

1.投保前要考虑的五大因素

（1）货物的种类、性质和特点。

（2）货物的包装情况。

（3）货物的运输情况（包括运输方式、运输工具、运输路线）。

（4）发生在港口和装卸过程中的预计损耗情况等。

（5）目的地的政治局势。

2. 何时选用一切险

一切险是最常用的一个险种。买家开立的信用证也多是要求出口方投保一切险。投保一切险最方便，因为它的责任范围包括了平安险、水渍险和 11 种一般附加险，投保人不用费心思去考虑选择什么附加险。但是，往往最方便的服务需要付出的代价也最大。就保险费率而言，水渍险的费率约为一切险的 1/2，平安险约为一切险的 1/3。

有的货物投保了一切险作为主险可能还不够，还需投保特别附加险。某些含有黄曲霉素的食物，如花生、油菜籽、大米等食品往往含有这种霉素，会因超过进口国对该霉素的限制标准而被拒绝进口、没收或强制改变用途，从而造成损失。那么，在出口这类货物的时候，就应将黄曲霉素险作为特殊附加险予以承保。

3. 主险与附加险灵活使用

目标市场不同，保险的费率也不一样。跟单员在核算保险成本时，就不能"一刀切"。如果投保一切险，欧美发达国家的费率可能是 0.5%，亚洲国家是 1.5%，非洲国家则会高达 3.5%。因此，在选择险种的时候，要根据市场情况选择附加险，如到某些国家或地区的货物，因为当地码头情况混乱，风险比较大，应该选择偷窃、提货不着险和短量险作为附加险，或者干脆投保一切险。

综合考虑出口货物的各种情况非常重要，这样既可节省保费，又能较全面地提高风险保障程度。

（四）保险索赔

保险索赔是指当被保险人的货物遭受承保责任范围内的风险损失时，被保险人向保险人提出的索赔要求。在国际贸易中，如由卖方办理投保，卖方在交货后即将保险单背书转让给买方或其收货代理人，当货物抵达目的港（地）发现货物残损时，买方或其收货代理人作为保险单的合法受让人，应就地向保险人或其代理人要求赔偿。被保险人或其代理人向保险人索赔时应做好以下工作。

1. 及时通知

当被保险人得知或发现货物已遭受保险责任范围内的损失时，应及时通知保险公司，并尽可能保留现场。保险人会同有关方面对货物进行检验，勘察损失程度，调查损失原因，确定损失性质和责任，采取必要的补救措施，并签发联合检验报告。

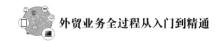

2. 索取残损或短量证明

被保险货物运抵目的地后，若被保险人或其代理人在提货时发现货物有明显的受损痕迹、整件短少或散装货物已经残损，应立即向理货部门索取残损或短量证明。如果货损涉及第三者的责任，则应向有关责任方提出索赔或声明保险索赔权。在保留向第三者索赔的条件下，可向保险公司索赔。被保险人在获得保险补偿的同时，须将受损货物的有关权益转让给保险公司，以便保险公司取代被保险人的地位或以被保险人名义向第三者责任方追偿。保险人的这种权利叫作代位追偿权。

3. 采取合理的补救措施

保险货物受损后，被保险人和保险人都有责任采取可能、合理的补救措施，以防止损失扩大。因抢救、阻止、减少货物损失而支付的合理费用，由保险公司负责补偿。被保险人能够补救而不履行补救义务的，对于扩大的损失甚至全部损失，保险人有权拒赔。

4. 备妥索赔证据

被保险人应在规定时效内提出索赔，并备妥以下证据：

（1）保险单或保险凭证正本；

（2）运输单据；

（3）商业发票、重量单和装箱单；

（4）检验报告单；

（5）残损、短量证明；

（6）向承运人等第三者责任方请求赔偿的函电或其他证明文件。

（7）必要时，还需提供海事报告。

（8）索赔清单，主要列明索赔的金额及其计算数据，以及有关费用项目和用途等。

第四节　信用证风险防范

国际贸易中常用的支付方式有汇付、托收和信用证。其中，信用证的使用最为广泛，也一直被视为相当保险的支付方式。人们一般都认为，在使用不可撤销的信用证方式付款时，出口方一经收到进口方国家所在银行开来的信用证，货款就像放进了保险箱。殊不知，信用证支付方式也是危机四伏的，处理不好同样会使外贸企业陷入钱货两空的境地。

一、外贸出口的信用证风险简析

信用证是开证行向出口商开具的付款保证，但是付款是有条件的，即出口商出口货物后向银行提交的单据应与开证行开具的信用证条款完全相符，而且单据之间也应一致，即通常所说的"单证一致，单单一致"，这样开证行就可以保证付款。相对于其他方式而言，由于有银行信用的出现，好像出口商使用信用证支付方式所面临的风险较小。但这只是表面现象而已，事实上，面对信用证中的各种条款，出口商遭遇风险的可能性更大。

（一）拒付的风险

在外贸出口的实际业务中，拒付现象时有发生。这种现象不仅给信用证交易中的各当事人造成不同程度的损失，而且会影响货物买卖契约的履行，造成货物买卖双方或某一方违约，甚至解除契约。拒付是卖方最害怕的事情，也是其往来银行十分反感的事情。在信用证交易中，银行办理付款、承兑等是以单据为依据的。但在实务中，由于单据的复杂性，或开证银行开立的信用证条款不清楚，及各国法律规范、文字含义、贸易习惯等的不同，虽有《跟单信用证统一惯例》作为原则性的规定，但因对其理解不同、适用条件不同或买方根本就不付款等原因，发生拒付的情况也不足为奇。外贸企业只有严格按《跟单信用证统一惯例》中的规定去做，减少乃至杜绝产生拒付现象的原因，才能在以信用证为支付方式的国际贸易中争取主动，避免纠纷和损失。

造成拒付的原因多种多样，有些是合理拒付，有些是无理拒付，常见的拒付原因如表 4-13 所示。

表 4-13　造成拒付的原因

序号	拒付原因	具体说明
1	单证不符	即信用证要求提供的单据内容与信用证条款规定不同。经常出现的单证不符有以下几点 （1）迟装运（Late Shipment），提单的签发日期晚于信用证规定日期 （2）迟交单（Late Presentation），提交单据的日期超过信用证有效期 （3）信用证金额超支（Overdrawn），装船货物金额超过信用证的金额 （4）超装或短装（Overload or Shortload），货物装船数量多于或少于信用证规定的数量 （5）信用证中规定所需原产地证书为普惠制原产地证书（FORM A），而提交的却是一般原产地证书 （6）提交的单据上的商品名称、数量等与信用证规定的不符

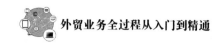

（续表）

序号	拒付原因	具体说明
2	单单不符	即信用证要求提供的单据之间的内容不完全一致 （1）发票上的货物描述与提单上的货物描述不一致 （2）装箱单上的商品数量与发票上的数量不一致 （3）信用证中规定所有的单据上必须标明信用证号码，但是提单和保险单上面没有表明信用证号码 （4）提单与保单要素不符 （5）提单与装箱单要素不符 （6）保单与发票要素不符 （7）提单与产地证要素不符
3	国际市场价格因素的影响	买方在开立信用证时希望取得预期的利润，但由于种种原因，致使在该批货物到达目的地时，市场下跌，定赔不赚，于是买方毁约，在单据上挑剔错误，以便拒付或以退货相要挟，迫使卖方做出让步

（二）当事人丧失支付能力的风险

1. 开证行丧失支付能力

信用证的功能主要以开证行的信用取代买方的商业信用，以确保货款的支付。在整个信用证交易中，开证行是责任中心，是有关当事人关系的纽带。因此，开证行若倒闭或无法履行承诺，就不能对单据进行偿付，这将直接威胁议付行或出口商的利益，同时对于信用证各当事人都将产生很大的影响。

在开证行倒闭的情况下，各当事人在法律上的权利与义务，视破产程序在信用证交易的哪一阶段开始而有所不同，具体内容如表4-14所示。

表4-14　开证行破产情况及当事人法律上的权利与义务

序号	破产情况	当事人法律上的权利与义务
1	开立信用证前破产	如开证行是在信用证开立之前破产，买方可与开证行解除开证契约，卖方也有权要求买方另选其他银行重开一张新的信用证
2	开立信用证后破产	如果信用证已经开立，但受益人还没有使用该信用证，一般不会再使用。因此，这一要约虽然从法律上是有效的，受益人仍可向开证行提示单据，但其付款请求权仅为普通破产债权人

（续表）

序号	破产情况	当事人法律上的权利与义务
3	汇票进行承兑后破产	（1）在远期承兑信用证的情况下，开证行在收到单据承兑汇票以后，在汇票到期以前倒闭、宣告破产，议付行在办理了拒绝证书等手续后，可向卖方追索。卖方在给议付行补偿后向买方索偿，也可凭承兑汇票向开证行的清理人主张权利 （2）持有单据或承兑汇票的卖方、议付行、保兑行等，如对开证行的清理人提出偿付要求，仅处一般债权人的地位，并无优先权 （3）如果开证行在承兑以后、付款以前，已对买方凭信托收据交付了单据，买方同样可以对卖方的汇票参加付款，取得汇票，并用它与信托收据项下的债务相抵，此时，也可不受损失
4	对信用证已付款后破产	（1）在开证行已全部或部分对信用证单据付款的情况下，如买方已预交押金，在向清理人赎单时，可将押金抵冲，即债权债务对冲。若押金金额大于赎单所需余额，则差额部分只能按破产后分摊办法收回 （2）开证行破产后，保兑行不能对信用证的受益人拒绝付款或拒绝议付，但指定议付行可拒绝议付。保兑行在已付款之后，不能因开证行破产而对受益人进行追索，也不能越过开证行的清理人要求买方直接赎单

2. 开证申请人丧失支付能力

开证行一旦根据开证申请人的申请对外开立了信用证，就承担第一的付款责任，到期只要受益人提交符合信用证要求的单据，不管申请人是否来付款赎单，开证行都要对外付款，除非信用证另有约定，否则其绝对不能以开证申请人丧失支付能力来对抗受益人。为了保护自己，开证行在开立信用证前，要对开证申请人进行资信审查，以决定是否需要提供有关的保证，如全额保证金担保、信用担保、抵押担保等。

但是，即使采取保护措施，开证申请人丧失支付能力的风险还是会经常发生。例如，全额保证金因货币贬值不足以对外付款赎单，担保人失去代为偿还债务的能力，抵押品高估而不足以清偿债务。这些情况都可能致使开证行为了维护自己的声誉而被迫对外垫款，遭受重大损失。

（三）信用证诈骗的风险

信用证诈骗主要表现为两种：伪造信用证诈骗和软条款信用证诈骗。

1. 伪造信用证诈骗

有些买方会使用非法手段制造假信用证，或窃取其他银行已印好的空白格式信用证，或无密押电开信用证，或假印鉴开出信用证，签字和印鉴无从核对，或开证银行名称、地址不详等。对于假信用证，若出口商没有发现其假造而交货，将导致钱货两空。这种诈骗一般有如下特征。

（1）信用证不经通知行便直达受益人手中。

（2）所用信用证格式为陈旧或过时格式。

（3）信用证签字笔画不流畅或采用印刷体签名。

（4）信用证条款自相矛盾或违背常规。

（5）信用证要求货物空运，或者在提单中将申请人做成收货人。

伪造信用证诈骗的情况如表4-15所示。

表4-15 伪造信用证诈骗的情况

序号	情况分类	具体说明
1	申请人诈骗	申请人诈骗是行骗人扮演开证申请人角色，用伪造的信用证行骗通知行和受益人的信用证诈骗。此类诈骗在目前的信用证诈骗案中比例较大；诈骗分子有的来自国内，有的来自国外，还有的是内外勾结；诈骗的主要手法是通过伪造信用证，用无密押电开信用证或假印鉴信开信用证骗取受益人的货物
2	开证行诈骗	开证行诈骗是诈骗分子以虚拟的开证行的名义，利用伪造的信用证，欺骗通知行和受益人的信用证诈骗。此类诈骗的迷惑性在于利用信用证当事人对银行信用的信任，忽视对开证行的资信调查，趁机行骗
3	申请人勾结受益人虚拟信用证诈骗	（1）所谓虚拟信用证诈骗，是申请人与受益人相勾结，以无贸易基础的信用证骗取银行的打包放款。打包放款是发展中国家为鼓励出口，由银行提供给出口商的融资性贷款。出口商将货物装运出口时，可以向银行申请用在途货物抵押贷款，并以此贷款偿还国内出口货物的贷款 （2）银行在办理打包放款时，通常由买方签发汇单交给银行，银行根据出口商提交的信用证和买方的汇单放款。诈骗分子为非法取得银行放款，会利用这一优惠政策，内外勾结，采用非法伪造或其他方式开立无贸易基础的信用证，骗取银行放款

2. 软条款信用证诈骗

软条款信用证又称"陷阱"信用证，软条款信用证诈骗是一种比较隐蔽的诈骗方法。从表面上看，软条款信用证是合法的、真实的信用证，但实际上，软条款信用证中规定了一些限制性条款，或条款不清、责任不明，等于把信用证变成实质意义可撤销的信用证，使受益人的利益处于无保障的状态之中。软条款信用证可使开证申请人控制整笔交易，而受益人处于受制于他人的被动地位。

信用证中常见的软条款如表4-16所示。

表4-16　信用证中常见的软条款

序号	软条款	具体说明
1	信用证中列有暂不生效条款	如信用证中注明"本证暂不生效，待进口许可证签发通知后生效"，或注明"等货物经开证人确认后再通知信用证生效"
2	限制性付款	如信用证规定"信用证项下的付款要在货物清关后才支付""开证行须在货物经检验合格后方可支付""在货物到达时没有接到海关禁止进口通知，开证行才付款"等
3	加列各种限制	信用证中对受益人的交货和提交的各种单据加列各种限制，如"出口货物须经开证申请人派员检验，合格后出具检验认可的证书""货物样品先寄开证申请人认可，认可电传作为议付单据之一"等
4	对装运的限制	信用证中对受益人的交货装运加以各种限制，如"货物装运日期、装运港、目的港须待开证人同意，由开证行以修改书的形式另行通知"；信用证规定禁止转船，但实际上装运港至目的港无直达船只等。此类陷阱条款的共同特点是权利的单向性，即申请人制约受益人，当申请人采取或不采取某种行为不利于受益人，受益人却不能采取维护自身利益的行为

3. 信用证的规定过于苛刻，对出口商造成潜在的风险

（1）信用证对货物的品质要求很细微、很严格，容易造成出口商有时不注意或难于满足这些要求。例如，对某些产品的出口，信用证要求出口商必须达到对方国家（地区）或某一国产品的质量标准等，此时出口商将面临巨大的收汇风险。

（2）信用证对银行保证的有效期、对货物的装船日期及对出口商的交单日期规定得比较短促。若出口商较难满足这些要求，不能提供相应的单据，则很容易造成对方拒付的情形。

（3）信用证规定海运提单的收货人为开证申请人，造成出口商难于控制货物。众所周知，此时的提单仅仅是货物收据，而不是物权证书，买方无需提单即可提取货物，而出口商则丧

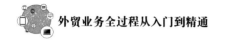

失了对货物的控制权。

（4）信用证规定 1/3 或 2/3 正本海运提单直寄开证申请人，这不利于出口商控制货物。由于此时的提单通常为物权证书，并且每份提单对货物的效力相同，因此如果出口商将一份或两份正本提单直接寄给申请人，则易发生买方用提单提货后，指示开证行以各种理由挑剔出口商提交的单据并拒付。这样出口商既丧失了货物也收不到货款。

（5）信用证规定的有效日期及有效地点均在开证行所在地。这样，出口商的交单日期就要提前，开证行对出口商提供的付款保证期限，从实际操作而言就缩短了，而出口商难以保证准时按照信用证的要求将单据交到开证行手中，易形成不符点，因此出口商的收汇将面临巨大风险。

（6）信用证方式下的银行费用均由出口商负担，这加大了出口商的成本。信用证业务中的银行不仅包括出口商国内的，而且涉及买方国内的，有时还可能涉及第三国的银行。由于各个银行提供的服务不同、收费标准不同，因此如果信用证业务中的所有银行费用都由出口商承担，则出口商的业务成本将大大增加，这对出口商是极为不利的。

二、外贸出口信用证风险的防范

（一）做好客户的资信调查

选择贸易对手、调查客户资信是保障交易顺利、安全进行的第一步。一个好的贸易伙伴可以给企业带来兴旺发达，而与不知底细的中间商、皮包公司进行交易，就可能带来风险，遭受经济损失。因此，要对客户的资信情况、经营作风、经营能力进行调查了解。客户资信调查的途径和内容请查阅本章第一节的相关内容。

（二）做好开证行的资信调查

当接到买方要求其银行开立的带有各种条款的信用证时，面对对方银行的付款保证，出口商应做好开证行的资信调查。信用证属于银行信用，开证行承担首先付款的责任。资信良好、信誉卓著的银行开来的信用证是安全收汇的保证。因此，出口商应对开证行的资金能力、财务状况、经营作风进行调查了解。

对开证行的资信进行调查的渠道如图 4-14 所示。

渠道一　可委托开办有外汇业务的商业银行来了解。由于银行的分支机构遍布世界各地，银行对与之有业务往来的银行的资信情况均有调查研究

渠道二　通过国际权威评审机构的评审结果来调查开证行的资信等级，如美国标准普尔评级公司、英国的国际银行

图 4-14　对开证行进行资信调查的渠道

如开证行的资信等级太低，出口商应要求资信较好的银行开证；若对开证行的状况不是很了解，出口商可以要求买方指示开证行去邀请出口地银行对其开出的信用证加具保兑，这样当出口商拿到保兑信用证时，就可以获得除开证行之外的第二家银行的付款保障。

（三）做好审证工作

在出口业务中，审证工作是银行与外贸企业共同的责任。

1. 银行审证的内容

银行着重审核开证行的政治背景、资信能力、付款责任和索汇路线等内容。此外，对信用证的电讯密押或印鉴要认真审核，以确定该证是否由开证行开出；对信用证的不可撤销性进行审核，信用证是否注明"不可撤销"字样；对信用证是否已生效、有无保留或限制性条款进行审核；还应注意信用证是否注明"遵照《跟单信用证统一惯例》办理"的字样。《跟单信用证统一惯例》虽不具有法律的强制性，但它是一项国际惯例，世界上 170 多个国家或地区的银行办理信用证业务均按此惯例办理。因此，信用证加列"遵照《跟单信用证统一惯例》办理"字样，可约束信用证的当事人按《跟单信用证统一惯例》的规定办理。

上述各项审核内容主要由银行负责，外贸企业应加强与银行的联系，密切配合。

2. 外贸企业的审证内容

外贸企业着重审核信用证内容与买卖合同的相关规定是否一致，以及对单据的要求等，如信用证金额、货币，商品的品质、规格、数量、包装等条款，信用证规定的装运期、有效期和交单地点，分批和转运。信用证应由通知行进行传递，按《跟单信用证统一惯例》的规定，通知行负有证明信用证真实性的责任，如信用证不是经通知行传递，受益人必须提高警惕，不予接受或予以退回。若发现是伪造的信用证，出口商应立即采取措施避免损失。通过审证，若发现有"软条款"，出口商应立即以最快捷的通信方式与买方协商，要求改证，并且对信用

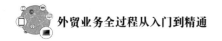

证的"软条款"不予接受。

（四）出口商应学会通过单据来控制货物

一般而言，海运提单是物权凭证，海运提单的抬头应做成对出口商比较有利的空白抬头形式，这样，通过背书转让，出口商可以把单据交付其委托的银行，从而有效地控制货物。

（五）出口商应向所在国信用保险机构投保出口信用保险

尽管信用证方式建立在银行信用的基础上，但对出口商而言，并不是没有风险。出口商在发运货物前可以向出口国信用保险机构投保出口信用保险以转移和降低收汇风险，从而保障安全收汇。只有这样，业务双方才能防患于未然。具体而言，出口商应了解买方的生产经营状况、经营实力、经营规模、有无不良记录等。

（六）严格按信用证规定制作单据

银行审单是按"单证一致、单单一致"原则进行的，银行虽根据表面上符合信用证条款的单据承担付款责任，但这种符合的要求却十分严格。银行在信用证业务中是按"严格符合"的原则办事的。因此，出口商在制单时必须仔细看清信用证的要求，严格按信用证规定制作单据，否则出口商将无法安全结汇。

 实例

信用证单据制作不严谨，造成损失

某粮油食品进出口公司出口一批商品，收到的信用证中条款规定："… Amount：USD 1232000.00…..800M/T（quantity 5% more or less allowed）of XX, Price：@USD 1540.00 per M/T net, CIF A port, Shipments to A port immediately. Partial shipments are not allowed ."（……总金额1 232 000.00美元。……某商品800吨，数量允许增减5%。价格：每吨净值1 540.00美元，CIF A港。立即装运至A港。不允许分批装运。）受益人以为有溢短装条款，就多装了3%的货物。在议付单据中的发票货值为1 268 960美元，而信用证总额规定为1 232 000美元。由于两者不符而遭对方拒付。

虽然事后受益人以多出部分托收又恰逢该货的市场价突然上涨，申请人急于提货才

（续）

支付信用证项下的 1 232 000 美元的票款，但对超额托收部分拒付。粮油食品进出口公司最终损失 36 960 美元。原因是粮油食品进出口公司并没有严格审查和注意信用证中的表述，引起发票单据表面与信用证不相符而造成损失。

一般以重量为计量单位的货物，如允许有增减装货的幅度，条款应做类似这样的规定："Amount of credit and quantity of merchandise 5% more or less acceptable."（信用证的金额及货物的数量均可允许 5% 增减）。该条款明确指出金额及货物均可增减 5%。有的信用证虽然在条款中也只规定 "The quantity of shipment 5% more or less acceptable."（数量允许增减 5%），但在信用证的总金额中已经包括了增加 5% 数额在内。如按上述第二种方式开立本案例的信用证，则信用证金额不是 1 232 000.00 美元，而是直接在金额中规定为 1 293 600.00 美元。

该案例的信用证如只在数量上允许增减 5%，而金额既没有增减条款，也未在信用证总金额的数额中含有 5%，这样的信用证在实际装运数量上就不能增装；若要增装，必须向买方提出修改信用证，增加金额的增减条款。

从该案例中可以看到，要真正做到"单证一致、单单一致"在国际贸易业务中并非易事。出口商须完全理解信用证条款的含义。

三、信用证交易中发生拒付时应采取的措施

在信用证交易中，一旦发生递交的单据被开证银行拒绝承兑或付款的情况，出口商应立即采取以下措施，以尽可能地减少损失。

（一）研究拒付的理由并与往来银行商讨对策

出口商在接到银行拒付的通知之后，应仔细研究其拒付的理由是否充分，是否确因单据有问题，造成单证不符或单单不符。如果不是因为此种原因或虽有微小的不符，但一般不构成拒付，就应考虑到其他原因。开证银行由于买方的信用、财务状况不佳，恐其无力赎单而故意以无关紧要的瑕疵拒付的情况是很多的。如发生这种情况，出口商就要从法律上、惯例中寻找依据，并主动与往来银行的有关专业人士研究对策。若认为对方的拒付理由十分牵强、

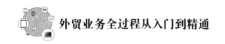

不充分，出口商应通过往来银行，按照统一惯例的有关规定据理力争、讨得公道。

（二）直接与买方或其代理商交涉

信用证交易是单据交易，只有在出口商提交的单据完全符合信用证规定的条款时，开证银行才会付款。单据即使只有微小的瑕疵，出口商也不能强迫开证银行付款。在这种情况下，出口商只能直接与买方或其代理商交涉。例如，按照买卖契约的有关条款进行协商，减价出让。

四、反信用证诈骗的措施

在信用证诈骗中，无论哪种形式，诈骗分子所扮演的角色不过是申请人、开证行、受益人、通知行；诈骗的标的包括货物、货款、预付款、打包贷款。因此，防范措施应以身份指向和标的指向为原则，外贸企业应根据自己在信用证方式下的身份和由此身份引发的可能被诈骗的标的，采取相应的措施。

（一）提高业务人员素质，丰富国际贸易经验

诈骗分子之所以在国际上大肆从事诈骗活动，就是认为行骗对象缺乏国际贸易的经验，在业务上存在欠缺。例如，伪造信用证和伪造单据的信用证诈骗分子认为银行审证人员无法识破其伪造手段，软条款信用证诈骗分子认为受益人无法识别其陷阱条款等。在诸如此类的诈骗中，业务人员的素质是关键。如果业务人员头脑冷静、经验丰富、熟悉国际贸易惯例和信用证方式的相关知识，诈骗分子就不会轻易得手。

（二）树立风险意识，重视资信调查

缺乏风险意识是受害人上当受骗重要的主观原因。例如，受益人轻信贸易伙伴的资信，在信用证条款确定核实之前，为利所诱、心存侥幸、贸然发货，结果导致货款两失；通知行轻信开证行的资信，不确认密押、印鉴，或轻信受益人的资信，办理打包贷款，使诈骗分子轻易得逞。因此，重视资信调查是反诈骗业务操作的重要原则。无论是银行还是外贸企业，都应通过切实可行的途径，如向国外专门负责调查资信的公司、国内驻国外金融机构、国内专业银行在国外的代理行查询，或直接查询方式，积极对有关当事人进行资信调查。如果调查结果证明有关当事人资信不明或资信可疑，则切不可心存侥幸，轻信对方的资信；否则，

这往往是上当受骗的开始。

（三）严格按规章程序办事，提高工作的技术交流

严格按规章程序办事是反诈骗业务操作的一个最基本，也是最重要的原则。很多诈骗案的发生都是由于银行或外贸企业的业务人员受到各种不良心态的影响，如侥幸心理、惰性心理，有的甚至是接受了诈骗分子的贿赂，玩忽职守，不按规章和程序办事，结果上当受骗。在业务操作中，按规章程序办事的同时，应提高工作的技术含量，以便有效地识别诈骗分子的非法手段。

（四）拟贸易、拟诈骗的方法

拟贸易、拟诈骗的方法是信用证当事人站在诈骗分子的角度，考虑其采用何种方式和手段欺诈自己进而采取相应的措施的方法。这种方法是一种简单和实用的反诈骗操作的思维方法，须建立在信用证当事人对诈骗分子及其行为有一定了解的基础之上。这种方法对于反软条款信用证诈骗尤其有实用价值。受益人应充分考虑到信用证中可能设立的陷阱条款，进而开展审证工作，争取主动。这实际上是一个与诈骗分子斗智的过程。

第五节　外汇风险防范

外汇风险管理是一个对外汇风险的识别、衡量和防范的过程。外汇风险的识别就是要求企业分辨出自身是否存在外汇风险头寸，进而对外汇风险进行估计和衡量。这是进行外汇风险管理的重要基础和前提，只有识别、衡量外汇风险，才能找到防范外汇风险的思路，选择好防范措施。

一、外汇风险的种类与构成要素

外汇风险（Foreign Exchange Risk）是指在国际经济、贸易、金融活动中，由于未预料的汇率变动，致使以外币计价的资产（债权、权益）或负债（债务、义务）获得收益或遭受损失的风险。

（一）外汇风险的种类

外汇风险的种类如图 4-15 所示。

图 4-15　外汇风险的种类

外贸企业承担的外汇风险基本上可以分为交易风险、会计风险和经济风险，如图 4-16 所示。

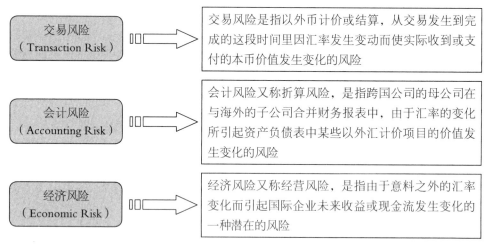

图 4-16　外贸企业承担的外汇风险

（二）外汇风险的构成要素

外汇风险由三个要素构成，即本币、外币和时间。

（1）本币是企业衡量经济活动效果的共同指标。

（2）外币是国际企业衡量对外贸易商品价值的经济指标。

（3）时间是构成外汇风险的主要要素。一般来说，时间越长意味着风险越大。也就是说，预期收到或支付的外汇，时间越长外汇风险越大。

二、外汇风险的识别与衡量

（一）交易风险的识别与衡量

在国际经济贸易中，贸易商无论是即期收付还是延期收付，都要经历一段时间，在此期间，汇率的变化可能会给交易者带来损失，从而产生交易结算风险。这是目前外贸出口企业最常遇到的风险。例如，某外贸企业出口价值为 10 万美元的商品，在签订合同时汇率为 USD=RMB7.11，进口商应付 10 万美元货款，该企业可收 71.1 万元人民币货款，若三个月后才付款，此时汇率为 USD=RMB6.95，则该企业结汇时的 10 万美元只能换回 9.5 万元人民币，其收入因美元下跌损失了 1.6 万元人民币。

交易风险作为外贸企业最常见，并能直接感受到的外汇风险，应该成为识别与衡量的重点。

1. 交易风险的具体表现

对于交易风险的识别，外贸企业应从交易风险的具体表现加以分辨，具体如图 4-17 所示。

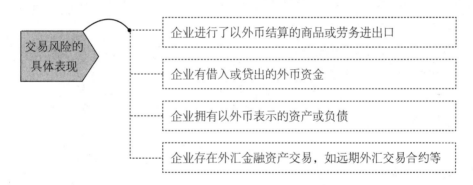

图 4-17 交易风险的具体表现

当外贸企业有上图所述的业务交易之一时，即可认定外贸企业存在外汇交易风险的可能性。

2. 量化风险头寸

企业应从可能发生上述外汇交易风险的业务中量化风险净头寸，计算公式为：

风险净头寸＝外汇流入－外汇流出

　　　　＝（出口应收货款－进口应付货款）＋（借入外汇－贷出外汇）＋

　　　　（外汇资产－外汇负债）＋（买入外汇－卖出外汇）

如果风险净头寸为正，外币贬值（人民币升值），企业将面临亏损；如果风险净头寸为负，外币升值（人民币贬值），企业将面临亏损；如果风险净头寸为零，企业无外汇风险，具体如表 4-17 所示。

表 4-17　量化风险头寸

风险净头寸	汇率变动	交易风险
正风险净头寸	外币贬值	风险损失
	外币升值	风险收益
负风险净头寸	外币贬值	风险收益
	外币升值	风险损失

另外，根据风险净头寸可求出外汇风险，计算公式为：

以本币计价的某种外币交易的亏损或盈利＝风险净头寸×人民币汇率的变动值

以上公式表明，企业在某一外币交易上的风险净头寸越大，或者人民币汇率的变动幅度越大，企业潜在的亏损或盈余越大。

在运用上述公式时，应注意各外汇项目的到期日是否匹配，若外汇项目的到期日不同，须经远期利率调整后加总。

 案例

某企业以外币进行的交易如下。

① 出口应收货款：1 个月到期的 20 000 美元；2 个月到期的 10 000 美元。

② 进口应付货款：1 个月到期的 10 000 美元；2 个月到期的 12 000 美元。

③ 为保值需要，买入的 1 个月远期 5 000 美元，卖出的 2 个月远期 8 000 美元。

　　该企业 1 个月到期的风险净头寸 =20 000-10 000+5 000=15 000 美元

　　该企业 2 个月到期的风险净头寸 =10 000-12 000-8 000=-10 000 美元

由于两笔风险净头寸的到期日不同，因此，企业汇总某一时间风险净头寸总值时，不能简单直接相加，必须考虑货币的时间价值，通过远期利率进行调整（假定利率不变）。现我们再假定 1 个月后 1 个月的远期利率水平为 1%，则 1 个月到期的风险净头寸 15 000 美元再存 1 个月（距现在 2 个月）的价值变为 15 150 美元。

（续）

> 据此，该企业2个月后的风险净头寸 =15 150+（−10 000）=5 150 美元。计算结果表明，该企业的风险净头寸为正，表明该企业将在2个月期间面临人民币汇率变动的风险，企业应采取必要措施加以防范。

（二）会计风险的识别与衡量

外贸企业的会计风险主要产生于外贸企业将以外币表示的资产负债折算为记账本位币的过程，是外贸企业财务报表账面数字上的损益，无实际意义。一般认为，识别会计风险，一要看外贸企业是否有外币交易，二要看外贸企业交易发生日与财务报表日的汇率是否发生了变动。

具体来讲，根据我国会计准则，在企业财务报表中按资产负债表日汇率折算的有关"外币计价的货币性项目"会承受外汇风险，货币性资产与货币性负债的差额为风险净头寸。净头寸为正数，若人民币升值，企业将受损；净头寸为负数，若人民币贬值，企业将受损。企业按"资产负债表日即期汇率折算后与初始确认时，或者前一资产负债表日即期汇率不同而产生的汇兑差额"，直接计入当期损益。因此，在《企业会计准则》明确了折算方法和损益记录方法的情况下，会计风险头寸的大小和汇兑损益的大小就很容易从企业现有财务资料中反映出来。

> 会计风险主要出现在企业编制的综合财务报表里，与实际发生的损益不同，它是一种折算、名义上的风险。因此，在一般情况下，会计风险可以不作为管理和控制的重点。

（三）经济风险的识别与衡量

经济风险是汇率变动对外贸企业未来收益和成本的影响，要比交易风险和会计风险更有深度和广度，其影响期限也要超过交易风险和会计风险的影响。因此，识别外贸企业是否面临经济风险更属于一种经济分析的过程。

外贸企业识别经济风险的方法是从外贸企业管理的宏观角度，引用国外成熟的研究成果，预测一些经济变量的变动，通过回归外贸企业价值波动和汇率波动相关关系进行经济风险的衡量和管理。

三、交易风险和会计风险的防范策略

（一）平衡受险头寸

当外贸企业持有的外币资产大于或小于外币负债，或者持有的外币资产与外币负债在金额上相等，但长短期限不一致时，即产生受险头寸，外贸企业可通过对受险头寸进行平衡对冲来规避风险。

1.债务平衡

外贸企业对已持有的或即将持有的外汇受险资产（负债）头寸进行同币种的债务融资，实现受险资产与负债的平衡，减少外贸企业受险头寸。一般而言，债务平衡有两种方法，具体如图4-18所示。

外贸企业有某种外币应收账款头寸，可以通过借入该种外币，建立新的债务，使借来的外币金额在偿还日（应与外币应收账款的收款日相同）的本息额与外币应收账款金额相同，抵消风险头寸

外贸企业有某种外币应付账款头寸，可事先利用闲置的本币现金或借入的本币兑换成外币存入银行，使新外币债权的到期日（与应付账款的偿还日相同）的本息额正好等于应付外币金额，通过债权、债务相抵，抵消风险头寸

图 4-18　债务平衡的方法

这种通过债务融资对外贸企业应收、应付账款进行管理的方法在理论上是可行的。不过，外贸企业出口业务"单多额小"，又缺乏抵押担保的手段，融资问题始终得不到根本的解决，因此难以实行。

2.贸易平衡

若外贸企业在同一时期既有进口业务，又有出口业务，而且两笔业务使用的货币相同、金额相同、收付期限相同，则外汇资金的受险头寸可完全抵消。当然，外贸企业每笔交易的应收应付货币完全平衡是很难实现的。比较可行的做法是外贸企业在贸易方式的选择上应更加灵活，将现有的单一进出口贸易与加工贸易、易货贸易和转口贸易等多种贸易方式结合起来，

尽量做到进出平衡，以降低外汇风险的水平。

（二）消除汇率波动影响的措施

外贸业务从报价成交到收付汇结算需要或长或短的一段时间，在这段时间里，汇率有可能发生变化，给外贸企业造成风险损失。

1. 部分消除汇率波动影响的措施

外贸企业部分消除汇率波动影响的措施如表 4-18 所示。

表 4-18 部分消除汇率波动影响的措施

序号	措施类别	具体说明
1	提前或延迟收付汇	（1）提前或延迟收付汇是建立在对汇率准确预测的基础上的，这种措施不能彻底消除汇率波动的风险，只能改变汇率波动的时间结构 （2）当汇率变动的趋势不利时，外贸企业应选择提前收付汇，提前终结汇率波动的风险。当汇率变动的趋势有利时，外贸企业应选择推迟收付汇，取得汇率波动收益 （3）贸易融资是在外贸企业的国际结算业务中使用的。在目前升值预期的情况下，外贸企业可使用的融资手段主要包括出口押汇、打包放款、票据贴现、包买票据等
2	合理使用结算方式	国际贸易中的结算方式有很多，我国常用的有汇付、托收和信用证。结算中最主要考虑的问题是安全和及时。外贸企业应根据业务实际情况，在了解对方资信等级的情况下，谨慎而灵活地选择适当的结算方式
3	灵活搭配结算货币	（1）以出口为主的外贸企业应选择合同履行期间相对于美元较为强势的货币进行计价结算，即所谓的"收硬付软"，这样就能在一定程度上冲抵人民币兑美元汇率波动带来的价值损失 （2）在汇率动荡时期，须兼顾双方利益，如可采用合同金额的一半用"软币"计价，另一半用"硬币"计价。当合同金额较大时，可选更多的币种搭配使用，这样的做法更容易使双方接受。一般选择可自由兑换货币，如美元、日元和欧元等。出口以"硬币"作为计价货币。所谓"硬币"，是指未来具有上浮趋势的货币。进口使用"软币"，所谓"软币"，是指未来具有下浮趋势的货币
4	签订合同保值条款	在合同中订立保值条款，目的就是要把汇率变动的风险考虑进去，具体做法如下 （1）在合同计价货币以外，再选择另一种或一组币值稳定的非合同货币，双方在合同中要约定保值货币与计价货币的汇价 （2）在结算或清偿时，如果现行汇率与合同中约定的保值货币与计价货币的汇价不一致，或超过该约定汇率一定幅度时，按约定汇率调整合同总金额

（续表）

序号	措施类别	具体说明
5	价格调整法	商品价格是买卖双方都关心的敏感问题，仅靠出口提价或进口降价防范汇率风险往往不能成功。对于货值较大的合同，可以争取订立价格调整条款，把汇率变动的风险考虑进去，以避免外汇风险 （1）在签约时，先规定一个初步价格，再将计价货币在签约日的汇率固定下来写进合同，将来汇率变化时，再同比例调整相应的单价。这实际上类似于远期和期权交易，提前锁定了汇率，将汇率变动的风险计入价格，无论汇率如何变动，外贸企业的人民币总收入将不变 （2）在签约时，规定一个基准价格和基准汇率，并确定日后汇率波动幅度、价格调整方法及双方分担的比率。计算公式为 调整后价格 = 原价格 ×（新汇率 + 汇率波动幅度 × 分担比率）÷ 新汇率

2.锁定汇率的措施

外贸企业要想完全锁定汇率，需要借助于各种金融衍生工具。锁定汇率的措施如表 4-19 所示。

表 4-19　锁定汇率的措施

序号	措施类别	具体说明
1	远期结售汇	（1）远期结售汇只适用于人民币与外币的远期交易。远期结售汇是指外汇指定银行与客户协商签订远期结售汇协议，约定未来办理结汇或售汇的外币币种、金额、汇率和期限。到期时，即按照该远期结售汇协议约定的币种、金额、期限、汇率办理结售汇业务 （2）由于远期结售汇把汇率的时间结构从将来转移到当前，事先约定了将来某一日向银行办理结汇或售汇业务的汇率，因此这种方法能够全部消除外汇风险
2	掉期业务	（1）人民币与外币掉期业务是指按一种期限买入或卖出一定数额的某种货币的同时，再按另一种期限卖出或买入相同数额的同种外币的外汇交易 （2）一笔掉期交易是由两笔不同期限的外汇交易组成的，买卖的货币币种相同且金额相等，但交割的期限不同，交割方向相反 （3）由于买卖交易的币种与金额相同，持有外币的净头寸未变，改变的只是交易者持有外汇的时间结构，因此掉期业务可以避免因时间不同造成的汇率变动的风险

（续表）

序号	措施类别	具体说明
3	外汇期货交易	（1）外汇期货交易是在期货交易所内，交易双方通过公开竞价达成在将来规定的日期、地点、价格买进或卖出规定数量外汇的合约交易 （2）外汇期货交易期货合约是在未来特定的日期交割货币的一种标准化合约，每个合约根据货币种类的不同拥有不同标准（固定）的金额 （3）外汇期货交易是一种标准化的远期外汇交易，交易时必须严格按照期货市场关于货币种类、交易金额、交割日期等统一的标准化规定进行，成交后需缴纳一定的保证金，买进或卖出时还需支付少量的手续费
4	外汇期权交易	（1）外汇期权交易是指在约定的期限内，交易双方以约定的汇率和数量进行外汇购买权或出售权的买卖交易 （2）在进行外汇期权交易时，买卖双方要签订期权合约。与前几种交易方式的不同之处在于，外汇期权的买方买到的是一种购买或出售某种外汇的权利，而不是义务，而且期权买方可根据汇率的变动与自己的预期是否一致决定是否行使这一权利 （3）期权买方可以在汇率变动对自己有利时，按约定的汇率和数量行使其购买或出售外汇的权利，履行合约。若不想行使该项权利，可以放弃期权，不履行合约。获取期权的一方必须付出相应的代价，这个代价被称为期权费用 （4）相反，期权卖方将期权的行使权卖给买方后，在期权交易中，无权利可言，只有义务。当期权买方按约定行使购买（出售）外汇的期权时，期权卖方必须出售（购买）外汇，当期权买方放弃行使期权时，期权卖方可获得期权费用的补偿

四、经济风险的防范策略

外贸企业对经济风险的控制没有便捷的市场操作工具，只能通过一些策略性的生产、营销和财务手段来适应环境的变化。因此，从某种程度上说，经济风险的防范是一种重要的管理艺术。

（一）营销管理策略

在汇率发生变动的情况下，外贸企业应采取调整售价、市场分布、促销政策和产品策略等措施来减少经济风险的影响。营销管理策略的具体内容如表4-20所示。

表 4-20 营销管理策略

序号	策略类别	具体说明
1	价格调整策略	（1）企业应全面分析调价对企业的影响，明确自己调价的意图，是保持扩大市场份额还是获取销售利润 （2）分析调价的可行性。在完全市场经济中，外贸企业虽然可自主定价，但定价决策需要考虑各种因素，主要有外贸企业对汇率变动持久性的预期、产品的规模经济、扩大或减少产出后成本的变化、消费者对产品品牌的忠诚度及目标市场的价格需求弹性等 （3）正确的价格调整策略应该是根据不同国家、地区的市场状况，实行多样化的定价策略，以分散调价风险，稳定现金流，在价格调整的同时，不断巩固自己的竞争地位
2	市场分布策略	（1）分散产品在销售国家（地区）的分布。分析比较产品在不同国家（地区）销售时销量和价格的变动趋势。一般来讲，应将产品销往不同的最终消费国家（地区），减少中间环节的盘剥，并且使用多种币种结算 （2）通过分散化的销售市场策略，可以使汇率在不同币种之间的变化在不同目标市场之间部分或全部中和，不至于因为市场过于集中导致汇率总在一个方向变化，从而达到化解风险、稳定外贸企业现金流的最终目的
3	促销策略	（1）采取促销策略的目的是稳定并不断扩大销量，特别是在币值的变动不利时，更应采取适当的促销策略。外贸企业在制定促销策略时，应考虑汇率变动所带来的影响 （2）一般来说，当人民币贬值时，产品的换汇成本降低，价格竞争力增强，外贸企业应抓住时机，努力扩大市场销量。这时，外贸企业可增加对目标市场的促销投入；反之，当人民币升值时，从节约成本的角度考虑，外贸企业可适当减少促销支出
4	产品策略	（1）不断开发新产品是外贸企业保持长久活力的基础。无论汇率是升是降，新产品在一个目标市场中都没有价格参照，价格变动不会很敏感，外贸企业的定价更为主动 （2）对原有产品，当人民币贬值时，外贸企业应利用价格优势，增加销量，扩大产品系列，满足消费者更多的需求。当人民币升值时，外贸企业应重新定位其产品品种，把目标市场定位在那些收入高、重质量、对价格不太敏感的消费者群体

（二）生产管理策略

在外贸企业的经营管理过程中，仅靠调整价格、分散市场等营销策略还不足以应对汇率持续性的变动，外贸企业更要注重营销策略和生产策略的搭配使用。

1. 产品生产地选择策略

外贸企业的全球化生产是规避各种风险的好方法。从规避汇率风险的角度看，外贸企业可以根据汇率变动对成本的影响，在不同的国家或地区之间安排生产。当然，这对我国外贸企业还不太现实，因为它要受到本国和东道国很多因素的制约。对于仅具备国内生产能力的外贸企业而言，更合理的生产策略是原材料来源地的选择策略。

2. 原材料来源地的选择策略

外贸企业应尽可能多地在多个国家和地区进行原材料采购，使用多种货币结算。原材料来源地的选择策略如下。

（1）考虑原材料出口国的资源状况，合理配置生产能力。例如，我国家具出口外贸企业可从俄罗斯、东南亚、南美等林业资源丰富的国家和地区进口木材。

（2）从贬值国进口原材料非常有利。如果美元兑人民币贬值，外贸企业可直接从美国或从实行美元汇率政策的国家（地区）进口原材料。如果人民币兑美元贬值，外贸企业应更多地使用国产原材料。

（三）财务管理策略

外贸企业在进行外币融资和外币投资时，可以通过多样化的方式或随汇率的变动调整资产负债结构，从而在自己的总收益不变的基础上降低风险程度。

1. 投资融资策略

随着全球货币资金市场的迅猛发展，外贸企业的外币投资融资渠道越来越宽。外贸企业可以通过不同渠道、不同币种的投资融资，达到分散汇率风险的目的。

（1）筹资时，外贸企业要尽量以多种货币从多个渠道筹资。例如，外贸企业可发行股票、债券，还可利用银行固定利率的信贷，或者浮动利率的信贷。

（2）投资时，外贸企业要尽可能以不同的形式、不同的币种，向不同的对象投资。例如，外贸企业可以外币存款、购买外币债券、投资 B 股等。

当然，相对于大型外贸企业，中小型外贸企业的投资融资还受到很多因素的制约，从而限制了其投资融资策略的运用。因此，对中小型外贸企业而言，更适于采用资产负债结构调整策略。

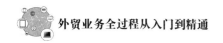

2.资产负债结构调整策略

调整资产负债结构就是要使不同币种、不同期限的外币资产与负债数额基本相等，尽量减少受险头寸的暴露。

如果外币升值，外贸企业应使外币资产尽快减少到外币负债的水平，使风险抵消；如果外币贬值，应使外币负债尽快减少到外币资产的水平。这种方法在理论上是可行的，但在现实中却不容易做到，因为外贸企业的受险头寸不可能为零。因此，常用的方法是用各种金融工具为风险构造数量相等、方向相反的现金流，使之能够完全消除外汇风险。经济风险的各种防范策略在实践中必须做全面的统筹安排，只有这样才能在战略上规避汇率风险，达到保值的目的。

第六节　国际结算风险防范

国际贸易市场的竞争日趋激烈，除了价格竞争之外，选择国际结算方式也成了一种重要的竞争手段，每一种国际结算方式都有其潜在的风险和"陷阱"。

一、常见的国际结算方式

（一）信用证结算方式

信用证（Letter of Credit，L/C）是指一家银行（开证行）依照客户（开证申请人）的要求和指示或以自身的名义，在符合信用证条款的条件下凭规定的单据授权另一家银行议付。

信用证有光票和跟单之分，通常所说的信用证是指跟单信用证，即银行根据买方的要求和指示向卖方开立的，在一定的金额和规定的期限里，凭规定的货运单据付款的书面承诺。与汇付和托收方式相比，信用证由于有银行的介入，使银行信用取代了商业信用，出口商只要提供符合条件的单据就能取得货款，而进口商只要付款就可取得代表货物所有权的单据。

（二）托收结算方式

托收是出口商在货物装运后，开具以进口方为付款人的汇票（随附或不随附货运单据），委托出口地银行通过其在进口地的分行或代理行替出口商收取货款的一种结算方式。托收属于商业信用，采用的是逆汇法。

托收包括跟单托收（Documentary Bill for Collection）和光票托收（Clean Bill for Collection）两种方式。其中，跟单托收最为普遍，它又分为两种：一是D/P（Documents against Payment），即付款交单，是指卖方的交单须以买方的付款为条件，即出口商将汇票连同货运单据交给银行托收，指示银行只有在进口商付清货款时才能交出货运单据；二是D/A（Documents against Acceptance），即承兑交单，是指出口商的交单以进口商的承兑为条件，进口商承兑后，即可向银行取得货运单据，待汇票到期后再付款。光票托收是指出口商仅开立汇票而不附任何商业单据（主要指货运单据），委托银行收取货款的一种托收方式。

托收结算的主要特点如下。

（1）托收业务属于银行参与的商业信用，但银行在参与的过程中不会像信用证那样使之变为银行信用的结算，银行只是在其中接受客户委托办理委托业务，银行在此过程中不承担付款和收回货款的责任。

（2）在跟单托收中，出口商以控制"货权"的单据来控制货物，银行的"交单"以进口商的"付款"或"承兑"为先决条件。因此，在一般情况下，托收结算方式对于出口商是有一定保障的，不会受到"财货两空"的损失。进口商只要付了款，或者进行了"承兑"，就能得到代表"货权"的单据，也就能取得货物。

（3）托收结算是以商业信用为基础的，进口商是否付款与银行没有关系。出口商提供的产品质量有问题或提供虚假单据也与银行没有关系。出口商仍将会面临因进口商无力偿付，或商品行情发生变化、进口商无利可图，或进口国外汇、外贸管制，进口商蓄意欺骗等原因，拒不付款或者拒不承兑，从而导致出口商迟收货款、收不到货款的风险。相对来说，对出口商而言，D/A（承兑交单）比D/P（付款交单）风险大，因为进口商有可能不承兑，或者签署了承兑书、取走了单据、提了货之后，到期日不来付款，或者少付款。

（三）汇付结算方式

汇付又称汇款，是指付款人通过银行，使用各种结算工具将货款汇交收款人的一种结算方式，属于商业信用，采用顺汇法。汇付是最简单的国际货款结算方式，手续简便、费用低廉。采用汇付方式结算货款时，卖方将货物发运给买方后，有关货运单据由卖方自行寄送买方，买方则自行通过银行将货款汇给卖方。

在办理汇付业务时，需要由汇款人向汇出行填交汇款申请书，汇出行有义务根据汇款申请书的指示向汇入行发出付款委托。汇入行收到付款委托书后，有义务向收款人（通常为出口商）解付货款。但汇出行和汇入行对不属于自身过失造成的损失（如付款委托书在邮递途中遗失或延误等致使收款人无法或延期收到货款）不承担责任，而且汇出行对汇入行工作上的过失也不承担责任。

以汇付方式结算时，可以是货到付款，也可以是预付货款。如果是货到付款，卖方向买方提供信用并融通资金。预付货款则由买方向卖方提供信用并融通资金。在分期付款和延期付款的交易中，买方往往用汇付方式支付货款，但通常需辅以银行保函或备用信用证，所以并不是单纯的汇付方式。

（四）银行保函结算方式

银行保函（Letter of Guarantee）又称"银行保证书""银行信用保证书"，简称"保证书"，是银行作为保证人向受益人开立的保证文件。银行保证被保证人未向受益人尽到某项义务时，由银行承担保函中所规定的付款责任。保函内容根据具体交易的不同而多种多样，在形式上无一定的格式，对有关方面的权利和义务的规定、处理手续等未形成一定的惯例。遇有不同的解释时，只能就其文件本身内容所述来做具体解释。

（五）国际保理结算方式

国际保理（International Factoring）是在以记账赊销（O/A）、承兑交单（D/A）为支付方式的国际贸易中，由保理商（Factor）向卖方 / 出口商 / 供应商提供的基本契约关系的一种集贸易融资、销售分账户管理、应收账款催收、信用风险控制与坏账担保为一体的综合性金融服务。

在国际保理业务方式下，外贸企业利用商业信用卖出商品。在货物装船后，外贸企业应将发票、汇票、提单等有关单据无追索权地转让给保理商，立即或远期收进全部或部分货款，从而获得资金融通。

（六）备用信用证结算方式

备用信用证又称担保信用证，是指开证行根据开证申请人的请求对受益人开立的承诺承担某项义务的凭证。开证行保证在开证申请人未能履行其义务时，受益人只要凭备用信用证的规定向开证行开具汇票，并提交开证申请人未履行义务的声明或证明文件，即可取得开证行的偿付。备用信用证属于银行信用，一般用于投标、还款或履约保证、预付货款和赊销业务中。

二、不同国际结算方式下的风险

国际结算方式是指国际上由于贸易或非贸易往来而发生的债权、债务，采用一定的形式、按照一定的条件、使用一定的信用工具进行货币收付的程序和方法。以下主要介绍几种常用国际结算方式的风险。

（一）汇付结算

在汇付结算方式下，外贸企业的风险来自货到付款方式。在这种结算方式下，卖方先发货，买方收货后或收货后再过一段时间付款。此时，进口商尚未付款就可以提取货物，外贸企业在未获得付款前就失去了对货物的控制权。因此，如果进口商的资信较差或经营不善、无力付款，外贸企业就会陷入货款两空的境地。

（二）托收结算

采用托收结算方式时，外贸企业存在的风险如图 4-19 所示。

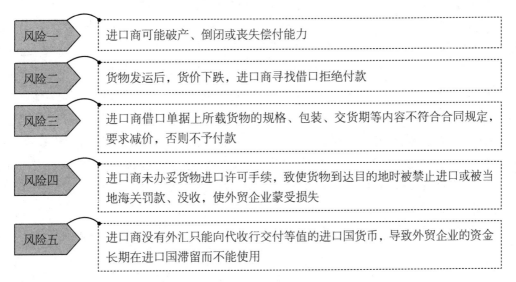

风险一	进口商可能破产、倒闭或丧失偿付能力
风险二	货物发运后，货价下跌，进口商寻找借口拒绝付款
风险三	进口商借口单据上所载货物的规格、包装、交货期等内容不符合合同规定，要求减价，否则不予付款
风险四	进口商未办妥货物进口许可手续，致使货物到达目的地时被禁止进口或被当地海关罚款、没收，使外贸企业蒙受损失
风险五	进口商没有外汇只能向代收行交付等值的进口国货币，导致外贸企业的资金长期在进口国滞留而不能使用

图 4-19 托收结算方式下的风险

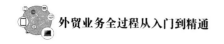

（三）信用证结算

信用证结算方式下的风险详见本章第四节"信用证风险防范"。

（四）国际保理结算

在国际保理结算方式下，外贸企业面临两种风险，具体如下所示。

（1）因产品争议及产品质量引发纠纷时，无法获得货款的风险。在保理业务中，当买卖双方对产品有争议或买方挑剔产品质量时，会出现进口商拒付、迟付及货款要求打折扣等情形，此时保理商概不承担付款责任。

（2）欺诈风险。尽管保理商对其授信额要负100%的责任，但一旦保理商和进口商勾结，特别是外贸企业对刚接触的新客户了解甚少时，如果保理商夸大进口商的信用度，又没有融资，就容易造成货款两空的局面。

三、谨慎选择结算方式以规避风险

（一）国际结算方式选择注意事项

1.在确定付款方式之前，尽量多做客户资信调查

在实际操作中，外贸企业应分别算出各国际结算方式对应的财务费用、款项转移费用，然后加以比较选择。一般而言，如果双方都不担心对方违约，或者在双方违约风险几乎为零的时候，首选的支付方式应该是预付货款或赊销，其次是托收，再次是信用证，最后才是保函。

所谓的客户资信调查，是指调查客户的企业性质，看它是贸易公司还是零售商，或是生产厂家，该公司的规模、经营范围、往来银行的名称及账号，与我国其他公司有无其他业务关系，公司有无网站。一方面，请客户进行自我介绍，然后从侧面加以证实；另一方面，可通过银行、保险部门和驻外机构进行调查，也可委托中国银行对客户进行专门的资信调查。如果客户的资信一般或贸易双方首次进行交易，应该采用L/C方式；如果客户资信较好，卖方可以选用D/P即期或D/P远期方式，但不要轻易使用D/A或O/A方式。

2.针对不同的客户，采用不同的做法

针对不同的客户，外贸企业需要选择不同的结算方式，具体内容如表4-21所示。

表 4-21　针对不同客户选择不同的结算方式

序号	方式类别	具体说明
1	对不同地区的客户，采用不同的做法	资信较好且金融运作体系正常地区的客户，卖方可选用 D/P、D/A 或后 T/T 等支付方式，或者在选择这些支付方式后进行国际保理；对于高风险地区，可选择 D/P 方式并投保出口信用险
2	根据合同金额的大小和新、老客户区别对待，灵活采用结算方式	（1）如果是老客户，以前合作得很好，涉及合同金额比较小，那么可以接受托收结算方式 （2）如果是新客户或合同金额较大的，并且选择了托收结算方式或货到付款结算方式，那么应投保出口信用险或采用国际保理 （3）对于初始交易的新客户，最好从小批量做起，尽量采用 L/C 结算方式 （4）切忌在买方资信情况不明确时采用托收方式下的即期、远期付款交单或承兑交单 （5）掌握客户的资信实际动态，持续考察，随时注意调整结算方式
3	风险难以判断的客户	对于风险难以判断的客户，预收部分定金，作为进口商履行合同的保证，以防在供货期内因出口商品国际市场价格下跌，进口商寻找借口拒绝执行合同而蒙受损失
4	要求客户提供信用担保	外贸企业按期交货后，若进口商未按合同规定付款，则由担保人负责偿还。这对外贸企业来说是一种简便、及时和确定的保障
5	有针对性地采用出口信用保险及保理业务	（1）出口信用保险是以国家财力为后盾的政策性保险，旨在鼓励本国出口贸易，并有效降低收汇风险 （2）出口保理业务是外贸企业把风险转嫁给了承购应收账款的组织，是规避应收账款风险的良好办法 （3）出口信用保险及保理业务虽然需要支付一定数额的保险费、承购手续费及利息，增加了出口成本，但有效地锁定了应收账款的风险 （4）可以在所支付的成本费用与扩大出口创汇、创利之间进行比较，权衡得失，选择合适的风险控制办法

3. 掌握客户的资信实际动态，持续考察，随时注意调整结算方式

选择支付方式的最终目的是对贸易双方进行有效的监督，同时尽量降低结算的成本，促使进出口贸易顺利进行。以上所列举的各个因素会在不同的时间、不同的国家和地区、不同的历史阶段、不同的客观情况下而对货款的支付有不同程度的影响。要注意的是，对支付方式的选择归根结底取决于进出口双方的力量对比程度，而贸易各方总是会站在不同的角度看问题，最关心的只是双方实力的较量。

4. 灵活运用 T/T 付款方式

比起银行本票和商业支票，T/T 付款既快捷又安全，银行本票和商业汇票要反向托收，或到银行贴现，而且商业汇票存在极大风险。在实际业务中，外贸企业应灵活采用 T/T 付款方式，有时也可将其和其他付款方式结合起来应用。例如，可以 T/T10%（预付），装船后再 T/T40%，余款 50% 采用 D/P 即期付款交单。

（二）支付方式的综合运用

不同的支付方式，对交易双方的风险、利益不同。在具体业务中，应根据具体情况合理选择。如果根据客户、产品与市场的不同，在付款时间和支付方式的掌握上灵活采用不同的结算方式组合，如银行信用与商业信用相结合，那么就可以降低成本、均衡买卖双方的风险，保障双方的利益，促进交易的顺利进行。支付方式的综合运用包括表 4-22 所示的几点。

表 4-22　支付方式的综合运用

序号	运用方式	具体说明
1	信用证与汇付结合应用	信用证与汇付结合应用是指一部分货款用 L/C 支付，另一部分通过 T/T 支付。一种做法是，买方在合同签订后先 T/T20%～30% 的货款作为预付款，余款由 L/C 支付。卖方在收到预付款和信用证后开始备货，保证了收汇的安全性。另一种做法是，货款的 70%～80% 由 L/C 支付，余款待货物到达目的地若干天内由买方通过 T/T 方式支付给卖方，这样即使买方未在约定期限内 T/T 余款，对卖方造成的影响也不是很大
2	信用证与托收结合应用	信用证与托收结合应用是指货款部分用信用证方式支付，余额用托收方式结算。这种结合形式的具体做法通常是：信用证规定受益人（出口商）开立两张汇票，属于信用证项下的部分货款凭光票支付，而其余额则将货运单据附在托收的汇票项下，按即期或远期付款交单方式托收。这种做法对出口人收汇较为安全，对进口人可减少垫资，双方易于接受。但信用证必须列明信用证的种类、支付金额，以及托收方式的种类，同时也必须列明"在全部付清发票金额后方可交单"的条款
3	银行保函与汇付结合应用	在使用预付货款，或是货到付款的情况下，都可使用银行保函来防止不交货或不付款的情况出现。如果进口商预付了货款，就可要求出口商提供银行保函，保证按期交货，否则应退还预付款并支付利息或罚款，如果出口商拒绝，则由担保行付款；如果是货到付款，出口商有权要求进口商提交银行保函，保证进口商在提货后的规定时间内按合同付款，如果进口商拒付，担保行应承担付款责任

（续表）

序号	运用方式	具体说明
4	银行保函与托收结合应用	银行保函与托收结合应用是指为了使出口商收取货款有保障，出口商在采用托收时，可要求进口商提供银行保函。如果进口商拒不付款赎单或收到单据后未在规定的时间内付款，出口商有权凭银行保函向担保行索取出口货款
5	信用证与银行保函结合应用	信用证与银行保函结合应用适用于成套设备或工程承包的货款。成套设备或工程承包的货款一般可以分成两部分，即一般货款和预付款或保留款。一般货款数额大，可用信用证方式支取，预付款的归还或保留款的收取可使用银行保函。银行保函是银行作为保证人向受益人开立的保证文件。银行保证被保证人未向受益人尽到某项义务时，则由银行承担保函中所规定的付款责任。保函内容根据具体交易的不同而多种多样，在形式上无一定的格式，对有关方面权利和义务的规定、处理手续等未形成一定的惯例。遇有不同的解释时，只能就其文件本身内容所述来做具体解释。如果和信用证结合使用，就会取长补短，发挥更好的效果
6	汇付与托收相结合	汇付与托收相结合是指定金的部分以 T/T 办理。至于大量的货款，可以采用对卖方更有利的支付方式。至于各部分的比例，大概可以分配为：先采取 T/T 的形式预付 10%，在装船后 T/T 合同款的 40%，剩余的 50% 采用 D/P 即期付款的形式。这样的选择会使双方得利，既能保证供货方及时履行发货的义务，又能约束进口商及时付款，同时节省了更多银行费用的支出，也节约了宝贵的贸易时间
7	汇付与备用信用证结合应用	在使用预付货款，或是货到付款的情况下，出口商均可要求进口商出具备用信用证作为汇款支付方式的补充手段，以减轻进口商违约的风险。例如，我国出口的纺织品、农产品及其他低附加值的初级原材料，此类商品目前主要以买方市场为主。如条件允许，出口商应尽量争取要求进口商提供备用信用证，以保证进口商提货后在规定的期限内按合同付款。如果进口商拒付，将由开证银行承担付款责任，以此来维护自己的合法权益
8	托收与备用信用证或银行保函相结合	这种方式主要是为了在跟单托收项下的货款一旦遭到进口商拒付，出口商可凭备用信用证或银行保函通过开证行的保证追回货款。具体做法是：出口商在收到符合合同规定的备用信用证或银行保函后，可凭光票和随附的进口商拒付声明书向银行收回货款。但在使用这种结算方式时，备用信用证或银行保函的有效期必须晚于托收付款期限后一定时间，以便在进口商拒付后出口商能有充裕的时间向银行办理追偿手续

四、不同结算方式的风险防范

（一）托收结算方式的风险防范

托收结算方式的风险防范措施有很多，具体内容如表4-23所示。

表4-23　托收结算方式的风险防范措施

序号	措施	具体说明
1	交易前必须选择好可靠的交易伙伴	即使是打过多次交道的客户，尤其是中间商，也应经常调查和考察其资信情况及经营作风。对客户的调查应包括政治背景、资信情况、经营范围和经营能力等内容。查询途径可以通过国内外银行、国外的工商团体或征信机构、我国驻外商务机构等渠道。对收集得来的客户资料，同样必须经过分析研究。此外，还应重视在日常业务往来中了解和考察客户，这对掌握客户资信情况和经营能力的实际情况，具有很重要的作用
2	对出口单据加以控制，以期更好地控制货物	出口商借助单据来控制出口货物，主要是通过可流通的海运提单来实施的。空运单、铁路运单、公路运单、租船提单等运输单据不是物权凭证。海运提单是物权凭证，持有提单则表明持有人拥有发运货物的所有权。提单的收货人（Consignee）栏不应以进口人为收货人，托运人（Shipper）栏必须写明出口商的名称，以避免进口方直接提货。出口商通过对提单的背书来转让其对货物的所有权，并在托收委托书中指示银行在进口商付款后交单，这样才能降低货款两失风险
3	了解进口国家的贸易管制、外汇管制条例及海关特殊规定	了解这些规定的目的是避免货运到目的地后，由于收不到外汇或不准进口，甚至可能被没收处罚而造成损失的风险。为防止因货物被拒绝进口而不得不在当地处理或需运回而支出额外费用，成交时应规定进口商将领得的许可证或已获准进口外汇的证明，在发运相关商品前寄达出口商，否则不予发运货物。此外，尽可能争取由外商预付部分货款，这样既可减少风险，也可达到约束对方的目的
4	了解银行、海关、卫生当局的规定	必须了解有关国家（地区）的银行对托收的规定和习惯做法，了解进口地的商业惯例和海关及卫生当局的各种规定，以避免违反进口地的习惯或规定，影响安全收汇，甚至使货物遭到没收、罚款或销毁。对一些采用与托收惯例相悖的政策的地区的进口商，应采用即期付款交单成交，不接受远期D/P，以防止进口地银行将远期付款交单做成承兑交单的风险

（续表）

序号	措施	具体说明
5	谨慎选择代收行	托收行应选择在付款地的银行或关系密切、资产雄厚、信誉良好的银行作为代收行，最好不由进口人指定，防止其擅自放单或因操作不规范造成出口商的损失。出口商应事先在当地找好代理人，以便在出口货物遭到拒付时，由自己的国外机构或代理人代办货物的存仓、保险、转售或运回等手续，降低货物损失。代理人可以是与出口商关系较好的客户，也可以是代收行，代理人的名称和权限须在托收申请书中明确列明
6	及时采取保全货物的措施	在托收出口业务中，出口商须关心货物的安全，直到对方付清货款为止。当买方拒绝付款赎单时，必须尽快委托目的港代理人、代收行代为提货、存仓、保管或处理货物，对易腐变质的货物尤须如此。根据托收的国际惯例，如果付款人拒绝付款赎单，除非事先约定，银行无义务代为提货、存仓和保管货物
7	采用国际保理	国际保理对出口商的好处如下 （1）出口商在签订合同之前，就对进口商的资信情况有了足够的了解，大大降低了出口的盲目性和出现坏账的可能性 （2）货物发出后，出口商将应收款转让给了保理商，由保理商承担全部的买方信用风险，免除了出口商的后顾之忧。如果进口商在付款到期日后 90 天尚未付款，保理商即认为进口商已无偿付能力，无须出口商提供任何证明即给予付款
8	采用出口信用保险	出口信用保险对出口商的好处如下 （1）出口企业在货物出运前，可通过信用保险公司提供的免费资信调查服务，了解进口商的资信情况。在开拓海外市场时，选择更有利的买方，以大大降低出口成交的盲目性和发生坏账的可能性 （2）出口企业通过投保出口信用保险，将其无法左右的收汇风险事先转嫁给信用保险公司，以确保预期效益和正常经营

（二）汇付业务项下出口商的防范措施

汇付业务项下出口商的防范措施如表 4-24 所示。

表 4-24　汇付业务下出口商的防范措施

序号	措施	具体说明
1	客户资信不佳或不明时，不采用汇付方式	在客户资信不佳或不明时，尽量不要采用汇付结算方式。如果采用了汇付结算，应委托银行或专业咨询机构进行客户资信调查。绝对不能与资信不佳或资信不明的客户来往。汇付业务是对出口商极为不利的业务，是否能成功收汇，几乎完全依赖进口商的信誉，若进口商信誉不好，绝对不能采用汇付方式进行结算
2	委托银行或专业机构检验票据的真实性	出口商一旦收到国外进口商寄来的票据，应委托银行或专业机构检验其真实性，必要时要等收妥款项后才能发货。对进口商交来的支票或者汇票等，一定要请银行的专业人员进行检验，或者直接委托银行进行托收，等该款项进入自己账户后再进行发货，以免被进口商诈骗
3	通过海运提单掌握货权	凭单付汇时，出口商发货应采用海运方式，通过海运提单掌握货权。不宜采用空运方式，因为采用空运方式时出口商无法掌握货权，货物到港后进口方就可以提货。而一些不法商贩就是利用了空运单据的无货权凭证性对出口商进行诈骗
4	分批发货，分批收汇	对于合同金额较大、预付金额却不大的订单，若想成交，可采用"分批发货，分批收汇"的方法来降低风险。在第一批货物的货款收妥后，再发运第二批货。第三批的发货，视第二批的收汇情况而定。这种办法相当于大宗商品的多次运输，一次发生风险不会影响整个企业的财务状况，对出口商而言有利于其减少相关的诈骗风险
5	加强与相关方的联系	针对由于汇出行发出的汇付委托书有误而导致迟付这种情况，加强与进口商、转汇行和解付行的联系，及时查询，保证按时收汇

（三）采用银行信用证结算方式的国际结算风险防范

对于常见的信用证风险可以采取的预防措施，请参考本章第四节"信用证风险防范"的内容。